叢書・ウニベルシタス　862

存在と人間

存在論的経験の本質について

オイゲン・フィンク
座小田 豊／信太 光郎／池田 準 訳

法政大学出版局

目次

第I部　ヘーゲルの形而上学における存在論的経験の問題と解明　1

凡例

（1）本書は、Eugen Fink, Sein und Mensch — Vom Wesen der ontologischen Erfahrung, herausgegeben von Egon Schütz und Franz-Anton Schwarz, Verlag Karl Alber Freiburg / München, 2004, Zweite Auflage の全訳である。第一版は一九七七年に同じ出版社より刊行されているが、第二版との相違はない。

（2）本書で用いた括弧は次のとおりである。

（i）書名については『　』で示した。

（ii）書名を除く原文の„　"は「　」で示した。

（iii）（　）は著者による補足であり、訳文でも同じ表記とした。

（iv）〈　〉は文意を明確にするために訳者が適宜付けたものである。

（v）〔　〕のなかはすべて訳者の補足である。

（vi）《　》はドイツ語以外の場合に用い、原語を付しておいた。

（3）原文でイタリックの語、語句および文は傍点を付した。

（4）原註は原書では各章ごとに数字が振られているが、本書全体で通して数字を振り直し、巻末に一括した。

（5）訳註は当該箇所に〔　〕括弧を付け、そのなかにポイントを落として本文中に組み込んだ。

第Ⅰ部

ヘーゲルの形而上学における存在論的経験の問題と解明

第1章

自己性の二重の意味、即自存在と対自存在／ヘーゲルの思弁的経験概念／用語の予備的な検討

「存在と人間」の問題を解明するにあたって、まず拒否しなくてはならないことがある。それは、たとえば、〔存在と人間という〕二つの重要な概念の関係が問題であって、その関係が存在の側から「実在論的に」、さもなくば存在了解している人間の側から「観念論的に」解釈されるべきである、とするあまりにも乱暴な考え方である。まさしく〔両概念の〕関連そのものが真に問題となるものなのであって、この関連は、それが疑わしいものである以上、性急な決定によって覆い隠されてはならない。問題を開いたままにしておくこと、つまり、「方法」への誘惑を避けながら、それにもかかわらず思考を働かせることは、おそらくあらゆる哲学において最も難しいことであろう。方法的に硬直してしまう危険とは対極の、別の危険もある。それは、懐疑癖と偽りの徹底性とを絶えずつのらせていくなかで、問題の問題たるゆえんのものを不条理なものにしてしまう危険性である。デカルトとニーチェがこのような危険の事例である。とはいえ、彼らが偉大な思想家なのは、彼らが自分たちに最も固有な傾向に逆らって思考したからである。デカルトにおいて本質的なのは彼の方法ではないし、ニーチェにおいて本質的なのは彼が体系性に対して不信を抱いていたという点ではない。哲学の始まりは世界の近さに由来する。こ

とさら明確にすべての存在者の全体のことを考量していない場合でさえ、哲学は世界－知〔世界－観〕なのである。思考として全体のうちに住まう哲学は、ノヴァーリスの言葉にあるように、「郷愁、すなわち至るところで故郷にいようとする衝動」(1)なのである。思考は故郷としての世界に基づいている。だからこそ私たちにとって世界の気分 Weltstimmung を指示することが重要になったのであった。なるほど私たちは世界の気分を生み出すことはできない。しかし誰でも世界の気分を想起する erinnern ことはできる。「想起《アナムネーシス》 Anamnesis」は〈すべてのものを集合させる万有の現在〉を思い起こすことであるが、これこそがすべての哲学の源泉である。だが、哲学が本質的に世界の記憶のうちにあるのだとしたら、哲学はすべての事物が世界に密接している Welt-Innigkeit という事態のことを考えようとしなければならないし、世界がどのようにしてあらゆる存在者を取り巻き、すべての事物のうちに現前しつつもそれから区別されているのか、といった謎について深く考えをめぐらさなくてはならない。しかし、世界の臨在 Parusie、すなわち無限なものがすべての有限なもののうちで働いているということは、事物の有限性を廃棄することを意味するわけでもなければ、事物の「自立性」を否定することを意味するわけでもない。存在者が世界に密接していることと存在者の自立とを同時に把握することが重要なのである。それどころかそれよりもっと本質的なのは、個別化され有限化された存在者の独立自存性をまさしく世界に密接しているという事態から考えることである。だが、思想が自分に思弁的な力があると信じているからといって、すなわち個体化を止揚することができ、多へと引き裂かれ散乱しているさまを空疎な迷妄であると見抜くことができ、すべての事物の中心へと、《一にして全 HEN KAI PAN》の神聖なる夜へと直接的なまなざしを投げ入れることができるという思弁的な力があると信じ込んでいるからといって、それで事が片づいたわけではない。多は取るに足らないものではないし、境界づけられ分かたれたものが非現実的な幻影だというわけでもない。自立的なものとは〈空しく我意を張って自分に固執しているもの〉にすぎないのではない。つまり、個体化は単に「自負の錯乱」〔『精神現象学』の章節表題「Das Gesetz des Herzens und der Wahnsinn des Eigendünkels」から。Suhrkamp Bd.3, S.275ff. ヘーゲル全集四『精神現象学』上巻、金子武蔵訳、岩波書店、一九七一年、三七六頁を参照〕なのではない。もしも解きほぐせないほどに硬直した個別化を省こうとしたり、すべての有限なものがさらされてあるという苛烈さを看過したりしようとすれば、すなわち、あらゆる分かたれた存在者のうちに働いている分裂の引き裂く痛みを否定して、諸事物を直接、いわば生まれた子供たちとして、偉大なる母たる「自然」の配慮にゆだねようとすれば、それはむしろ思考の空想的な思い上がりを意味する。臍《へそ》の緒は切られた。生まれ出たもの、生み出されたもののことごとく、生長してきたもののすべては、産土《うぶすな》の生長の根拠から逃れおおせて、自立するに至ったのである。だから、そのように逃れ出ることがたとえ完全な逃げ道にはならないとしても、すなわち、事物の自立性がすべて万有の力と現在とによってそのつどすでに追い越されているからといって、要するに、事物が、大地という担い支える根拠を乗り越えて天の光のなかに突き出るかぎりでのみ、自立して自らのうちにあるのだとしても、事物の自立性はやはり本質を欠いた仮象でもなければ、迷妄でもマヤのヴェール〔マヤはバラモン教の神。迷妄と感じられる仮象の世界を意味する〕でもない。「絶対的なもの」という概念、すなわちあらゆる相対的なものの特殊な実在を端的に否認するものにほかならず、有限なものの否定性を否定し、個別化されたものを契機や属性におとしめ、対立するもの同士の激しい闘争を、たとえば理念的なものと実在的なもの、自然と精神、質料と形相といったすべての差異の根源的な無差別という構想のなかで宥和させてしまう、このような絶対的なものの概念は、そうとは知らずに、あるいは自らやむなく認めるのでもなく、自らが克服しようとしているまさしくその当のものの手のうちに依然としてとどまっているのである。このような「絶対的なもの」の概念は、事物をモデルにして無限なものを考えている。つまり、仮に「絶対的実体」と捉えられているにしろ、あるいは「生」や「純粋な生成」などと捉えられているにしろ、絶対的なものは有限なものの単なる否定にとどまっており、それゆえ、まさしく有限なものに再帰的に関係づけられたままなのである。事物の空しさの説明は、手続き上、事物に定位したままの存在論的思弁という手段を用いて遂行される。哲学の問題は絶対化を徹底することによって、あるいは世界内の存在者の有限性を思慮深く否定することによって立てられるわけではないし、ましてや解決されるわけではない。事物はすべて独自であるが、それにもかかわらず世界に属している。ならば、存在者の自立性とは何を意味するのだろうか。これが、私たちが引き受ける主導的な問いである。

この問いが私たちを、私たちに固有の問題、つまり存在論的経験の問いへと導くことになる。だが、自立や自己性は、日常的な言語使用においてすでにそうだが、より深い仕方では存在概念をめぐる西洋の格闘の歴史においても、対立する二つの極に限定される範囲内で理解されている。その際、自己性は一方ではまず「即自存在」を意味し、他方では「対自存在」を意味する。前者は「事柄 Sache」から、すなわち事柄 – 自身 Sache-Selbst から考えられ、後者は〈「私」であること Ich-sein〉、すなわち〈自我 – 自身 Ich-Selbst〉から考えられている。この点についてはいささか熟考を要する。私たちが不断に自己性を用いているにもかかわらず、あるいはもっと適切に言うなら、私たちがいつも自己性とつきあっているからこそ、明らかに自己性は見抜かれることのない思想なのである。私たちは自己性によって存在者の存在構造を見抜き、存在者の存在様態を把握し、存在者の体制をいつも規定している。私たちは自己性を用い、使用するのだが、しかもそれも二つの極のあいだで無数の中間形態を包含しているような範囲内でのことである。ところが、私たちはたいていの場合、自己の自己たることにまで思考を及ぼしたりはしない。哲学の領野において絶えず困惑させられることのひとつは、まず、見抜くものが見抜かれることがない、光を当てるものに光が当てられない、解釈するものそれ自身が解釈されない、洞察を保証するものそれ自身が洞察されず、把握するものそれ自身が把握されることがない、ということである。しかもこれは、念には念を入れたからといって、また思考の厳密さをもっと高めたからといって、あるいは公理系の構成を用いたからといって取り除かれることができるような不都合なのではない。とはいえ哲学に、すべてのものが引き戻されるような最終的な「原現象」があるわけでもない。根源的な思考はいかなる「根 radix」にも、いかなる最終的な根源にも行き着くことはない。むしろ思考は渦のなかに、それ以上は考えられないもののなかへと思考を引きずり込む渦のなかにいつもとどまったままなのである。本質に即した思考は円を描いて循環するものなのだ。だからこうした円環運動のうちに哲学が無益だということの証拠を見るのは無思慮な者たちの嘲笑だけなのである。私たちが自己性から了解するのは、たとえば即自存在や対自存在といった存在の諸様態である。その際、存在解釈は自己性の二義性を問わないままに行われる。ところがこの二義性のことをそれはそれとして考慮するために、私たちはまたも存在についてのある特定の了解を使用することになり、かくして思慮は渦を巻きながらぐるぐると回転してしまう。「即自存在」とは何か。まったく暫定的に言うならば、事物がそれ自身のうちにあること、事物がそれ自身のうちに安らってあること、単純にそこにあること、そこに横たわっていること、眼の前にあることである。事物が存在するのは、自らの存在を自分のもとに保持しているからである。事物はかすんで消えることもなければ、流れ去ってしまうこともない。事物は自らのうちにとどまり、自分を譲らず、自分とまったく一体である。そのような即自存在の例を挙げねばならないとしたら、私たちはまず最初に、まさしく事物であるところの、自然〔本性〕に基づいて存在している事物を挙げよう。こうした事物は単純にそこにあり、まさしくそれとして存在し、現れ出てくる。農地の石、森の木、枝にとまるカラスがその例である。そのようなものは確かにそれぞれのそのつどの存在の仕方によって区別されるが、しかし単一の現れ方という点ではやはり一致している。このような存在者は「ある」。しかし、この「ある」についてはさまざまなことが言われうる。「ある」は単一で直接的であり、それ自身に安らっている。まさしく端的に存在しているこのような事物の常住不変の要素が運動や運動態を締め出すわけではない。そのように現れ出るものはすべてつねに運動のうちにある。石は風化し、木は成長する。カラスはあちこちと動物として運動しながら生きている。他方であらゆる運動において、それらが物理的であろうと植物的であろうと、あるいは動物的であろうと、動かされた存在者はそれ自身のうちに存立しており、自己自身と同一であり、自分の存在を自分において保持している。考察の最初の段階からすると、即自存在は自然の事物の存在様態であるように思われる。だが、制作物もまた、機械であろうと芸術作品であろうと家であろうと、〔それらを〕生み出す活動から解き放たれて完成し、それ自身のうちに安らっているかぎりでは、「即自的に」あり、存立しているのである。このような事物も自己自身との同一性の構造を持ち、単一の直接的な存立という眼前存在 Vorhandensein の特質を持っている。ならば人間の場合には事情はどうなるだろうか。人間も、まずもっては単純に存在し、現れ出ている存在者ではないのか。確かに人間は石や木や動物とは違う。しかし、人間もまたそこに存在するという自身のあり方を自分で自分に与えることはできない。たとえ人間以外の生きとし生けるすべてのものよりもはるかに遠く偉大なる母の庇護から離れて道に迷ってしまっているとしても、人間はその他のあらゆる事物と同様、自然の子供である。ただ次のように言うことはできる。人間は、自然に即した単純な目の前にあるあり方 Vorhandenheit を他のすべての事物と分かち合っているが、しかしそれを土台にして人間は自由なのだ、と。つまり人間は自由な自己規定という自分に固有の行為において、自分が自分であるところのものへとはじめて自分をつくりなしていく存在者なのである。人間は自己を形成し、自己を現実化するさなかに生きている。人間はただあるがままに〔即自的に〕あるだけでもなければ、単純にそこにあるだけでもない。人間は自らに固有な「存在」を、自らの自由を決断するさなかにおいてなし遂げるべき課題としているのである。人間はあるがままに〔即自的に〕「人間」というこの存在者であるわけではない。人間はなによりもまず自覚的に〔対自的に〕「人間」という存在者なのである。人間は自分がそうでありうるものへと自らをまずつくりなさなければならない。以上のように言うことができる。人間はまったく新しいあり方で自己的であり、自立的である。人間は自らの自己を現実化し、精神的に自己を確保すること〔自己主張すること〕で実在している。人間は活力あふれるプログラムを遂行し、自分の選択にゆだねられているさまざまな可能性を実現していく。人間は、まさしく単一であり続けるもののような、単に受動的な自己性を持っているというよりは、むしろ能動的な自己性、すなわち人格や自我や精神的自由や〈行為と決断において自己を実現する「実存」〉の、自己性を持っている。さらには次のように言うこともできる。人間の存在は単なる直接的な存立では決してないし、単純な出来事では決してない。人間存在とはむしろ自己が自己へと関係するものである。人間はある「関係」として実在するが、それは自己自身への関係であり、隣人への関係であり、また事物からなる周囲の世界への関係である。自己了解は異他なるものを了解することとともにある。人格は自分自身や他者、そのほかの諸事物との関わり合いのうちにある。人間はただ時間のうちに生きるのではなく、時間へと関係する。つまり計画を立て、準備をし、実行し、死のことを思い煩うのである。人間は「野に咲く百合や空を飛ぶ鳥」〔たとえばマタイ福音書六章二五節〜三四節を参照。フィンクはここでイエスの説教の意味内容を「否定的に」引いている〕のように生きるのではない。人間はただ社交的に生きるだけではなく、自らの社交性に対して態度をとり、家族や都市や国家を築く。

人間は動物のようにただ性的なのではなく、羞恥心を持ちながら性的な事柄に対して態度をとる。人間は単に「自己的」であるだけではなく、名誉心を抱いて自分の自己に関わる。つまり、人間は理想や偶像を持つのであって、自らその最高の可能性において戦士であり、芸術家であり、賢者たりうるのである。人間は単に他の存在者のうちのひとつの存在者にすぎないのではなく、存在者そのものに関わり、存在了解しつつ実存するのである。

こうしたことを持ち出したとしても、確かに何も間違ったことを言ったわけではない。しかし、その場合、対自存在があまりにもぞんざいに考えられている。第一に、人間的自由の次元があまりにも狭く見積もられている。人間的自由が、人間における自然的根拠との対立関係に基づいて明瞭に解釈されていないときはいつでもそうである。覚醒の灯りが消え、こうして自由が投企する領域が生気を失ってしまうとき、私たちは毎夜眠りのなかで植物的生の単調な静止状態に沈潜してしまう。しかし、意識の晴朗な昼もまた、私たちの覚醒の意のままにはならない、つねに眠っている暗い根拠の上に横たわっている。自由の自立性はつねに、衝動という異質な暴力に抗して、「血のなかの暗い河神」（リルケ）に抗して自らを主張しなくてはならない。気遣い、すなわち自ら存在しながらその存在が問題であるような存在者が自己を憂えることや、可能性の投企と選択、生の全体性すなわち死に対して態度をとること、良心、自由といった「現象」を中心にすえて人間的実存を解釈するのであれば、それは十分かつ妥当なことなのだろうか。シェリングの『人間的自由の本質についての探究』が根源的には神それ自身のうちに、次いで派生的な形で人間のうちに発見した、人間の内なる暗い根拠は果たして経験心理学や人間学（の問題領域）にしか属さないのだろうか。ところがヘーゲルはすでに人間の性の二重性のなかに、ある深い問題の内実を見出し、そして『精神現象学』のなかで確かにはじめて「男性」と「女性」を思弁的に把握しようと試みたのであった。ヘーゲルにとって男性とは行為者、自己実現する者、国家を創設する者、歴史的な人物のことである。他方、女性とはアンティゴネーのように大地に根ざした母性的な威力であり、地下に住まうものと親和する力、生命の源泉にして保護者、番人であり、いわば人間のうちにまだなお残る即自存在である。そして、子供もまたヘーゲルにとっては「即自的に」人間ではあるが、しかしまだ「対自的に」人間なのではない。ヘーゲルをもっと徹底するならば、人間は単にその暗い植物的根底や衝動的生や眠りの状態で即自存在にとらわれているばかりではなくて、すなわち女性や子供という存在の形で即自存在にしっかりと結ばれているばかりではなくて、人間は、全体として、またそもそも即自存在なのだ、と言うこともできるだろう。人間の「対自存在」とはまさしく、人間が即自的に存在している仕方のことなのである。実際、ヘーゲルはそう補足している。しかし、このことが意味するのは、自己性が一方では事柄それ自体から考えられ、他方では自我の自己から考えられるというかぎりで、したがって一方では即自存在として考えられ、他方では対自存在として考えられるというかぎりで、自己性の問題が二義的であるということだけではない。〈即自存在と対自存在という〉これらの概念それ自身がおかしなことに二義的だということをも意味している。これらの概念のうちまず第一に即自存在は次のように受け止められる。即自存在ということで考えられるのは、それ自身のうちに同一的にとどまっている、なるほど一方では石や木、動物、道具に帰属する——ただし人間とは区別される——共通の存在様式である。しかもさらに、即自存在は、無生物が目の前にあるあり方や、生物の生命や、制作されたものの用具的なあり方のように、領域的に制限された存在論的概念ではない。即自存在は他方で、共通の存在体制として、自らの存在をまずなによりも現実化すべき課題もしくは任務としているのでもなければ、自らの自由の所為として眼前にしているわけでもないような、〈端的にあるすべての存在者〉を包括している。このような存在者が即自的にあるというのは、それがすでに出来上がっており、確固とした自然本性を有しているからである。次に、このような即自存在とは対照的に、対自存在は自由という、人間的実存の存在様態として理解される。二つの対抗概念〔即自存在と対自存在〕がこのように受け取られるならば、この二つの概念は普遍的－存在論的 universal-ontologisch 意味を持っておらず、むしろ二つの根本領域、つまり自然の存在様態と自由のそれを特徴づけていることになる。この場合、特定の存在者がそれぞれモデルの役割を果たしてくれる。つまり、一方は石や木や動物や用具であり、他方は自分自身について知り、自己自身に対して態度をとり、「気遣い」のうちで自由として実存する人間である。こうしたモデルを突き放してはじめて、そして今後即自存在と対自存在があらゆる存在者の存在様態として端的にかつ一般的に受け取られるようになったときにこそ、哲学的な問題機制が徹底化されるであろう。存在者一般はみなことごとく自立的であり、自己自身に同一であり、実体である。実体性は小石や樫の木や鳥や鋤にばかりではなく、人間にも帰属する。世界の内部にあるもの、世界に密接しているもの Welt-Inniges のすべては「《もの res》」という意味での自己性という構造的な体制を持っており、「ものそのもの〔事柄それ自身〕Sache selbst」という言い回しの意味からして、それぞれ一個の「自己 Selbst」なのである。こうも言える。つまり、（人間をも含む最も広い意味での）すべての事物は即自的に存在し、それ自身のうちに抑制されており、自分にしがみつき、存立している。すべての事物はそれぞれ多のなかのひとつであるが、他のものたちに対して境界を引かれ、他のものたちと境界と接面とを共有し、他のものたちから区別されつつも他のものたちと結びつけられている。さらに、人間をも含めたすべての事物はそれぞれ、多くの固有性の一個の担い手であり、それぞれが多くの関係の、それ自体は関係に絡め取られないひとつの核であり、それぞれがさまざまな表出や表現や表明のひとつの中心であり、非本質的な副産物によって取り囲まれたひとつの本質であり、変化のなかにあって変わらないものであり、交替のなかに持続するものであり、多様な状態や位置や場所や時間の位相のなかの単一なものである。しかしこのように私たちが伝統的な実体解釈、すなわち何百年にもわたって存在を把握する思考が依拠してきた解釈の軌道内を動く場合には、そのときまさに私たちはおそらく、〈事柄それ自身〉の単一で直接的な即自存在がそれ自身のうちにすでにある際だった区別を持っている点に奇異の念を覚えるだろう。〈事柄それ自身〉は、何らかの固有性でもなければ、何らかの一時的な状態でも、何らかの位置でも、何らかの表出でも、あるいは見かけでもない。〈事柄それ自身〉の自己はすでに区別にとりつかれている。私たちが、いわば外からでもするように、〈事柄それ自身〉とその固有性や状態や位置とを区別するのは、私たちがまさしく何らかの仕方で自己存在について知っているからではない。そう、事柄が自己的でありうるのはまさに、〈事柄それ自身〉のうちで区別がすでになされてしまっているかぎりでのみのことであり、すなわちその区別が事柄の存在の安定という単一さを破壊し、事柄を駆り立てて多なる他者に対する一なるもの、多様な規定に対する同一的なもの、交替に対する持続的なもの等々の対立関係へと追いやってしまったかぎりでのことでしかない。すべての事物の単一で直接的な眼前存在の安らいのうちに区別は住まっているのである。すべての事柄の自己存在はすでに自己の純粋な区別づけなのである。つまり、思弁的な要約をするならば、自己性の本質とは区別なのである。

けれども、〈自我‐自身〉の問題という意味で自己性を普遍的‐存在論的に受けとめようと試みられるとき、すなわち自己性を自分自身に対して態度をとる人間の存在体制としてただ受け取るのではなく、すべてのあらゆる存在者を総括する存在様態として受けとめようとするときには、事情は一体どうなるのだろうか。そのような企てはそもそも意味があるのだろうか。このとき、そもそも人間というモデルからの離脱はうまくいくのだろうか。そもそも原則的な拡張を行うことで、さらに何かが把握されるのだろうか。なによりも、まずはじめに次のような異議が唱えられるだろう。〈私であること〉という形式での自己存在は局所的に人間へと制限されているが、だとすれば、自我を持たない事物のうちへと自我性を持ち込むのは許容できない拡張であろうし、人間の文化的発展の前史に属しているような神話的‐アニミズム的時代への先祖帰り的な退行というものであろう。原始の人にとってのみ、すべての事物に魂が宿っており、魔物《コボルト》や守護霊《デーモン》たちが、落ちてきて彼を傷つける石のなかや、食べると彼を病気にする毒草のなかに宿っていたりするのである。存在者はすべて自己的なのだということを〈自我的なあり方 Ichlichkeit〉という仕方で想定するよう哲学が思いつくはずだとすれば、それはもう素朴で許容できない擬人化であろう。そうなると人間というひな型があらゆる事物に持ち込まれ、人間の像に従ってすべての事物概念が彫り出されることになろう。しかし、批判的で、醒めた心でものごとを疑う私たちの時代には、このような敬虔な無邪気さはもはや存続することはできない。私たちは擬人化する世界解釈をできるかぎり拒み、禁じよう。そして、ニーチェの虚構主義的な認識理論のなかで行われているように、私たちが自分たちの〈人間の頭〉からも、この頭のなかにある人間的カテゴリーからも抜け出ることはできないのだという洞察にまで行き着いたとき、そのとき私たちはむしろ「客観的」認識というものの可能性をあきらめてしまおうとする。しかし、おそらくは、このような啓蒙された批判の前提をまずはじめに探求することの方がより適切で、より重要なことなのだろう。人間において見出される自我の原理を不当に拡張するという、あの転用だけがこの場合問題になりうるというのは、一体本当なのだろうか。それどころか次のような基礎的な問題もある。そもそも自我は人間において見出され、確立されるものなのか。言いかえれば、人間が自分のことを知るということ、すなわち人間の自己意識は本当に一切の確認と発見の前提なのだろうか。それにしても、一体どのようにして自我性 Ichheit は人間に帰属するのか。自我性が人間に属すのは、翼が鳥のものであり、力が熊のものであるように当然のことなのか。自我性は所有物なのか、装備なのか、持ち合わせている能力なのか、才能なのか。人間には自我性が自分自身に基づいて備わっているのだろうか。自我を持った自己性とは、ある種の生物が単純に持ち合わせているような何ものかなのか。それとも、最終的には人間の自己存在は真理に対する人間の関わりから考えられなければならないのであろうか。存在者の、存在体制の、存在それ自身の、世界の、これらのものの開示性として真理が存在するのは、ただ人間が認識する能力に恵まれ、自我を備えた動物であるという理由からのみなのだろうか。それとも、人間が認識することができ、知ることができ、自我を持ち自己を持つことができるのは、人間が真理の光のうちに立っているからなのであろうか。この問いにいますぐ結論を出すことはできない。この問いは、「擬人化」などについて語りながら、その際、自分が最も批判的であると思っているようなきわめて確実なやり方に対して、ただ疑念を申し立てるだけのものなのである。自我性という人間的カテゴリーをただ「転用」するだけでは、対自存在はおよそ決して普遍的‐存在論的概念として形成されることはない。というのも、その場合、対自存在はあいかわらず即自存在に併存することになるはずだからだ。だが哲学的には、西洋の形而上学の歩みのなかで存在者の自立性は、まさしく事柄の自己から自我性の自己が結果的に生じるというように展開されてきたのである。私たちは自我を通常、「主体 Subjekt」とも呼んでいる。しかし、主体、すなわち《subjectum》は、ギリシア語の《HYPOKEIMENON》というラテン語訳である。ところが、《HYPOKEIMENON》、つまり根底にあるものとは、事柄の自己性のこと、つまり事物それ自身のことである。事物それ自身は担い手としてすべての固有性の「根底にあり」、持続するものとして諸状態のすべての変化の「根底にあり」、本質としてすべての非本質的な仮象や見かけの「根底にある」。この「根底にあるもの」という基本語はもともとは実体を意味するものだが、まずなによりも近代の形而上学において自我を有する自己、つまり人間的主体を意味するものへと変わっていく。この変容は言語使用の単なる制限でもなければ、概念の狭小化でもなくて、ある形而上学的変化の反映なのである。形而上学の終焉期、すなわちヘーゲルにおいて、まさに実体の実体性、実体の内的真理が主体として把握される。これこそヘーゲルが『精神現象学』の序文にある、同書の問題を提起する有名な命題のなかで次のように表現しているものである。「私の見解はただ体系そのものの叙述によってのみ正当化されなければならないのだが、まさにその私の見解によれば、すべては、真なるものを実体としてではなく、それとまったく同様に主体としても把握し表現するところにかかっている」。(2) この命題とその思弁的深みへと私たちは何度も立ち返らなければならなくなるだろう。しかし、私たちにはさしあたってまだこの命題を解釈する準備が整っていない。だが、私たちはこの命題から、自己性の二つの極、すなわち一方では事柄それ自体に即した事柄として、他方では自我性として考えられている二つの極の本質的な連関についてのある示唆を察知する。世界に密接しているあらゆる有限な事物の自立性を存在論的に解釈するという問題が今日、再び取り上げられるとしても、重要なのは実体と主体との、即自存在と対自存在との不明瞭な連関について熟考することである。つまり、二つの存在様態を対置したり、並置したりして限定するのではなく、対自存在を即自存在そのものから展開させ、思考の道を歩む、すなわち西洋の形而上学の歩みをあとからたどりながら、しかしこの形而上学の足跡を道なき場所の喪われた道として把握するという、幾度も繰り返される思考の道を進むことなのである。私たちのささやかな枠組みのなかではそのうちのほんのわずかな道のりしか問題にできない。その代わりに私たちは、とりわけ『精神現象学』の「緒論」で提起され、他方でこの作品の他の主要な箇所でも登場する、ヘーゲルの思弁的「経験」概念を選択しよう。この選択の根拠は、ひとつは、ヘーゲルが形而上学の歴史を前代未聞のやり方で統合していること、また、ヘーゲルが最も決定的な仕方で各々の主題的存在論の上位に存在論的経験の問題を配置したこと、そして最後に、ハイデガーが『杣道』のなかでヘーゲルの経験概念の解釈を提示したが、この解釈と私たちは対決しなければならないからである。この対決は、偉大な思想家たちの前で解釈の独善さや強引さを非難しようとしたり、ヘロストラトス〔紀元前三五六年に後世に名を残したいという理由からエフェソスの神殿に放火して消失させた人物〕のように偉大な思想家たちの名声の庇護の下におさまったりするような、軽率で厚かましい試みからは遠く一線を画することを心得えている。他方で、この対決は無条件の追従やあらゆる徒弟主義とも一線を画することを心得えていなければならない。哲学的営為は男たちのつとめ、彼らはみながみな真理という名のただひとりの女性を追い求めるというわけだ〔「真理」という語は、ギリシア語、ラテン語、イタリア語、フランス語、ドイツ語いずれにおいても女性名詞である。なお、「真理が女である、と仮定したらどうだろう」という文言がニーチェ『善悪の彼岸』序言にある。ニーチェ全集（第Ⅱ期第二巻）『善悪の彼岸』吉村博次訳、白水社、一九八三年、一一頁を参照〕。

ヘーゲルの経験概念を熟考できるようになるには、まだなおいくつかの用語上の予備的な検討がなされなくてはならない。ヘーゲルはきわめて少数の思弁的な根本諸概念で間に合わせている。しかしそれはひとえに、ヘーゲルがこれらの概念を長い思考の歩みのなかで運動させ、それによってこれらの根本諸概念がそのつど途方もなく豊かな意味を、しかも、それらの意味すべてが結びつく形で、取り出すからである。厳密に言えば、そこに至るまでに経てきた思考の道のり全体が同時に現前しているのでなければ、ヘーゲルのどの言葉も直接に理解することはできない。それゆえ用語の意味を確定する作業はつねに最大限の慎重さをもって始められなければならない。だが、私たちは自然な言葉の意味に近い素朴な用語から出発する。たとえば「即自」という表現は二義的に使われる。即自的にある事物とは事物それ自身のことであり、たとえばその事物のあらゆる関係に比べてそうなのである。事物はある関係へと、ある相関へと入っていくが、しかしそれはただ、事物が突いたり突かれたりして他の事物に働きかけたり、他の事物に動かされたりする場合だけのことではない。事物それ自身、つまり即自的に存在する事柄はたとえばそれが「知られる」ときに関係を持つものとなったのである。知のなかで事柄は他に対してのあるものになる。「知」というあり方が事物それ自身をあるがままにさせておくのか、それとも変えるのか、ということについてはまだまったく何も決定されていない場合でも、やはり明白に、知られるということは、事柄はもはやそれ自身のうちにはないということ、他のあるものによって捉えられたり、所有されたりしているということなのである。事柄の側から言うなら、知られるということは〈他にとってあるということ Für-ein-Anderes-sein〉なのである。知られることで事柄は表出される。このように理解されるならば、即自存在はいまや、〈私たちにとってあること Für-uns-sein〉の対立概念だということになる。しかし、たとえば認識は事柄を変化させず、事柄に何の力も加えず、事柄をあるがままにしておくのだという決定が下されるとすれば、そのときには、事柄は、それが即自的にあるとおりに私たちにとってある、と言うことができる。さて、即自存在と〈私たちにとってあること〉とが相容れあうものと考えられる場合、即自存在はヘーゲルにおいて新しい別の対立概念を持つことになる。即自的に子供は人間である、すなわち、子供は、その子の将来の発達を見通し、その子のうちに、精神的な現存在が将来現実のものとなるように能力が与えられていることや自己を持つようになることを予測する私たち、その私たちにとってこそ、人間なのである。とはいえ、「対自的」にすでに人間であるというわけではない。即自存在の対立概念はいまや対自存在である。そしてこの名称もまたヘーゲルによって二義的に、しかも、自覚されて二義的に用いられる。たとえば人間は、自分に対して態度をとるかぎりで対自的である。人間は即自的に「対自的」ではあるが、しかしまだ、思考しつつ自分の対自存在のことに気づいた上でそうなっているわけではない。彼はその対自存在においてはまだ対自的ではない。他方、知りつつ自己自身を所有する働きであるこうした反復的な対自存在を、ヘーゲルは、存在者の分離や個別化を意味する、対自存在のもっと一般的な概念から区別する。木は対自的にあるが、それは、木が自立的に存在するものとして、他のすべての存在者と融けあうことなく、自身を保持し、自らの個別化を堅持し、自分を区別づけるかぎりでのことである。しかし、ヘーゲルにとっては個別化としての対自存在は、自己自身を知ることとしての対自存在と、あるすばらしいやり方で関係し合っている。そして最後に、ヘーゲルは〈自己の外にあること Außersichsein〉と〈自己のもとにあること Beisichsein〉という根本概念を使用する。これらの概念も再びあらゆる他の概念と関係し合う。あらゆる存在者の即自存在とは、有限な諸事物が個別化によって分断されてなるほど対自的にあるのだけれども、しかしまさしく自己自身のことは知らないというあり様のことであり、すなわち、有限な諸事物においては自我性としての自己がまだ眠っているというまさしくそのかぎりで、自分の外にある〔我を失っている〕というあり方のことなのである。精神の歩みはすべての存在者の存在が即自存在から対自存在へと自ら運動することにほかならないが、この歩みのなかで精神は自らの自己疎外からの帰郷を実現する。すなわち、精神がよそよそしさの仮象をまとわされている〈自分の外〔自失〕Außersich〉というあり方から、自分の真実の本質へと、自分のうちへと帰郷するのである。〈自己の外にあること〉と〈自己のもとにあること〉は非本質と本質の対立関係と非常に密接に絡み合っている。

以上のことはさしあたってのヒントでしかないし、最初の不器用な指示にすぎない。だが、こうした諸概念のうちに何が隠されているのか、それらがどれほどの途方もない力を有しているのかといったことは、ヘーゲルの思考との出会いによってはじめて教示されうることなのである。即自存在、対自存在、〈自己の外にあること〉、そして〈自己のもとにあること〉、これらの根本概念はその長い運動のなかで存在論の集積を明らかにしていくわけだが、その存在論においてヘーゲルは、彼にも隠された仕方で、あらゆる有限なものを取り囲みながらも外へとさらけ出し、過酷な個別性のなかへと突き出す世界、この世界を統べることを考えているのである。この支配についてはヘルダーリンの次の言葉が、また当てはまる。「あたかも鷲の子たちを父鳥が巣のなかから投げ出し、野に出て獲物を探せというかのように、神々もまた微笑みながら私たちを駆り立てるのだ」。(3)

第2章 ヘーゲルの根本概念／神話と哲学／存在と知、存在と真理の関係

即自存在、対自存在、〈自己の外にあること Außersich-Sein〉、〈自己のもとにあること Beisich-Sein〉といったヘーゲルの諸概念は、ある本質的な思考の、根本的な概念である。そうであるからには、これらの概念を用語として固定したり、あますところなく解明したりすることはできない。これらの概念をうまく処理するのは容易なことではない。それらの広さや範囲、射程や論理的な構造を見通すことはできない。諸概念の方が私たちを疲労困憊させることはあっても、私たちが諸概念を汲み尽くすことはない。そうは言っても、これらの概念は単一な概念なのである。単一だということは、原始的な概念であるとか、未発達の、連関に乏しい概念である、という意味ではない。反対に、これらの概念は見渡せないほどの充溢、内的な豊かさ、光の多彩な放射領域、そしてなによりも、長きにわたる運動性を自らのうちに秘めている。これらが単一だというのは、それらが多の領域に基づいて個を意味するからではない。そうではなくて、それらが、多性の形をとりながらそれぞれの個がはじめて区別可能になる単一な次元を思考するからである。これらの概念のなかで、ヘーゲルは壮大なやり方で存在という単一な問題を思考する。それによってヘーゲルは、《存在するもの ON》の《ロゴス LOGOS》に語りかけ、自分の存在

論的根本諸概念を形づくる。だが、どちらかといえばこれらの概念は、まったく抽象的で、形式的な、あまりにも反省が加えられて空虚にされてしまった概念、つまり、あらゆる規定に先んじて存在する普遍的な存在という空虚さを特徴づけるとされる概念ではないだろうか。そこで考えられている存在は、生長すなわち《自然 PHYSIS》との関係や関連を、なおも持っているのだろうか。存在という概念がかくも空虚で形式的に見える原因は私たちにある。それはヘーゲルのせいではないし、決して哲学のせいではない。私たちはさしあたっては存在という概念に語りかけられることも、触れられることも、つかまれることもない。存在という概念は私たちを冷ややかな気持ちにさせるので、私たちはそれを「氷のように冷たい抽象」と呼ぶわけだ。私たちは、日々の単調な歩みのうつろな空虚さのなかで、存在によって空虚にされているために、その空虚さを存在概念のせいにするのである。それについて何も言うことができないので、存在という概念を〈何も言わないもの〉とみなし、時にはおしゃべりに熱中してこのことさえも自分に隠してしまう。即自存在、対自存在、〈自己の外にあること〉、〈自己のもとにあること〉、これらは普遍的な存在様態 universale Seinsweise である。これらは個別の、領域を限定された存在者がそのつど存在するような様態ではない。そうではなくて、すべての存在者が全体として存在する、つまり宇宙の広がりのなかに存在者が存在するような様態である。したがって、普遍的‐存在論的ということが意味しているのは、その〔意味の〕広がりにおいて何も規定されていないままの、すべての類と種を超え出ているということによってのみかろうじて特徴づけられる、極端で内容のほとんどない普遍性なのではない。この「普遍」という空間はむしろ万有 All、宇宙 Universum、世界としてまさに考えられなくてはならない。これらの根本概念をあとづけるのが途方もなく困難な理由は、ヘーゲルがこれらの概念を、事例を用いて、世界のうちにある事物をまなざすことによって明らかにするけれども、しかしそれと同時に彼がこの世界内の事例から世界を包括する普遍的な意味へと飛び出してしまうところにある。このように具体的なモデルから突き離すのが思弁の特性である。私たちがこれらの概念に最初の接近を試みたのは、たとえば、まがりなりにも単一で、自分の存在のうちに安らい、自分の存在を自ら保持している自存する事物をモデルにして即自存在に照準を合わせたときであった。そのとき、即自存在は実体性以外の何ものでもないかのように見えた。別の箇所では、私たちは対自存在を自分自身のことを知っている自我、近代的な意味における主観を導きの糸にして説明したが、そこでは、対自存在は直ちに主観の主観性を意味しているように思われた。しかし、厳密に考えれば、実体のような何ものかがあるから即自存在があるのではなく、反対に世界に即した即自存在の存在様態があるからこそ実体は可能なのである。同様に、主観が現れ出るから対自存在があるのではなく、むしろ、対自存在があるからこそ存在者は主観的なものになりうるのである。存在者の実体性と主観性とは、宇宙が存在するがままの根本様態としての即自存在と対自存在に基づいている。そしてこのことはまた、即自存在と対自存在は、犬や猫が存在するようにあるのではないし、事実や数が存在するようにあるのでもないということを意味する。即自存在と対自存在はむしろ与える作用 Geben のあり方、すなわち世界が存在者を存在させるあり方なのである。世界が存在者を存在させるのは、鷲が雛たちを巣から投げ落とすように、神々が微笑みながら私たちを追い立てるように、世界が事物を自立させようと外に出すことによってである。だが、自立的なものの自立のうちにこそまさに、〈世界が支配する das Walten der Welt〉という諸特質が照り返している。即自存在において考えられているのは、自らのうちに根拠づけられたもの、自分を保持するもの、自分のうちに閉ざされているもの、安らいでいて変わらないものである。しかし、すべての事物を担い、自分のうちに閉ざされた「大地」が、包蔵する能力のある自分の胎内からすべての有限なものや個別化されたものを生み出すのではないのだとすれば、最も安らぎ、根拠づけられ、変わらないものとは一体何だというのだろう。「大地」とは根源的に変わらず、堅固で、持続的なものである。有限な存在者として自己のうちに立ち、不変であり、閉ざされているもの、すなわちある自己の「実体」としてあるものは、大地の不動さ、大地の持続性、大地の閉ざされ確固としたところの照り返しを封土・授かりもの Lehen としているのである。実体の自立性のうちには、つまり実体の即自存在のうちには、謎めいた形で分断されて、大地の根源的不変状態 Ur-Stand が映し出されている。また、その明るさのうちでこそすべての事物が現れ輝き出る明るい天が、もしも輪郭や刻印を得るのではないとすれば、一体何が最も開かれ、自らのうちで明るみ、明白だというのだろうか。そして、このような根源的で、開かれた、明晰な明るさは、それが包み込んでいるすべての事物のうちで反照する。存在者は、天の光の反照のうちに立っているかぎりで、自らのうちで開いていて、明るみに出されており、開かされ、自らを描出しながら、対自的でありそして対他的である、つまり「主体」という仕方で自立的である。存在者の対自存在のうちには、天の火の根源的な光 Ur-Licht が映し出されている。

理解しがたい神話的な話だと思われるかもしれない。だが、それは西洋哲学の最も古い神話、思考の歴史の歩みのなかで、絶え間なく合理主義的な頽落を続けているにもかかわらず幾度も反復される神話である。哲学は、ある宗教、あるいは詩のように神話的なのではない。哲学において神話的なものという困惑させられる語で呼ばれているものは、思考困難なものが現前している状態のことであり、そのものに接近しようとすれば、その代償として、すべての思考に最終の究極的な鋭敏さが要求されることになる。プラトンは、もはやそれ以上前に進めなくなったところで神話に手を伸ばしたのではない。プラトンは絶えず神話のうちに滞留している。なぜなら、神話こそまさに思考が運動する境位 Element だからである。思考しえないものの現前こそがプラトンの哲学的営為に――彼が最も先鋭的な対話的「修練の場 Gymnasia」で概念的な仕事に携わっていたときでさえも――深くアイロニカルで見極めがたい特質を与えているのである。哲学が、哲学それ自身からようやく生じてきていながら、いまではもう哲学から解き放たれた学問の、その支配に服するようになった場合にのみ、根源の忘却が起こるのである。しかし、ヘーゲルの場合には、たとえ彼が哲学を「学問」と名づけているとはいえ、事情は違っている。というのも、ヘーゲルは哲学を既成の学問の尺度では測らず、むしろすべての既成の知を派生的なものとみなすからである。つまり、本来の、本当に真なる知とは、彼にとって哲学である。『精神現象学』の「序文」にこう言われている。「哲学が学問の形式に近づいていくこと、すなわち知への愛という自らの名を脱ぎ捨てることができて、しかも現実的な知であるという目標に近づくこと、この仕事に参加することこそ私が企てたことなのである」。[4] これは現にある「諸学問」の流儀に沿って哲学を方法論的に整理することを意味するのではない。むしろ、哲学をそれ自身において根底化することであり、もっと決定的に、もっと力強く哲学の「本質」へと向かうことなのである。〔冒頭に挙げた〕即自存在などのヘーゲルの根本概念は、私たちがそれらを既成の諸学問の視線のうちに位置づけようとしたからといって、つまり事物の契機としてあとづけ見出そうとしたからといって、より把握しやすく明瞭なものになるわけではない。それは、決定的に根本諸概念を失ってしまう、最も確実な方法であろう。これらの根本概念はむしろ、すべての存在者のうちで、かつすべての存在者を貫いて、世界に即して支配している存在のことを考えているのである。それらは存在者における存在のことを考えている。存在というこの呼び名によって私たちはある違いを捉えようと、あるいは少なくとも示唆しようと試みているわけだが、まさにその違いゆえにヘーゲルの着想は、存在者における存在をまさしく存在者の存在体制として、存在者の形相的ないしカテゴリー的構造として確定しようとする存在論的な思考方向から切り離されるのである。ヘーゲルにとっては有限な事物の完結した説明など決して問題ではないし、有限な事物の純粋にそのものとしての事物性を、すなわち有限な事物の本質態を規定することも重要ではない。ヘーゲルにとって大切なのはつねに、有限な事物を完全に支配し、有限な事物を叩いて有限な刻印を刻み込み、そこからさらにまた引き剝がすような存在なのである。ヘーゲルは、まずなによりも「生」のことを考えているので、存在を、すべての事物を接合しつつ意のままにする、世界をあまねく支配する威力として考えるわけである。しかし、その際、私たちがすでに一度述べたように、世界はそのものとしてはヘーゲルの思考の主題ではなく、明示されざる遊動空間なのである。ヘーゲルが自分の弁証法的な概念的理解によって捉えようとするもの、それはすべての存在者のうちにある、動き動かされる存在の活動であり、まさしくこれは彼が「生」と呼ぶものではあるが、遊動空間ではない。それにもかかわらず、ヘーゲルの根本概念は、秘められた形で世界と関係している。つまり、普遍的‐存在論的なのである。そして、世界それ自体が、まさしく天と大地との対立関係として、最も根源的な区別をなしているように、また、世界が開示と閉鎖との対立の裂開であり、まさしくそのことによって世界が全体の一致をなしているように、世界のうちに置かれたすべての事物、すなわち「自立的に」存在するすべてのものは、区別という照り返しによって規定されている。これらの事物は、事柄それ自身としては、それ自身において、諸々の性質や状態や位置や位相から——ということはつまり、それらの事物がひとまとまりにされている他の事物から——区別されることによって、自立している selbsten。そしてまたそれとはまったく別様に、自我それ自身としては、多数の対象をひとまとめにして自我の統一に関係づけることによって、自立しているのである。この手短な考察が指示しようとしているのは、即自存在等々は事物、すなわち存在者に即して読み取ることも、また存在者から規定することもできないということ、それはむしろ先行的に考量されなくてはならないということ、そしてそれゆえに私たちは世界を貫き通す支配といった次元へと入り込んでしまうということである。そのような支配が遊動する空間をヘーゲルはもはや問いかけることはない。もっと正確を期して表現するならば、即自存在や対自存在や〈自己の外にあること〉や〈自己のもとにあること〉は、存在様態の現前する存在者をいわば前に引きずり出すことによって――あるいはそれがそれほど簡単には明らかにされえないとすれば――隠された事物をそれでもなお隠れ家から駆り立てて、まるでびくびくしている野獣ででもあるかのように仕留めるような催しものを準備することによって目に見えるものにされうるであろうし、そうされなくてはならないような、ある一定の存在者の「存在様態」ではない。哲学の著述家たちのみならず、すぐれた思想家たちにも見出される、承認され、またいつも繰り返し言及されるひとつの意見がある。それはヘーゲルが彼の根本諸概念を獲得したのは、まさしくなんといっても「存在者」へとはっきりと目を向けていたからだ、というものである。この存在者に該当するのが「絶対精神」である。確かにそれはその他の事物、たとえば木や人間のような存在者ではない、と言われる。つまりこうである。「絶対精神」は直接には与えられない。それは「現象」ではない。「絶対精神」はたとえば、単純に散在するばかりの事物の、すなわち、私たちが示すことができ、そこにおいて開始し、私たちの才気と機知とを行使することができるような事物の、現象的な状態からは逃れ去ってしまった。「絶対精神」はあからさまな形では現存することはない、とこのように人は言うわけである。確かにそれは現前しない。しかし、「絶対精神」は現前しないがゆえに、つまり現象ではないがゆえに、それはなによりもまず出現させられなければならないのである。ある所与のものを記述したり、写し取って理解しながら解釈するというよりももっと根底的な意味での現象学が必要なのである。その意味での現象学ならば——と人々は言うだろう——通常は現象することから逃れたままであるものを、隠されている状態から外へと導き出すという特質を持たなくてはならないし、それをはじめて現れさせるのでなければならない。しかし、こうしたこともまたこれはこれで、包み隠しているもの——つまり隠している覆い——を取り払いさえすればいいといったようなことではないし、同様にまた、たとえば、長きにわたって積み重ねられてきた地層から前歴史的な遺物を掘り出すようなことでもない。前歴史的な発掘現場から出土する壺、留め金、壁の残骸、硬貨などは〔現出から〕〈逃れ去る Sich-entziehen〉という根本的な特質は持ってはいない。精神については事情は別だ、と人は言う。精神は現前しないし、諸事物のうちのひとつではない。精神はすべての事物の本来的な存在であるが、それゆえにまさしく見かけや現象性から逃れ去ってしまっている。すべての現象それ自体の根底に存しているものを目の当たりにするためには、現象の現象性を徐々に打ち砕いていくという意味での「精神の現象学」が必要である。精神は無造作におのれを「表す」ことはなく、現象や現象性のなかに隠れているので、哲学の思索のなかで、現象へと、叙述へともたらされなければならないのである。しかし、このことはまた、〈すでに明らかなもの das Schon-Offenbare〉の地帯に定住させられている私たち人間が、自分たちから出発して、自分たちの力に基づいて、すべての事物の〈それゆえ私たち自身の〉秘められた核心を明るみに出すことができる、などということを意味するわけではない。人間の思考においては——そもそもそれが可能なはずであるのなら——精神の覆い隠しは貫き通さなければならないし、この精神それ自体に固有のある傾向が明るみに出てこざるをえない。人間が精神の覆いを取り除いているかのように最初のうちは見えるのだが、それがつまり精神についての知や学問というわけだが、この知や学問が、覆いを取り除いていく行程の最後に、精神の自己開示として明らかになる。人間はただの通り道にすぎず、人間の思考は精神の自己意識の媒体にすぎない。有限な事物がその自立性を失い、精神という唯一の実在的な本質の諸契機や諸段階になるのと同様に、思考のなかで人間は消え失せて精神となり、自分の有限な精神を絶対的な精神にゆだねていく。哲学的営為によって人間から我執が消えていく。事物が自らの固定した独立を放棄して、精神の生の形成物へと、精神の生の定立物や止揚された定立物へと没落せざるをえないように。精神こそは唯一現実的なもの、唯一真なるもの、唯一確かなものである。精神は、一切を包括するこの現実のなかで、生そのものであり、したがって、すべての有限なものが犠牲として捧げられる「ゴルゴタの丘」である。そこでは、すべてのものが己の自立を精神にゆだねてしまい、存在者の消滅が「成就され」、またそれゆえに生の無限性への「復活」が成し遂げられる。精神は絶対的な精神である。つまり、絶対的なものは精神であり、精神は絶対的なものである。精神のほかに現実的なものは何も存在せず、精神は一切の実在性である。ヘーゲルは最初からすでに精神の生としての絶対的なものというヴィジョンに導かれ動かされている、と言われる。これこそはヘーゲルの決定的な哲学的根源直観なのだ、と。見かけではまったく素直に、かつ受容的にふるまっているときでも、つねに彼は絶対的なものをまなざしている。媒介されていない直接的なものというヘーゲルの概念でさえすでに、〈本質的に媒介である存在〉の概念としての精神へのまなざしによって規定されている。彼の現象学には、単純で先入見なく書かれているような率直な所見など存在しない。ヘーゲルは目の前にある事柄の強制から脱して「精神」を解明することへと向かったというわけではない。ヘーゲルは偉大な思想家に特有の先入見にとらわれている、と言われるが、そのことでヘーゲルを責めるとすれば、それはおそらく間違いなのであろう。実際、そのような非難があるとしたら、それは何の取り柄もない、無分別なものになろう。だが、そうだからといってヘーゲルが本来的な現実が精神であり、またそれゆえに主体の主体性であるとするような形而上学的基本態度から本源的に出発しているということについて、まだ決着がついたわけではない。このような形而上学的基本態度では、そもそも絶対的なものという概念はどのように解されるのだろうか。それは「存在者」以外の何ものでもない。確かにそれは有限な存在者、すなわち《有限な存在者 ens finitum》としての、よく知られた周知の種類の存在者などではなく、《無限な存在者 ens infinitum》としての存在者である。絶対的なものは、たとえばアリストテレスの場合のように、《TIMIOTATON ON》——すなわち最高の存在者——や、《THEION》——すなわち神的なもの——を語るような形而上学、そうした形而上学の思想連関のうちで解釈される。だが、そこでもすでに、それ自身は動かず、他を動かすものである第一の動者が、そもそも《ON》——すなわち存在者——という像において適切に捉えられ把握されうるのかどうかは依然としてなお未解決の問いである。もしかするとまさしく《無限な存在者》こそは西洋思想史の不条理、決着のつけられない世界忘却なのかもしれない。絶対的なものという概念においては逆説的な仕方で「《存在 esse》」が「《存在者 ens》」にさせられる。この逆説が自覚されるとき、そして自覚されるかぎりで、哲学的営為は根源的なままにとどまっている。しかし、逆説の逆説的な部分がもはや思考の棘であり続けなくなった場合には、哲学的営為は空想的な背後世界の遊戯のなかに見失われてしまう。さまざまな段階の深さを経巡るだけという特徴を持つヘーゲル解釈では、絶対的なものの絶対性が特に問題になることはない。とはいえ、一見すると存在者を手元に持っているように見えるからこそ、つまり、たとえ存在者を直接手にはしておらず、いずれにせよ明示不可能だとしても、しかし回り道をして、「精神」という形でどうにか手にしているからこそまさに、こうした解釈において即自存在や対自存在や〈自己の外にあること〉や〈自己のもとにあること〉といった根本様態がいわばこの「存在者」に即して推論され、この《無限な存在者》の存在様態として解釈されるのである。このような「絶対的な精神」が存在するような場合を仮定するなら、いま挙げた諸様態がまさしくこの存在者の諸状態であることはやはり明らかであろう。そうだとすれば、即自存在は事物の存在様態として絶対的なものの根本状態――そこでは絶対的なものはいわばまったく身を隠してしまっていて、有限な事物が自立的であるように見えるのだが――へと関係づけられるであろうが、しかし、こうした見かけが可能なのは、絶対的なものがまだ「対自的」ではなく、純粋な自己把握や自己占有の運動を遂行していなかった場合にかぎってのこと、すなわち、絶対的なものが「自己の外」にあり、自分自身から疎外されている場合にかぎってのことである。絶対的なものが（人間の思考において、より適切に言えば、人間の思考を貫き通して）自己自身へと至る運動へと歩み入るとき、つまり、自らの自己喪失のあり方をなくすとき、そのときにはじめて、個々の諸事物の見かけ上の自立性は消失し、個々の事物は絶対的なものの生の運動によって吸収され、定立作用 Setzung の契機として把握され、それによって同時に廃棄されるのである。こうしたことは弁証法において生起するのだ、と言われる。すなわち、人間の思考でもあれば、まったく同様に、まさしく「精神」を本性とする絶対的なものの生の運動でもある弁証法において。絶対的なものが自己に至るとき、すべての有限性は没落するが、なるほどそれは一気にそうなるのではないが、確かに媒介の諸段階を経てそうなるのである。絶対的なものの即自存在や〈自己の外にあること〉が事物の有限な自立性という見かけを生じさせ、そしてこの見かけが、絶対的なものが自己に至り、対自的になり、自己のもとにある、その程度に応じて消失する。こうして、絶対的なものが〈即かつ対自的にある An-und Fürsichsein〉ときに、哲学の目標は達せられ、存在の歴史は終局に達するわけである。

このような解釈の視点は、たとえばヘーゲルのテキストの引用によって直ちに明らかにされうるようながさつな間違いを犯してはいない。反駁としてよりも、むしろ例証として妥当しうる数え切れない箇所が存在する。とはいえ、ヘーゲルがすでにあらかじめ絶対精神という唯一無二の現実について形而上学的な決定を下しているのであってみれば、彼が存在の問題を立てているのかどうか、言いかえれば、存在の問題から出発して「精神」という概念を投企しているのかどうか、は問題である。テーゼとして言うなら次のようになる――ヘーゲルの思考は、古代とキリスト教との和解を切望して、絶対精神の構想のうちで頂点に達するような、すなわち、そのようにしてあらかじめ構想された存在者〈絶対的なもの〉に即して即自や対自などといった存在性格を推論する――あるいはそれらの存在性格をその存在者に関しても要請する――ような独断的な先取りに従属してはいない。それとはまったく逆に、普遍的–存在論的な根本諸概念を熟慮することで、はじめてヘーゲルは精神としての絶対的なものという特定の構想へと導かれるのである。ヘーゲルの哲学は「客体的属格であると同時に主体的属格」であるという二重の意味、すなわち、精神と精神それ自身の自己知という二重の意味での〈絶対精神の存在論〉なのではない。ヘーゲルの哲学は〈すべての存在者のうちの普遍的な広がりを持つ存在〉の存在論なのであり、精神の概念のなかに流れ込んでいく。すべての決定をすでに前もってしていながら、しかしさしあたっては手の内を見せないからといって、それはヘーゲルの体系構制の「策略」ではない。ヘーゲルの体系構制は、それが実際、素朴かつ直接的に考えているとおりに行いながら、その一方で、「絶対的なもの」への――あたかもそれを考えることをあらかじめ決めていたかのような――まなざしによっていつもこっそりと導かれているようにふるまうが、それも「策略」ではない。ヘーゲル哲学の着想は即自存在、対自存在、〈自己の外にあること〉、〈自己のもとにあること〉という概念のうちにある。これは抽象的で空虚なままにとどまる端緒であるように見える。私たちがある存在者――たとえそれが最高の存在者であろうとも――に即してまず最初にそのようなものを推論してはならないのだとしたら、これは一体、何を意味するというのだろうか。私たちはそのようなものを、いわば基体を欠いたまま考えることができるだろうか。ヘーゲルにとってそのような根本諸概念は、何らかの存在者が態度をとりふるまう、そのふるまい方ではないし、また有限な、あるいは無限な「事物」の転変する諸状態でもない。それらの概念はすべてをあまねく支配する存在それ自身の分節化を意味する。ヘーゲルが存在問題を立てるのは、彼が存在の意味を、先に述べた根本諸様態の対立的な関係性から考えようと企てるからである。存在は即自、対自、〈自己の外 Außersich〉、そして〈自己のもと Beisich〉といういろいろなあり方をしており、さらに、「私たちにとって Fürüns」という不思議な仕方で、すなわち人間との関係において、存立している。これらの名称のうちには、西洋哲学史の根本諸問題が隠されている。この場合、ヘーゲルの諸概念が天才的なゆえんは、ヘーゲルが自然言語そのものから、至るところで「～であること〔～存在〕sein」が一緒に語られるような多様な意味を取り出しているところにある。たとえば〈自己の外にあること〉と〈自己のもとにあること〉が話題になるとき、そのそれぞれが、〔前者は〕非本質的なものへと〔自己が〕失われてあること、〔後者は〕本質への帰郷を、また〔前者は〕自己の無知、〔後者は〕自己理解を意味するように、それゆえこうした名称において存在と仮象の問題構制および存在と真なる存在 Wahrsein の問題構制も振れ動くように、即自存在と対自存在――これは何といっても〈対自的になること〉なのだが――との対立によっても、存在と生成という普遍的な存在論的問題構制が包み込まれているのである。すでにそのままの用語によって、それ以上立ち入ることがなくとも、通常はあれほどに空虚な存在概念が、存在―仮象―生成―真なる存在という問題をはらんだ関係として混成されているわけである。言いかえれば、存在が、すべての存在者において空虚な均一的な形で支配しているのではなくて、諸次元に属する〈自らのうちに区別を持つ構造体〉として支配しているということが、すなわち、存在には「区別」が一体化しているということ、つまり存在のうちには、否定の力がもともと住みついているということが、理解されるのである。存在は、《HEN DIAPHERON HEAUTO》、すなわち〈自己自身のうちで区別された一なるもの〉である。しかし、存在の普遍的 universal な諸様態が併存することはないし、それらは何らかの仕方で未知の根拠から出来してくるわけではない。むしろ、「出来すること」や定立することは、つねに他の根本諸様態と一緒に作動しているひとつの根本様態にすぎない。だから、取るに足りないものと映る契機になお私は注目したい。ヘーゲルの根本諸概念は、そのすべてが「〜であること〔〜存在〕-sein」という表現を含んでいるだけではなく、根本概念すべてのうちに、注目すべき重要な語である「自己 sich」が含まれてもいる。即自 An-sich、対自 Für-sich、〈自己の外 Außer-sich〉、〈自己のもと Bei-sich〉。このことが意味するのは、根本概念のすべてにおいて何らかの仕方で自己 Selbst が考えられているということ、つまり、自己性と存在、《一なるもの HEN》と《存在するもの ON》とが——そのとき、この自己性が存在論的な解釈の過程でたとえどのように規定されるにしても——互いに帰属しあうものと解されているということである。即自存在、対自存在、〈自己の外にあること〉、〈自己のもとにあること〉という諸概念は諸様態、すなわち、存在がすべての存在者において、またすべての存在者を貫いて支配する諸様態である、と私たちは言う。そのとき存在が関わるのは決して単に諸事物のある範囲、ある領域なのではなく、原則的にすべての事物なのである。しかしそれは、存在がまさに事物に即して立ち現れるかぎりでの、つまり事物の構造や存在体制、事物の有限に限界づけられた「存在者性」であるかぎりでのことではなく、すべての存在者がそれぞれ——いわゆる観念的なものも実在的なものも、自然物の領域も文化的事物とそれを創る人間ももろともに、必然的なものも自由なものも——存在によって貫かれているかぎりでのことである。ところで、すべてのものを貫いて支配する存在を、ヘーゲルがしたように理解することがそもそもどのようにして可能なのかと問うとすれば、すなわち、この着手点が一体どこに基づいて一般的にかつ全体的に規定されるのかと問うとすれば、答えはこうである。存在と知との根本問題から、と。ヘーゲルの普遍的 - 存在論的 universal-ontologisch な弁証法は、明示的ではないが次第に明らかになっていくこの問いの地平のうちにとどまり、そしてそのうちで動いているからである。

このことを見て取るのはそう簡単ではない。確かにヘーゲルにおいては、「認識論的」問題、すなわち、人間の認識する行為が存在それ自体をいかにして、またどの程度、正確かつ適切に捉え概念へともたらすのかという問いは、重要ではない。むしろ、知とは何であるのか、が問題になる。もっともこのような決めつけ方も誤解を招きやすい。「知」を特徴づけ、記述し、あるいは知の射程を画定し、あるいは知をその可能性を考慮して明らかにするといった、そうしたことが重要なのではない。ヘーゲルの存在論は知の問題によって突き動かされ、運動を続けさせられているが、だからといってこのことは、ヘーゲルが知についての存在論的な思想を自らつくりあげた、と言おうとするものではない。言いたいのはむしろ、ヘーゲルは知の謎から出発して存在論的な問題を一般的にかつ全体的に究明した、ということである。知のような何かが存在する場合に、どのようにして存在そのものは理解されなければならないのだろうか。知においてこそ明け開け Lichtung は生じ、真理が生起する。真理そのものはどのようにして存在に属すべきなのだろうか。〈真なる存在〉とは、私たちがそうであるような奇妙な存在者たち Wesen が存在するもの das Seiende を考察するまさしくそのときに、ほんのときおり生起するような何ものかなのだろうか。したがって根本的に偶然の出来事、人間という存在 Existenz がそもそも私たちの惑星上にいるのと同じくらい偶然的なことなのだろうか。真理とは、私たちが作り出す何ものかなのだろうか——それとも、私たちが住まいにしている何ものかなのだろうか。私たちは自ら真理をつくることができるのだろうか、あるいは存在そのものがそれ自身においてすでに「真」なのであろうか。真理は存在に属していて、私たちが存在の近く、その近隣にある場合にのみ、私たちの方へと導かれるのだろうか。結局のところ存在の問題は、何が問題をそもそも可能にしているのかということによって、最も多く呼び出されるのだろうか。つまり、中心的な存在論的問題とは存在論の可能性の問題なのだろうか。存在論の可能性の問題とは、存在論がいかにして遂行可能か、という問いではなく、むしろ存在には明け開く能力があるということがすべての存在者における存在に関してどういう意味を持つか、という問いだろうか。光は存在に対してどのような位置にあるのだろうか。「《存在するものはすべて真理である omne ens est verum》」という命題、すでにアリストテレスにおいてもっと根源的に現れている問題構制に対するスコラ的な定式のことを、誰もが知っている。いかなる存在者も、それが存在者であるという点においてすでに〈真であること Wahrsein〉である。このことはもちろん、いかなる事物も、それが存在するかぎり、すでに私たち人間によって知られている、ということを意味するのではない。言いたいのは、〈真なる存在〉とは存在者に存在者それ自身に即して帰属する何ものか、存在者の本性をともに形づくっている何ものかである、ということだ。ヘーゲルの視線は存在者にまず第一に向けられているわけではないし、いわゆる超範疇 Transcendentalien（《存在者 ens》、《一 unum》、《真 verum》、《善 bonum》）の対抗関係性に向けられているのでもない。ヘーゲルは、存在によって規定された事物よりももっと根源的な、すべてを貫いて支配している存在をまなざしている。だから万有のうちなるこの存在——ヘーゲルはかつてこの存在について、その存在の閉ざされた力は認識しようとする勇気に対して反抗することができないと述べたことがあるが——は、それ自身、〈真なる存在〉によって規定されているのである。それも、みじめな人間が存在に真理を押しつけるからではなく、真なる存在それ自身が自らを開示するもの、自らを明け開くものだからである。何らかの事物や、《無限な存在者》といったものが明け開くという本性を持っているのではない。そうではなくて、存在それ自身がそのような本性を持っているのである。だからして絶対精神というヘーゲルの概念はまったくもって自らを明け開く存在それ自体のより展開された形態にほかならないわけである。こうしてヘーゲルは、張りつめた巨大な歴史的緊張関係のなかに立ち、古代初期のパルメニデスの命題「《TO GAR AUTO NOEIN ESTIN TE KAI EINAI》」、すなわち「というのも、思考しつつ聴取すること das denkende Vernehmen と存在とは同一のものだからである」にまでさかのぼっていく。《EINAI》と《NOEIN》、すなわち在ること〔存在〕と思惟すること〔思考〕、あるいは存在と〈真なる存在〉、存在と理性——この関係がパルメニデスの命題においてある仕方で、つまり《AUTO》、すなわち「同一のもの das Selbe」〔という語〕を使う形で、言い表される。しかし、同一のものの同一性 Selbigkeit の問題の内実はここでは未解決のままである。存在と思考は互いにひっぱりあっているが、それは、ある観点からすると一致する二つの異なった事物のようなものでもなければ、あるひとつの事物の二つの側面が一致するようなものでも、この両側面が空虚な同一性 Selbigkeit において一致するようなものでもない。この一なるもの Ein、「同一のもの das Selbe」の本性の問題は何世紀にもわたって問われてきた。アリストテレスの場合には存在論の根本命題、すなわち矛盾の命題のうちに見られるし、ライプニッツのモナド論やカントの超越論的統覚の統一性の教説などのうちにも見られる。存在と〈真なる存在〉との関係はさまざまな仕方ではあるが、つねに同一性 Selbigkeit の地平において考えられる。他方でこの関係はある連関を、つまりふつうの意味での「経験」

ではないような連関、すなわち存在と真理が並び立つことがすでに前提されている何ものかについての知ではないような連関を、含んでいる。重要なのはむしろ、存在と真理のこの並立そのものをはじめて経験するような経験である。ヘーゲルは絶対的なものを真なるものとも呼んでいるが、しかも二重の意味で、つまり、絶対的なものが本来的に存在しているもの、《ONTOS ON》、〈真に現実的なもの〉を意味すると同時に、〈自己自身に基づいて明るいもの〉、〈明け開く光〉を意味する、という二重の意味において、真なるものと呼んでいるのである。だからこそヘーゲルは「絶対的なもののみが唯一真である。すなわち真なるもののみが絶対的である」(5)という基本的な命題の形で、自分の問題設定を要約することができるのである。

第3章　ヘーゲルの知の形而上学／存在と知／描出と表象

私たちはヘーゲルの着手点を解明しよう。私たちが追理解しようと試みるのは、ヘーゲルがどのようにして存在の問題を開陳しているのか、どのような次元でヘーゲルの問いは動いているのか、どのような根本諸概念をヘーゲルは用いるのか、ということである。その際、決定的に重要なのはヘーゲルの着手点の原理的な広がりを視線に収めること、すなわちヘーゲルの存在諸概念が持つ世界的な広がりWelt-Weiteを特に、そしてはっきりと考慮することである。ヘーゲルへと向かう動機はこの思想家に対する偶然的で私的な関心などではない。動機は思考の歴史的な状況のなかにこそある。「挫折」や、一切の思想の苦労にシシュフォスの苦役〔ギリシア神話でコリントスの王シシュフォスはゼウスから罰を受け、地獄で岩を押し上げては転げ落ちることを永遠に繰り返す仕事を課された〕を宣告するような意味のない無駄骨だけが、有限な人間の知恵が織りなす思考の歴史において支配しているわけではない、と仮定しよう。そして、思考の歴史においては何らかの仕方で、思考のうちで追想されるものの歴史が反映していると仮定しよう。その場合に明らかなのは、いかなる現実の真なる思考の試みもそれぞれがすでにある歴史的状況のうちにつなぎとめられているということ、すなわち思うがままに自由なのではないということである。つまり、いかなる思考の試みも思うがままにあちらこちらで始めることはできないということ、すなわち、数え切れないほどの無駄な開始に、最高に本源的な、しかしこれまた無駄な新しい始まりを付け加えようとすることはできないということである。哲学史がただの思念からなる混沌でもなければ――「常識」のあざけりによく見られるように――誰も他人を理解せず、各々が噛み合わない話をし、結局のところみな何も言ってはいないようなバビロンの言葉の混乱でもないとすれば、すなわち哲学史が真理の原‐歴史 Ur-Geschichte であり、〈人間の了解に対して開かれてくる存在〉の時間的な立ち現れであるとするならば、思考が歴史空間、歴史時間をはじめて切り開くがゆえに、文化史や政治史といった他のすべての歴史は思考の歴史のうちに基づくことになるのだが、それだけではない。その場合には実際の哲学的思索もまた、そのつど歴史的に制約されていることになる。そして、このことは「体系的な」思考の試みがあえてなされるところでも、いやまさにそこでこそなされるのである。誰ももはや卵から ab ovo 始めることはできない。始まりは私たちにとっては遠い過去のことである。始まりは取り消すことができないものである。二五〇〇年前、イオニア〔ミレトス、エフェソス、サモス島などを含む一帯の地名。おそらくタレスらミレトス学派の登場を指している〕の海岸で起きたことは取り戻すことのできない人間の決断である。そのとき人間のなかに侵入してきたもの、すなわち存在‐概念の明るみが、多くの変化のなかで人間の運命と人間の歴史を規定してきたのである。だが、始まりが取り消されえずに私たちの背後に存しているということは、始まりがすでに用済みのものになったということを意味しているわけではない。事態は逆である。歴史は過ぎ去り片づけられてしまったものではない。歴史とは人間の固有の自己了解がそのうちで、またそれに対して鍛え上げられる次元なのである。私たちがただ夢うつつで過ごしたり、「日一日」をただ生きるだけのつもりでないならば、そのときにはゲーテの言葉通りに三〇〇〇年についての弁明が必要になるのだろうか〔ゲーテの言葉「三〇〇〇年について弁明を与えるすべを心得ていない人は内にこもって経験に乏しいまま、日一日を生きてしまうだろう」〕。このことは本質的な意味においても、また同様に表面的な意味においても理解されうる。いわゆる「精神史」が歴史的な自己了解の器官《オルガノン》にされる場合には、表面的な意味で理解されている。つまり、「精神史」の概念が、ヘーゲルの形而上学を解消したあの人間学的転回〔フォイエルバッハの『キリスト教の本質』(1841) を画期とする「人間学化」の傾向を指す。本書二九〇頁参照。〕の結果十九世紀に形成されてきたようなものとみなされる場合がそれである。〔このようにみなされた〕精神史に関する問題構制がヘーゲルの形而上学の平板化と歪曲に由来することは間違いない。世界‐精神の存在論的歴史にとって代わって、宗教や世界像や哲学上の学説といった文化的形成物を創り出し、そうした自分の仕事の産物に自分自身を対象化するなどしている、投企的存在者としての人間の歴史が登場する。歴史は、ぼんやりと〔自らを対象に〕投影する人間が前進的に進歩主義的に自己をあらわにしていく営みとなり、またあまりにも人間的な幻影を啓蒙する行路になる。いわゆる精神史は人間の歴史、人間学的歴史である。しかし、人間存在 Menschentum の「歴史性」がより本質的に理解されるのは、人間がいわば切断されるようなことがない場合であり、人間を支えている、存在の人間への根本連関から人間が引き剥がされてしまわない場合、肯定的に言いかえれば、人間が〈真理にふさわしい場所として実存している存在者〉と理解される場合である。思考の歴史は時間の途上にある真理である。そして、この歴史は時間を持つし、時間をまかされている。それゆえ、本来ならばこれからはじめて到来するものが、とうの昔に時機を失して時代遅れになってしまっているかのようにしばしば見えるほどである。人間学的歴史の性急で目まぐるしい変化はヘーゲル哲学の上をとうの昔に通り越してしまった。つまり、私たちはもはや現実的なもののうちに理性的なものがあるなどと信じてはいないし、そこまで楽観的でもなければ理性を信用してもおらず、国家を現にある人倫体としてよりも、すべてのものを錯綜させるリバイアサンとみなしているのである。躍動感あふれる「観念論」の世界像にしても、〔今日の〕私たちにとってはせいぜいのところ郷愁に駆られる悲痛な想い出でしかない。その間にも私たちは恐怖や不安、ニヒリズムという無意味さが支配する現存在の暗黒面を経験してきた。私たちは「文化」がうわべの飾りになったことや、もはや詩人や思想家ではなく技術者と経済人が大衆の時代を先導しつつ規定していることや、イデオロギーが冷酷非情なことに機能的な狂信にまで化してしまうと、思想が人殺しの道具として働くようになるということを知っている。つまりは、世界戦争の時代、すなわち地球の支配をめぐって争う時代に私たちが足を踏み入れたことを知っている。精神史から見ればヘーゲルは時代遅れである。しかし、このことは、ヘーゲルが思考の歴史においては「時代に即している」ことを直ちに排除するわけではない。ドイツ観念論との対決は今日のすべての思考が置かれている状況に本質的に欠かせない。というのもドイツ観念論は、すべての存在諸概念をあますところなく徹底的に研究し、存在諸概念の伝統を仕上げ、そしてついには、いつもは哲学の諸形態のなかに多様に覆い隠されたままの「経験」を徹底的に問うまでになった最後の存在論だからである。そして、この「経験」として「存在と人間」の関係は生起するからである。

私たちはヘーゲルに近づく通路を、最初、一般に通用しているヘーゲル解釈を拒むことによって探し求めた。一般に通用しているヘーゲル解釈はヘーゲルの哲学を「絶対精神」の形而上学とみなしている。その際、「精神」が何であるかはもはや問うに値することだとみなされてはいない。精神は人間の内面性をモデルとして、まさしく私たちにとってよく知られたものである。精神は自分自身についての知という構造を持つ。常識の陳腐な見解によれば「精神」はある特定の生き物のうちに、たとえば人間や神々やデーモンや神のうちにいわば個別化され、まばらに局限化させられて存在するにすぎない。有限な諸精神は、天地創造の日々に水の上を漂っていた神の「無限な精神」から容易に区別される。有限な諸精神はある連関のうちに立っており、相互理解の、すなわちコミュニケーションの共同体を形成する。しかし、コミュニケーションしながらひとつにまとまった有限な精神の領域は現実的なものの一部の範囲でしかない。たとえば「自然」の領域に対置される「歴史」の領域である。精神を有し、精神に規定された生き物たちはそれぞれの地上の現実のなかで自然という形で存在する事物という基盤に頼らざるをえない。それらの生き物たちは、身体を持たずに、知性的な世界という純粋なエーテルのなかを漂っているわけではない。それらはそのつど肉体的なもの、すなわち実在の身体につなぎとめられており、この身体に生気を吹き込みながら意のままに動かしている。したがって私たちには、「精神」がまずもって与えられているように見えるわけだ。その場合精神は前もって知られた存在者であり、私たち自身もまたそのつどこの存在者のなかに数えられる。人間は精神的な存在者 Wesen である。この使い古された定式をよく耳にするが、とはいえそのとき私たちはたいていの場合は、精神の本質 Wesen をことさら考え抜いているわけではないし、精神の本質から人間を規定しているわけでもない。私たちにとって、思想を欠いた日常のなかではこのような定式は同語反復《トートロジー》である。精神が何であるかを私たちは人間から理解し、人間とは何かを人間の精神から理解するからである。さて、先に取り上げたヘーゲル解釈に従えば、ヘーゲルは人間の自己解釈のこうした偏狭さを突破したのだが、それはヘーゲルが精神を絶対的に措定し、精神を世界精神にまで上昇させて、しかもこの世界精神たるや人間をただ利用するだけで、偉人（思想家、詩人、宗教の創始者、国家の創設者、英雄）（だけ）がそれに対して「職務を遂行する」とみなすことによってであった。ヘーゲルは「絶対精神」へと思想の飛躍を行うことによって単なる現象的な観点から逃げおおせている、と言われる。ヘーゲルの哲学を支配しているのは、通俗的な存在者論 Ontik ではなく、すなわち現象的に証明される現存する存在者の描写ではないとしても、やはり思弁的な存在者論ではあると言われる。このような説明は私たちには間違っていると思われる。それはヘーゲルをいわばあまりにも強くかつがさつに近代の形而上学の線上に、すなわちデカルト以来、ますますその度合いを増しながら、魂や《思惟するもの res cogitans》や意識や存在了解の形而上学に基づいて普遍的な存在論を基礎づけようと試みるようになっていく形而上学の線上に置いてしまう解釈である。確かに近代においては知に、すなわち魂に独自の優位があるし、一八世紀の講壇形而上学の概説によってほとんど覆い隠されてしまった傾向、つまり、《特殊形而上学 metaphysica specialis》の一分野である合理的心理学が存在論の基礎づけの課題を全体的に引き受けようとする傾向が私たちにはある。しかし、この傾向は実際のところ何を意味しているのだろうか。人間、すなわち存在了解している人間が存在の模範 Prototyp として自分のことを理解しているというのはまったく明白で疑問の余地がないことだろうか。いま述べた傾向においては擬人観と、ますます抑制がきかなくなりつつある主観主義とが働いているのだろうか。近代的思考におけるこの根本事象を評価する際には、もっと慎重になるべきだと私は思う。ヘーゲルにとってともかく決然と拒むべきなのは、ヘーゲルの思考が、「精神」として先行的に解される絶対的なものの思弁的解釈によって始まるとされる事態であり、その際に絶対的なものがいわば無限な存在者を意味するとされる事態である。即自存在や対自存在や〈自己の外にあること〉や〈自己のもとにあること〉といったヘーゲルの根本諸概念は、有限と考えられる存在者であれ非‐有限 un-endlich と考えられる存在者であれ、何らかの存在者の独自の存在様態一般にのめり込むところに由来するのではない。これらの根本概念は絶対精神の存在者論 Ontik から生ずるのではない。それらはヘーゲルが存在論 Ontologie の問題をそもそもそれに関係づけて着手し、展開するところの問題概念なのである。根本諸概念は普遍的 universal なものであるが、形式的に‐普遍的なもの das formal-Allgemeine というあいまいな意味ででではなく、宇宙 Universum がそうであるように普遍的 universal であり、すべての存在者のうちなる、世界的な広がりを持つ存在を特徴づける世界概念なのである。しかし、このことはまた他方で、ヘーゲルの存在論的根本着手点 Grundansatz が、絶対精神の存在者論ではないのに劣らず、「《共通存在 ens commune》」の存在論でもない、ということを意味している。ヘーゲルは「存在者としての存在者」、すなわちアリストテレスのように《存在としての存在 ON HE ON》を問うているのではない。ヘーゲルにとっては、有限な事物をその事物性や本質体制において説明することは重要ではない。唯一重要なことは、すべての存在者における存在への問いである。彼は切れ切れにされ、根源から引き離され、自らの自立に固執している個物のことに思考しつつ目を向けているのではないし、そうした個物をその存在様態（カテゴリーや《形相 Eidos》）において特徴づけるのでもない。ヘーゲルの思考のまなざしは最初から存在がすべての存在者において、そしてすべての存在者を貫いて世界的な広がりを持って支配していることへと向けられている。事物はヘーゲルにとってはもっぱら通路となるほかはない。ヘーゲルは「存在」を「生」として、すべての存在者のうちで流れているものとして考える。ヘーゲルはなによりもヘラクレイトス主義者である。西洋の形而上学の終末期はその最初期と、ある謎に満ちた近さで触れあっている。こうしたことをすべて洞察することは決して容易なことではない。ヘーゲルの普遍的‐存在論的な着手点が「知」の奇妙な形而上学によって覆い隠されてあるように見えるときには特にそうである。

すでに述べたように、ヘーゲルは存在と知との関係という問題のまわりをまわっている。それはそもそもどのような関係なのか。明らかなのは、それが二つの事物のあいだの関係のようなものではないということだ。《思考 NOEIN》と《存在 EINAI》——パルメニデスの非常に古い定式を用いるとして——

は水と水差し、甲虫と草の茎、手と摑まれた道具、見ている目と見られている事物のように、一緒にあるのではない。ここで問題となるのは、純粋に空間的な並存でもなければ、体験される並存でもないし、意識的に体験される並存、すなわち精神によって浸透され、照明される並存でもない。私たちはいま互いに非常に異なっている並存の諸形式を列挙したが、それらすべてにとって共通して重要なのは、同時に分離を意味する近隣性 Nachbarschaft である。つまり、水は水差し「のなかに」あるが、それでも水差しからは切り離されている。甲虫は草の茎を身をもって知り、草の茎は甲虫にとってその通り道であるが、そのときでも草の茎は甲虫そのものとは別の何かである。手は鋤や刀剣を摑み、種をまき、収穫をし、あるいは人を殺すが、手が道具を使っていわば自分を延長し、自分の力を拡大するほど道具と非常に近い関わりを持っているにもかかわらず、手はこの道具からは区別されている。そして、見られているものに密接している見ている目もまた、それがそもそも見ているかぎりでは、決して見られているものから切り離されえない。それどころかさらに共通の紐帯によって——すなわち色彩を輝き出させ目をも明るくする、まさしく光によって——見られているものと結びつけられている。この場合でも、目と見られているものは区別されている。ここでの近さとは二種類の存在者の近さであり、そしてまたそうであるからこそ、それは分離でもある。しかし、「存在」と「知」は相違するのであろうか。それには次のように答えたくなるだろう。すなわち、存在と知は確かに相違している、しかしそれは、互いに独立して存立することのできる二つの事物のように、というのではない、存在と知とは解きほぐしがたい相関関係、すなわち、いわゆる「主観‐客観関係」の構成項である、知はいつでも〈存在しているものについての知〉であり、存在は本質的に、可能な知の対象であることを意味する、と。さて、このような（しばしば与えられる）回答の厄介な点は、そこでは知そのものの存在についてはまったく触れられていないところにある。「存在」がただ対象としてしか帰属しないような知など一体そもそも存在しうるのだろうか。一般に存在する「諸対象」を経験するために、知自身もまた存在していてはならないのだろうか。知は明らかに「存在」に全面的に対峙することはできない。知はそのつどすでに「存在」の中にくるみ込まれており、対象化しながら自らをまさしく存在する事物へと向けてはいるが、しかし存在に向けているわけではない。存在はそのつどすでに最初からすべての可能な知を包み込んでいる。それゆえ、〔存在と知との〕正真正銘の平衡関係が問題なのではない。知とは「存在関係 Seinsverhältnis」である。すべての知は「存在している」。だからして、知についての単なる「認識論的な」考察でも十分ではない、と言われるわけだ。知の射程、拘束力、そして諸規準を規定するだけでは十分ではない。むしろなお、知るという関係そのものの存在の仕方を明らかにすること、すなわち、知を、そこにおいて知が生起している件の存在者の存在体制の全体から解釈することが必要である。たとえば人間が知の生起の場所であるとするならば、そのときには明らかに知の解明は人間の存在様態に立ち戻ることを要求し、実存論的‐存在論的解釈を要求する。そのような解釈を怠ったことでヘーゲルを非難することもできる。しかし、それはもはやヘーゲルの問題構制それ自身から考えられることではない。ヘーゲルにとって知とはただ端的に、知の営みをなす存在者——すなわちこの場合は人間——の存在様式を第一義的に持つ「存在関係」にすぎないのではない。知とはただひたすらに、つましく「存在している」ばかりではない。知は「存在の強さのより大きな、あるいはより小さな度合いに応じて存在している」ものである。知は、たとえば人間の意識のうちに、あるいは人間の実存のうちにそのようなものがあるから存在するというのではない。知は、その知において知られる存在者の存在の強さの度合いに応じて存在する。知の存在のランクは知られるものの存在のランク次第なのである。単に現象するだけのものについての知はそれ自身現象する知にすぎないし、有限なものや相対的なものについての知はそれ自身が有限で相対的に存在する知にすぎない。絶対的なものについての知は、つまるところ、絶対的に存在している知である。こうしてヘーゲルは、知ることからではなく、知られるものから知の本質を考えようとする古代の伝統へと取って返す。知は、知られる存在者の存在の強さに応じて多かれ少なかれ本来的に存在するものである。すべての存在者が、区別を欠き、ランク付けを欠いて存立するようひとしなみに一様化されてはじめて、つまり、存在者の存在がもはや力 Gewalt と力強さの度合いにしたがって経験されなくなったときにはじめて、知る主観に第一義的に定位した考察が前面に出てくる。知る者の存在論的な解釈へと引き戻されるとすれば、知への存在論的な視点にはまだほど遠い。知とは存在関係である、ということの命題は半分の真理しか言い当てていない。すなわち、すべての知はそのつどすでに存在し、存在の強さの度合いに応じて存在するということ、つまり、見る目が見られる木に向き合っているようには、知は断じて「存在」に向き合うことはできないということを言っているにすぎない。知と存在とは、まさしく存在が包括するものとして機能し、〔そのうちで〕「知」が、稲妻と激しい雹、生長と開花と枯死、出産と死〔の関係〕とは異なる、固有の種類の出来事である、というような仕方で互いに関係するだけではない。知はこうした自然の出来事と異なるにもかかわらず、それらが総じて存在する出来事であるかぎりで、なおも何らかの仕方でそれらと似通っているのである。もしパルメニデスの言葉が存在と知の「同一性 Selbigkeit」を目指しているのだとしたら、おそらく存在は知ともっと深い必然的な関係を持つであろう。ひとつの同じもののうちで相違するものたちが一致するわけである。それでは、存在と知の一致はどこに存在するのだろうか。そして、同一性 Selbigkeit の軌道とはいかなるものであろうか。知は存在に属するのだろうか。個別化された出来事としてではなく、ニーチェがその著作『道徳外の意味における真理と虚偽について』（1873）のなかで述べているように「怜悧な動物が認識を考案した……〔中略〕……世界史のあの最も偽りに満ちた一瞬」としてでもない。[6] 知それ自身は必然的に存在に属すのだろうか。ヘーゲルは存在の問題を知の形而上学として立てた。この形而上学にとって、人間の認識能力の到達範囲を画定することは「批判的には」重要ではないし、主題的に区切られた人間的現存在の分析論のなかに知を埋め込むことも重要ではない。むしろ、存在の全体において「知」であるのは何か、「普遍的 universal」な仕方で、すなわち世界を遍く貫く形で「知」であるのは何か、という問いが重要なのである。知とはヘーゲルにとって普遍的‐存在論的な問題である。知は存在者の現前化 Präsentation によって、すなわち事物の描出や自己指示、現れによって存在論的に可能である。思弁的に捉えられるならば、知はさしあたりは各々の存在者すべてが他に対してある仕方である。知を問うことによって、他の存在者に対して存在者一般が〔自らを〕「描出」し、自らを現前化するという普遍的な特質が目指されるかぎりで、すべての有限な事物の、世界をあまねく貫き通す特質が視野に入ってくる。知はそれぞれの存在者が他に対してある仕方であるだけではない。知は、このような「〜に対してある」というあり方が他の存在者にも――この他の存在者が自分をまさに自分自身に関係づけるというようにして――与えられてしかるべきあり方でもある。したがって、何らかの知の単純な事実のうちには、〈他に対してあることと Sein-für-anderes〉と、同時にそれと結びついた〈自己自身に対してあること Sein-für-sich-selbst〉という〔二つの〕存在論的構造が存在している。一方の存在者の描出や自己放棄 Entselbstung は同時に他方の存在者の自己定立であり、しかも、ある本質に即した結びつきにおいてのことである。私たちはそこに、即自存在（これはすでに、ある存在者が他の存在者に対して〔自らを〕描出するという特質を受け取ってしまっている）と対自存在という契機を容易に認識する。知とは決して単なる自己知 Sichselbstwissen なのではなく、自己知と一体でありながらつねにまた異なる他者の知でもある。ヘーゲルは知のこうした存在論的契機を獲得したのだが、しかし、それはヘーゲルがある事実的な知の出来事に即してそのような特徴を読み取りそれを一般化した、ということではない。「知」という現象のもとでヘーゲルにとって明らかになったのは、むしろ、存在者におけるすべての存在を貫いて支配している普遍的‐存在論的な動性である。知は、存在の生運動の不安定さを表す、ヘーゲルの主要モデルなのである。知は偶然に、あるいは折に触れて存在に襲いかかり、降りかかるものではないし、存在のうちで、そして存在において生起するものでもない。存在は知られてあることのうちで運動する。《ヌース NOUS》〔知〕は存在のうちに住まい、そこで存在の不安定な本質を駆り立てる。《ヌース》は存在を地上の閉ざされた闇のなかにいつまでもとどまらせてはおかない。《ヌース》は《アレーテイア ALETHEIA》〔真理〕という光として存在のうちで支配し、力をふるう。この明け開け Lichtung は宇宙的な威力なのである。これこそは、すべての即自存在を、自身を越えて駆り立て、対自へと突きとばし、それから再び根源的な根拠のうちへと引き戻す力である。

ヘーゲルがやろうとしていることは全般的に言って、容易には見通しえない多義性によって規定されている。ヘーゲルは自分の出発点を、——近代の伝統に従って——表象する人間、すなわち知る者にもとめているように、さしあたりは見える。だが本当は、ヘーゲルにとって知とは世界を貫いて支配する《ロゴス LOGOS》の宇宙的な威力へと突き進むための、さらにもっと深くもっと根底的には、《ロゴス》から存在そのものの歴史である《アレーテイア》へと突き進むための跳躍のモデルである。「知」の形而上学のうちで、さしあたりヘーゲルの《ロゴス》の形而上学と《アレーテイア》の形而上学は覆い隠されている。ヘーゲルに固有の発展によって、また彼の哲学的な仕事の段階的積み重ねによって、彼の存在論のこのような隠された意味が示される。知と学問の本質を、たとえばヘーゲルがカントやフィヒテの「知識学」に依拠していることを強調する形で、知る人間に発してまず評価するとすればあまりに短絡的に把握することになる。知は知られたものから展開される。「知られてあること Gewußtsein」はある他者に対する、すなわち知る働きをなす対自存在の自己関係によって規定されているような他者に対する即自存在の存在様態なのである。知の本性はここでは「認識論的」にではなく、存在論的に定式化されている。私たちが一般に単純に人間に帰している知は、ヘーゲルにとってはすべての即自存在が対自存在へと移行する運動が始まる場所なのである。それゆえにまた「知」は、存在しないこともありえたはずの宇宙的な偶発事といった本性を持つことはない。ヘーゲルにとって、知は必然的に一体となって存在に属している。それゆえ、すべての知が「存在している」だけではない。すべての存在もまた明け開けの出来事によって動揺させられ、その即自存在の閉じた静けさのなかにあってかき乱されている。この明け開けはさしあたり人間の営みであるように見える。一般に私たちはいつも事物を、理性を欠いたもの、おそらく私たちの知性によって明るくされるべき領域とみなそうとする気持ちに駆られる。確かに私たちは、事物のなかの理性、自然のなかの数学、世界のなかの知恵が私たちの把握できるものよりも大きく力強いことを時には認めることがある。だが、そうすることで私たちは本来ひとつであるものを再び現実的なもののうちなる理性と、現実的なもの〔のうちなる理性〕に入ってしかるべき私たちのうちなる理性とに分割する。知を人間の表象する働き Vorstellen として、すなわちある対象へと向かう「《レプラエゼンタティオ repraesentatio》〔再現前〕」としていったんは規定することができるし、その際には、表象する者が異他なる対象から区別されている。知られたものとはある表象の再現前させられたもののことである。しかしそうだとすると、表象には存在者を意のままにして、それが「対象的に」現れるようにする力が備わっているのだろうか。人間は事物を「立てる stellen」ことができるのであろうか。事物を自分に対して現出させ、自分の好奇心に対して己をあらわにするよう事物に強制することができるのだろうか。あるいは、結局のところ自分自身を自分自身からして示すような存在者のもとに、すなわち描出や現出が自分自身の一部であるがゆえに「対象化」を許容するような存在者のもとに人間がすでに実存しているという理由によってのみ、表象は可能なのではないだろうか。言いかえれば、結局、表象する態度の可能性はそもそも存在者の巧まぬ本性 Lässigkeit に基づいているのだろうか。事物が現象するのは、私たちが事物を表象するからなのか、それとも、事物がそれぞれ生来己を「描出する」ものだから、私たちは事物を表象できるのか。ところで描出とは存在者における存在性格であるが、この存在性格はただ知の方にのみ方向づけられているわけではない。描出しつつ、事物は他の諸事物へと関係し、事物は自らのうちに取り集められると同時に、多様な関係へと拡張されながら自らを保持する。描出とは、《それが他の何かに対してどうあるか PROS TI》というアリストテレスの範疇が意味するものである。こうして事物の人間に対する関係は、より普遍的なある関係構造の特殊事例として現出する。どのように解釈されるにせよ、〔存在者が己を〕描出することと〔存在者を〕表象することとは人間が存在者のもとに立っていることと Bei-Stand を異なった方向意味で表現している。すなわち一方では「《再現前 repraesentatio》」として、また他方では存在者の《臨在 PAROUSIE》として、〔いずれにしても〕人間の周囲に事物があることを意味する共現在 Mitgegenwart を表現しているのである。〔存在者を〕表象することと〔存在者が己を〕描出することとは人間に集約される。したがって人間は際だった場、すなわち知の場に（より秘められた意味においては《ロゴス》と《アレーテイア》の場に）なる。さて、ヘーゲルが表象することよりもむしろ描出することから、したがって存在者の巧まぬ本性に基づいて知を特徴づけているかぎりで、知の本質的に新しいある契機が視野に入ってくる。確かに、表象することと描出することが互いに出会う、と言いうるだろう。どこから始めるかはどうでもよい。存在者は人間のもとに存立している。私たちが〔表象することと描出することが〕出会うことを、表象する人間から展開しようと、己を描出する存在者から展開しようと、問題にならないように見える。しかし、そこでヘーゲルが力説しているのはある新しいモチーフなのである。描出は確かに自らを－示すこと Sich-Zeigen である。事物はたとえばその外観において自らを示す。ふつうであればこうした表面的な見え様で私たちは満足する。しかし、時折、事物はあるがままとは別様に現れる。存在者は偽りの仮象で自らを示す。事物の外観はあらわにする〔覆いを取る〕ばかりではなく、覆い隠しもする。本質は仮象のなかに自分を覆い隠す。仮象は欺きや偽りなどといった特質を持つ必要さえない。すべての現出のうちで本質が自らをとどめ置いていれば十分である。自らを示すものは、さしあたりは非本質的なもの、外化されたもの、現象であり、事柄それ自身ではない。描出することはすべての存在者の存在のうちの根本動態であり、この根本動態に従って、どんな存在者も自己から飛び出て、自らを外化し、自身の－外に－さまよい出て、本質を背後に覆い隠す非本質という仮象のうちで現象する。事物はそれが自らを示すように存在しているのだろうか、それとも外側へと向けられた見え様の姿勢をとりながら「内的なもの」を覆い隠したままにしているのだろうか。内的なものと外的なものとの対立は二義的、多義的である――たとえば現象の現出においてまさしくやはり本質が現出する、なぜなら根本的に覆い隠されたままである本質というものは把握できないもの Unbegriff であるから、などと説明をすることによって、もちろんこうした問題全体を力ずくで取り除くこともできる。しかし、さしあたり重要なのはこの問いの決着や解決ではなく、現象や本質について述べる場合の周知の意味に――ヘーゲルがこの意味をさしあたり単純に受け取っているかぎりで——注意を向けることである。「本質」がそれ自身における存在者である一方、「現象」が、この存在者が非本質的な外面性において自らを示すことであるとするならば、そのとき明らかなのは、人間はまずもってたいていそれ自身における存在者のもとにあるのではなく、むしろ普遍的な非本質 Unwesen という状況に陥らされているということである。すべての事物は人間には「現象」の側面しか向けないし、それぞれの本質を自分だけで保持している。こうした場合、人間のことなど存在者の眼中になく、人間はさながらオデュッセウスのように、迷妄の次元へと押し流され、放り出されている。人間はすべての事物が押し合いへし合いしているなかに立っている。しかし、人間を圧迫するもの、人間を襲うもの、人間に自らを差し出し自らを示すもの、人間に対して現象するもの、こうしたものはまったく本質でもなければ即自存在でもなく、外向きの事物の相貌にすぎず、相貌というよりむしろ仮面にすぎないのである。このようにして、人間はさしあたりは単なる外観や単なる描出や単なる非本質の領域のなかで駆り立てられているだけなのだから、人間の知は、それがこうした立場にとどまっているあいだは、現出し描出する非本質的な知にすぎないのである。しかし、単なる仮象のただなかでのこうした立場にとらわれてあることから人間が逃れるには、ヘーゲルの解釈によれば、人間がある「神秘的な」直観、あるいはそうでなければある種の霊的な魔術によってすべての事物の核心に直接自らを置き入れようとしたところで駄目である。むしろ、「媒介」という長く困難で苦難にあふれた道をたどることでのみ、すなわち、固定された諸対立を単純に排除したり、絶対的なものの神聖な夜に沈めたりするのではなく、そうした諸対立を考え尽くし、思考しつつ動かしていく思考の道をたどることによってのみ逃れられるのである。即自存在と〈他に対してあること Für-ein-anderes-sein〉とはさしあたりは本質と現象のような関係にある。しかし他方で、すべての存在のうちで動揺として働く知は「光」のようなあり方をしている。光とは、一方では、即自存在から対自存在への一切の変化に関わる動かす威力である。他方でそれは存在者の巧まぬ本性、すなわち存在者が〔己を〕「描出すること」に基づいており、したがって光ははじめから仮象の次元にとらわれているわけである。こうしたことはどのようにしてうまく合致するのだろうか。ヘーゲルはこの場合明らかな矛盾のなかで動いているのではないのか。一致しえない矛盾であるように見えるものは、ヘーゲルがどちらも受容し、手を加えた「知」についての近代と古代の二つの概念が一時的に並立している状態にすぎない。しかし、ヘーゲルは古代の存在論的着手点と近代のそれとのこうした並立状態を、単に両方の「立場」の和解という形ではなく、——私たちの時代にとってもなお身につけ熟慮することが切実な課題となっている——生産的な克服という形において考えているのである。ヘーゲルの哲学において思考の歴史は依然として頂点に達したままである。ヘーゲルの哲学は性急さとスピードにせきたてられている私たちの時代よりもはるかに先を行っている。激動の現代における有力な政治運動がヘーゲルの形而上学の転倒から、すなわちその人間学的転換から導き出されるという理由から、多くの人々にとってヘーゲル哲学がかろうじて「歴史的関心」を得るにすぎないのだとしても。

ヘーゲルは『哲学史』講義の「ベルリンでの序論」においてこのように述べている。「哲学をわがものにするには実際、精神は長い時間を必要とする。その時間の長さたるや注目しうるものだ。……〔中略〕……私たちの現在の哲学は全世紀の営みの結果である。精神の国においては、それは、夜にキノコが急激に育つように起こるわけではない。……〔中略〕……世界精神の悠長さに関してよくよく考慮されなくてはならないのは、世界精神はあわてる必要はない、ということである。世界精神には十分に時間がある。千年といえども汝の前には一日の如し……」(7)。

第4章　ヘーゲルの存在論的着手点における原理的地平／思考、生成、仮象／真なるもの／ヘーゲルの経験概念

ヘーゲルはある〈知の形而上学〉によって存在論的問題構制を開始する。しかし、この形而上学は知についての形而上学ではない。つまり、知の経過を担い遂行する者である人間という、知る者の存在体制をくまなく明らかにすることではない。この形而上学はまた、たとえば、多くの他の諸現象と並ぶ、個別化された現象としての「知」の本質を探求することでもない。どのような意味にせよ、存在者のある制限された範囲のことが考えられているのではまったくない。ヘーゲルにとって知とは他の出来事と並ぶ、ある特殊な出来事なのではない。確かに通常、知とはまさしく、知性を賦与された諸生物が現れ、これらの諸生物がまさにその知性を使用するときに生ずる「出来事 Ereignis」である、すなわち認識の経過は知において終わる、と言われるし、そう言われるのにも一定の正当性がある。風が海から吹き、雲がたなびき、雨が降り、植物が芽吹き、動物が交尾する。〔だが〕人間はただ生きているのではなく、自分の生について知ってもいる。人間はただ事物のもとにあるのではなく、そのもとにあることを知っている。――つまり人間は自分のことも知っているし、事物のことも知っているのである。このように理解するならば、「知」とは他の諸々の自然の出来事に並ぶ、しかも、それは雲が流れることや雨が降

ることや動物的・本能的な生の遂行からは区別されるひとつの出来事だということになる。知は人間の現存在のあり方を持つのに加えて、他のすべての出来事に関係づけられている。雲が流れることや雨が降ることは互いに並んであるが、しかし両者のうちのいずれもことさら他方に対して態度をとるわけではない。だが、知る人間は植物や動物と違って、流れる雲や降る雨をただ感じたり、気づいたりするだけではなく、それらを理解する。人間は直接現在的なもののもとにあるだけではなく、たとえば諸々の理由のことを知るかぎりで、より大きな時間的な連関を理解しつつ生きている。知と、知の対象になる他の存在者との関係は志向性と呼ばれる。志向性はそのつど二様のものである。つまり、知る者が持つ自分自身についての知と、それと一体のものである、「対象」についての知がそれである。知はいまや次のような形で問題となりうる。それは探求が、人間の知の局限された——すなわち他の自然の出来事からはまったく区別された——個別現象のもとで始まり、次いでこの個別現象がその志向的な構造に従って分析され、その現象生来の存在様式が問いただされ、その実存論的体制が明示され、最後にさらにこの個別現象がまさしくありとあらゆるものに、すなわちすべての存在者に、知の「対象」としてのそれらに関係しうるという点で知の特筆すべき「普遍性 Universalität」が見出される、というようにして。

ヘーゲルの着手点はまったく異なっている。ヘーゲルにとって重要なのは存在と知との問題をはらんだ連関である。知の志向的な普遍性 Universalität ではなく、知の存在論的な普遍性が重要なのである。知とはヘーゲルにとってはまず、存在者が世界を貫き通して普遍的 universal に「存在している」仕方のことである。より厳密に言うならば、存在がすべての存在者において世界のように支配している、そのあり方のことである。ヘーゲルの知の形而上学は最初の着手点からしてすでに世界に広がる存在全体への問いである。存在と〈知られてあること〉、これがここでの問題である。ヘーゲルの場合に「知」という表現が何を意味しているかは、それほど簡単に見て取れるものではない。この表現は少なくとも私たちによく知られたありきたりの現象を名づけるような無邪気さからははるかに隔たっている。ヘーゲルはこの知という表現のなかに、フィヒテの知識学からギリシア人たちの《ヌース》にまでさかのぼる、長い思考の歴史を保存していたのである。「知」はヘーゲルにとっては存在における本来的な謎である。そもそも一体存在と知とはどのように関連しているのか、存在者における存在が知一般を許容するのはどのようにして可能なのか。一体、知それ自身は何らかの仕方で存在のなかにはめこまれて、そこでさかんに活動するのだろうか。あるいは、知は存在の外にあるのだろうか。知はそもそもいつか「外」にあることができるのだろうか。小石にとっては、ある認識する存在者によって自分が知られていようといまいと、どうでもよいことだろう。知られているか否かということは、その小石が置かれていることにとっては明らかに何の意味も持っていない。小石が見られ、触れられ、知られるということは小石にとって外から起こりうることである。しかし、小石についての知が生じようと生じまいと、小石はそれがあるとおりのままのものである。他方で、存在者において一切を貫き通して支配する存在は「外」を持たない。それゆえまた、存在は外から知に対峙するような対象には決してならない。すべての知は「存在」しなければならない。しかしまた、ヘーゲルの着手点をより明確に特徴づけることであるが、存在者における存在の一切はもともと〈知られてあることGewußtsein〉なのである。まず、知はヘーゲルにとって、存在のなかに住まう思考であり、存在に精通した思考の精神的な威力である。この場合、ヘーゲルは思考を近代的な解釈においてと同様に、古代の解釈においても捉えているわけである。また一方で、思考はヘーゲルにとって一切を対象化する主観の威力であり、「《再現前repraesentatio》」すなわち「表象Vorstellung」である。しかし他方で、この表象はヘーゲルにとってまた同時にあらゆる存在者の《現前化〔呈示〕praesentatio》であり、「描出 Darstellung」である。すなわち、〈他に対してあること〉である。私たちの通常の言語使用においては、思考は他の知の形態、たとえば感覚印象や知覚と並び立っているような知の一様態を意味するにすぎない。しかし、ヘーゲルにとって感覚的な聴取 Vernehmen や知覚という知のあり様は、思考が感性や知覚において現前するときのいまだなお覆い隠されている様態にほかならない。思考が覆いを取ること、すなわち思考が非本来的な知の覆いから抜け出て知の本質の形式へと際立っていくことを、ヘーゲルは感覚的確信から精神に至るまで進み行く「弁証法」の歩みのなかで遂行する。先行解釈しつつ述べてきたように、精神はすべての存在者における存在の思考である。ヘーゲルは知を思考として、《ヌース》の威力として、事物がそれに対して従順に適合しながら自らを「描出」してくるような〈世界を貫いて支配するもの〉の威力として、そしてまた表象する主観が有する対象化する威力としても把握している。しかし、描出と表象というこのような二重の威力として「知」はただ何らかの出来事にすぎないのではない。「知」は存在者の存在における根源的‐出来事 Ur-ereignis であり、明け開けという根本の生起である。その明るみのうちでこそ、その他の出来事 Ereignisse und Begebnisse がそもそもはじめて示されうるのである。しかし、存在の明け開けをヘーゲルが基礎的な生起、すなわち根本の歴史として捉えるかぎりでは、はじめから存在は生成の局面のなかへと移動している。存在は支配し、生起し、出来事となり、「生成する」。そして生成は明け開けという特質を持つ。存在は、普遍的 universal に考えられるならば、〈自らのうちで動かされるもの In-sich-Bewegte〉、〈動かし動かされるもの das Bewegend-Bewegte〉、生の奔流、時間の流れである。ヘーゲルにとっては存在と時間の思弁的な等式が妥当するわけだが、それは思考が宇宙的な威力として存在に住まい、存在の動揺として働くからである。それゆえ、『精神現象学』の「序文」でヘーゲルは次のように述べて、空間が幾何学の根底に置かれるように時間は算術の根底に置かれる、という一般に流通する先入見に立ち向かうことができたのである。「時間に関して言えば、人はそれを空間に対立する対項として、純粋数学の別の部門の題材をなすことになるだろうと考えるはずだが、しかし時間とは定在する概念そのものなのだ」。(8) ヘーゲルは時間を「生の純粋な動揺」とか「絶対的区別」とも呼んでいるし、「現実的なもの、自分自身を定立するもの、己のうちで生きるもの、己の概念のうちにある定在」とか「己の諸契機〔時間〕を生み出してそれらを貫いていく過程」(9)とも呼んでいる。存在はヘーゲルにとって時間である。なぜなら存在とは本質的に明け開けであり、すなわち思考であるからだ。思考の威力がすべての存在のうちに住まい働くからこそ、存在する事物が必然的に己を「描出」し、己を示し、現出するのだとすれば、存在する事物はまず外的なものにおいて己を開示する。この外化された外面、すなわち事物の相貌はこれまた二様に捉えられうる。古代的には現れ出てくること Vorschein として、近代的にはそう見えること Anschein として考えられるのである。ヘーゲルはここでも存在概念の伝統全体をひっくるめてつかんでいる。ヘーゲルは現出ということで存在者がある輪郭のなかにおさまることを考えているのとまったく同じ程度に、外的な見かけのなかに本質が自らを覆い隠すことをも考えているわけである。まとめれば次のようになる。ヘーゲルの知の形而上学は存在者における存在を思考として、生成として、現れ Schein として解釈する。思考、生成、現れはそれぞれヘーゲルの存在論的着手点の原理的な地平である。しかし、この三つの地平はヘーゲルにおいては並列するのでもなければ継起するのでもない。それらはむしろ互いのなかへと移行しあっている。そしてこれらの移行関係がヘーゲルにおいては問題の自己運動を形成し、根本諸概念の運動を形成するのであって、人間である思想家はこれら諸概念をただ追思考するしかなく、彼自身では思いどおりに扱うことも導くことも決してできないのである。

存在者における存在は、思考の威力として、生成の運動として、現れの覆いを取り、また覆い隠すこととして、世界の全体を貫き通して支配する。この「三重のもの」をヘーゲルは一語で「真なるもの Wahre」と呼ぶのである。「真なるもの」とは絶対的なものの思弁的な名である。絶対的なものは事物でも事物を超えたものでもないし、有限な存在者でも無限な神でもない。絶対的なものとはそれ自身において思考であり、生成であり、現出 Scheinen であるところの存在である。では、なぜヘーゲルはこの存在を「真なるもの」と呼ぶことができるのだろうか。

私たちは通常、それが意味する事柄との一致として「真理」が当然帰属するとされるような命題や認識を「真」だと言い表す傾向がある。しかし、そうだとしても私たちはやはり「真なる愛」についても語るし、そして単に見せかけだけの愛と区別して、本来的で本質的で真正の愛のことを考える。その場合、真なるものは私たちにとって本来的に現実的なもののことである。そしてこの意味をヘーゲルは特に取り上げるのである。真なるものは本来的に存在するものであり、〈本質的に現実的なもの〉であり、《真の存在 ONTOS ON》である。だが、それと同時にヘーゲルにとっては、本来的に存在し、かつ現実的なものには、それが働いているものであるということが、すなわち単に動かされるだけではなく、動かすものである、ということが欠かせない。さらに言えば、要するにそれは自分から明け開かれているものであり、他なる光によってではなく、自身の光のうちで明け開かれているということが必要なのである。このような言明のいずれにおいても、やはり存在者について論じられている、すなわち、存在が帰属している何ものかが論じられているかのように見える。だが、より厳密に受けとめるならば、ヘーゲルが真なるものという概念において考えているのは、本来的で、働きを持ち、明け開かれている存在者のことでもなければ、また最高の位階に属するそのような存在者のことなのでもなく、むしろ、まさしくすべての存在者における存在の臨在 Parousie のことなのである。絶対的なものがヘーゲルにとって「真なるもの」であるのは、それが明け開けを自らのうちに持っているからであり、それが〈持続し許し授けるもの das Währende und Gewährende〉、すなわち〈時間を与える時間 die zeitlassende Zeit〉であるからであり、そして絶対的なものが本質と現象との対抗遊動 Gegenspiel だからである。「序文」のある箇所を参照すると、真なるものはバッカス信者の興奮状態、[10]すなわちすべての存在者を貫き流れ、それらの生成と消滅をつかさどる存在のディオニュソス的運動であり、同時に「単一な安らい die einfache Ruhe」である。それはすべての即自存在を対自存在へと追い立てる絶え間なき運動の興奮状態であると同時に、根絶されえない安らいであり、そうした安らいであるからこそ即自存在は、すべての変化を自らに生起させせつつ、それらの変化のうちで自らを保持するのである。存在の根本の歴史が即自から対自へのまさしくそうした運動であるからといって、それによって即自が一度であれ最終的に見捨てられてしまうといったようなことは決してなかった。むしろ運動はすべて即自に即しているのであり、さらに運動の終局においてもなお、〈対自になること Fürsichwerden〉は結局は即自存在と対自存在の統一へと流れ込むのである。「真なるもの」は「実体」であり、それとまったく同様に「主体」でもある。ヘーゲルにとって重要なのはいまや、古代と近代の存在解釈の一面性を止揚することであり、存在を、持続的で不変のものとしてとまったく同様に生成および運動としても思考することである。だから、本質と現象の古代的対立のもとにも近代的に考えられた対立のもとにもとどまらないことが肝要なのである。これによってヘーゲルが立てた途方もない課題は、単にすでに考えられてきた諸々の存在思想を事後的に一緒くたにして考えるということを意味するのでもなければ、古代と近代の存在論の寄せ集めを意味するわけでもない。ヘーゲルは、思考する人間存在という最も古い問いの新しい問題、新しい形態を生産的につくりだしているのである。

そして、この問題は「存在論的経験」の可能性の周囲をめぐっている。ヘーゲルが素描した知の形而上学は、彼の問題をむき出しにするために、諸々の要素を提供している。しかし、なぜ私たちはそのようなことに関わりあうのだろうか。ヘーゲルの思想作品に私たちが参与する動機は何だろうか。私たちはこれまですでにいくつかの根拠を挙げてきた。それはヘーゲルが西洋の体系的な存在思考の最後の偉大な人物であるということかもしれないし、ヘーゲルがデカルトやカントよりもより根底的でかつより決定的に形而上学の基礎づけを生み出しているということかもしれない。しかも単に私たちに「《不動の基礎 fundamentum inconcussum》」を残しておくような方法的懐疑といった形ででもなければ、アプリオリな認識の可能性を解明するという形でもなく、むしろ、すべての存在者において支配的である存在を根本的に熟慮するという形でヘーゲルは基礎づけを生み出しているのかもしれない。こうしたことをいったんは認めよう。しかし、なぜそのことが私たちを拘束するのか。私たちはヘーゲルと同じ存在解釈に立っているのだろうか。それとも、私たちはある別の根本的な経験に基づくある別の根本的な着手点を持っているのだろうか。この問いに答えるためには、そもそも存在についての根本経験とは何かをあらかじめ知っているのでなければならないだろう。さて、ヘーゲルはこの問題を特別に、そしてはっきりと考えた思想家である。だが、そうした一方で、ヘーゲルは、それが持つ多様な可能性から私たちがそのつど特殊な刻印を選び出し、その刻印を自分たちの「世界像」として宣言することができるであろうような存在論的経験の「一般的な類型」をおよそつくることをしなかった。存在論的経験の本性をヘーゲルはただひとつの存在論的経験に即して——すなわち西洋の形而上学の歴史全体のほとんどを担い、支配している存在論的経験に即して——指摘しただけである。そもそも別の存在論的経験がかつてあったかどうか、また将来あるかどうか、ということはなお未解決である。ヘーゲルにおいて存在経験は注目すべき多義的な特質を持っている。まず考えられるのは、ある軌道の内部での存在概念の運動、たとえば即自から対自を経て即かつ対自的な存在へと至る運動としてのそれである。次いでまた、この運動は同時にヨーロッパの思考の歴史の歩みであり、したがって数千年の軌道内の運動である。そして、存在経験がひとつの軌道から逸れることができるのか、ある歴史上の一時期（たとえば形而上学の一時期）を過ぎ行くにとどまるのではなく、新しい世界－時代 Welt-Alter、新しいアイオーン〔時代〕を開示することができるかどうかは、結局未解決のままである。ヘーゲルの場合これら三つの運動はすべて互いに交差し絡み合っており、そのことがヘーゲルの思考が有する迷宮的特質を形づくっているのである。それは多くの人には耳障りな響きを持つかもしれない。哲学の歴史が知る最大の体系的力はまさしく「迷宮的」である定めにある。もしも私たちが「体系」というものを、思想の特徴からして単に人間がつくりだした秩序としてあまりにも安易に理解するのでないのであれば、迷宮と体系は矛盾しない。迷宮と体系とは森と森のなかの「杣道 Holzwege」と同じような関係にある。ヘーゲルの追－思考とは即自存在から対自存在へと至る道をあとから進み追求することである。ヘーゲルはこの道を「実体」と「主体」の思弁的な同一性 Selbigkeit として理解する。そしてそれをまた、ギリシアと近代の事物の存在論の再検討としても理解する。ただ存在者の存在者性を規定するのではなく、むしろすべての事物を貫いて流れ、すべての事物に刻印する「生」を規定するかぎりで、ヘーゲルは有限な存在者のどの存在論をも超えて突き進んでいく。存在者から立ち返って、世界として支配している存在へと問いかけるかぎりで、ヘーゲルは歴史の歩みの果てについには形而上学の限界に行き着く。ヘーゲルはただ形而上学の完成を告げているだけなのか、それともそのような終わりとしてすでに新しい世界時代の曙光を予示しているのかは、まだ未解決の問いである。

ごく大雑把ではあるが、存在経験の三つのあり方を区別することができる。〔1〕まず第一のあり方では、存在はあとから補足的に経験される。存在が私たちに、あるいはまた自分自身に対しても示すのは、それがすでに即自的にあるがままの姿である。経験はあとからやってきて把握し、占有し、我がものとする、という特質を持っている。それはヘーゲルの子供のモデル‐事例と類比的である。成長発育の過程で子供は自分の実体、つまりまさに子供が即自的にそれであるところのもの、その過程のなかでそこへと向かっていこうとするところのものを、経験する。子供は自分について知るようになるが、知はすでにそこにあるものを何も変えたりはせず、それをただ把握するだけである。以前は暗くはっきりしなかった実体が明るく照らされるわけである。「経験」はあらかじめすでにあるものの覆いを取ってあらわにする。〔2〕それに対して、古代と近代の解釈が総括されるべきところでは、存在経験の性格はそれとは違った形で見て取られている。というのも、いま問題なのは「存在」が考えられる際の異なる二つの様式だからである。経験とは想起であり、かつ歴史的な対決である。近代は単に古代の解釈を占有するのではなく、古代の解釈を転換させる。存在は、それが実体であるのとまったく同様に主観でもある。主観性は実体についての単なる知なのではない。むしろ実体の方がそれ自身で〈自我‐自身〉という本性を持つのである。〔3〕そしてさらに、存在経験がすでに存立している存在についての単に事後的な知を意味するだけでもなければ、これまでの存在の歴史を想起することを意味するばかりでもなく、存在による新しい自己開示 Selbstoffenbarung の立ち現れを意味するような場合には、存在経験はまったく違った仕方で受け取られることになるだろう。私たちにはそのようなことがそもそも可能であるかどうかわからない。神々の啓示 Offenbarungen がすでにして予期されえないものなのであってみれば、東洋であれ西洋であれおよそすべての神々を超えているものがなす、人間の運命の一切を決定する来るべき啓示は、ますます予期できないものとなっている。

「存在経験」は今日ではすでにすり切れてしまった言葉である。そのような経験は、人が通常経験と呼んでいるものからそもそもどのようにして区別されるのだろうか。そもそも、存在経験の概念というのはつじつまの合わない矛盾したものだと異論をとなえることもできるだろう。なぜなら、すべての経験に際して私たちは何といってもいつもすでに存在を先行了解しながら生きているからである。この先行了解は久しい以前から生得的な、アプリオリな知と呼ばれている。アプリオリな知は、すべての経験に先行しているがゆえに、経験から導出しえないというばかりではない。それは、こう言ってよければおよそ経験に類するものをはじめて可能にするのである。アプリオリな存在了解は経験を根拠づけている。したがってアプリオリな存在了解はそれ自身が再び経験に基づくことはできない。そもそも特定の場所で、特定の状態のもと、特定の時間に、存在者を「経験」しうるためには、私たちはすでに場所や状態の相互外在 Außereinander に類する何ものかについて先行了解しつつ、あるいはいまという瞬間の純粋な継起に類する何ものかを先行了解しつつ生きているのでなければならない。空間、時間、事物の事物性、何－性を備えた was-haft 存在の根本領域といった、この種のすべては、経験においては決して私たちに与えられず、あらゆる可能的経験に必ず先立っているのでなければならない。このようなアプリオリとアポステリオリの区別、すなわち純粋に理性的な認識要素と経験的な認識要素の区別を、すぐれた認識理論はこぞって大いに自慢する。しかも、それが保証つきの手持ちにさえなっている。しかし、それによって経験の問題が解決されたわけではないし、それどころか問題は実際に立てられてすらいないのである。個別的なものの経験はすべてつねにすでに普遍的なものを理解するという光のもとで生ずるというのは議論の余地がない。だが、こうした普遍的な存在了解は、動物が求愛したり、ひなを育てたり、獲物を狩ったり、敵から逃れたりする際に従う本能図式が動物にとってそうであるように、私たちにとって生得的なものなのだろうか。あるいは、この普遍的な存在了解がまさしく私たちの理性という自然の光を形成しているのだろうか。それが私たちの直観の形式や私たちの思考の形式なのであろうか。ただ熟慮によってしか気づきえないような、とはいえ決して変えることも変換することもできないような、脱ぎ捨てることのできない形式が問題なのであろうか。やはり哲学の思考の歴史は、事物の〈存在してあることSeiendsein〉を私たちがときおり個別者の経験に先立ち前もって理解する仕方が変わってきたことを私たちに証言しているのではないのか。確かに、数は最も恒常的で不変であるように見える。そうした数に従って、私たちはそのつど事物をそれぞれ一や多として理解する。しかし、事物性それ自身がどのように考えられなければならないかということがすでにして、つまりそこにおいてたとえば本質と事実存在の区別などがどのように考えられなければならないか、といったことがすでに、長くきわめて錯綜した歴史を持っている。これに対しては健全な人間悟性の立場から再度否定的に答えることもできる。すなわち、諸事物はそれ自身は変化せず、ただ私たち人間の諸事物に対する先入見や事物解釈が変転するのみであって、そのあいだ存在者そのものは変化せずにあり続けるのだ、と。しかし、私たちは一体どこからこうした主張の正当性を受け取っているのであろうか。私たちはどのようにして事物それ自身と事物についての人間の知を区別することができるのだろうか。私たちはその際、即自存在と対自存在の区別という、問われることなく、吟味されてもいない基盤の上を動いているのではないか。しかし、この地盤、この前提はそもそもなお吟味されうるのだろうか。〔前提を確証しようという〕そのような試みをしても、まさしく端的になにもかも停止してしまうのではないだろうか。否、反対である。ヘーゲルの思考はまさしくここから始まる。健全な人間悟性がいまにも極度の空虚に陥ろうとしているところ、すなわち健全な人間悟性にとってすべての基盤が消滅するところ、まさしくそここそが哲学の領野なのである。

存在経験という表題をあらかじめ知られている所与の経験の諸形式に即して測ることは断じて許されない。存在論的経験は、通常まさしく存在者や行為の結果としての事実 Faktum や起こった事実 Tatsache や事件や出来事が経験されるのと類比的な種類の無造作な受容的態度 ein hinnehmendes Verhalten ではない。（アプリオリな知との対立において）経験 Empirie という用語で言い表されるものは、たとえば観察や、あるいはまた実験経験、すなわち数学的な道具立てによって合理化された、合法則的な連関を待望する実験経験といった理論的な態度のひとつのあり方である。私たちはそのときたとえば、記述的な観察や、実験におけるその深化と、他方の歴史的経験や文献資料批判や解釈学とを区別することができる。そしてそれらから全体的に私たちは再度、「人生経験」という誰もが知っている現象のなかに描出される前理論的な（前学問的な）経験概念を切り離すことができる。人生経験はある経験内容を集めたものというよりも、その移り変わりやそこでの危険やその快や苦しみといった人生の経過のなかで私たちにもたらされる自然の知恵なのであり、私たちがそのうちに置かれている概念把握できない現存在——そこでは知りすぎないことがかえってすでに多くの知恵を持っていることを意味するのであるが——との親和感なのである。人生経験のある人は人間を知っている。すなわち人間たちの弱さがもたらすむなしい戯れや、人間たちの希望のことごとくが無駄であることや、人間たちの性格の不確かさを知っている。そして人生経験のある人は、こうしたことのすべてに対して、せいぜいのところ、悲劇的なユーモアをまじえて穏やかに笑うだけである。存在論的経験は理論的な経験ではないし、前理論的な経験でもない。

また他方で、経験の営みに際していつもすでに先行して、そのうちに働いている存在者の生活態度－構造に気がつくという意味での「経験の経験」でもない。プラトンによれば、私たちは事物との関わりすべてにおいて〈あらかじめ知られたもの〉のなかで動き回っており、この〈あらかじめ知られたもの〉において事物たることとそれ自身を理解するのだが、彼はこのような〈あらかじめ知られたもの〉を熟慮することをアナムネーシス、すなわち想起と呼んでいた。存在者が持つ存在の次元や存在の可能性に想起《アナムネーシス》的に気づくことは、ヘーゲルにとって問題であった経験を意味するわけではない。ヘーゲルの経験概念はもっと単純でもっと根本的である。

いまや私たちがなそうとしていることは、単に消極的な特徴づけから抜け出して、問題そのものへと参入することである。それも、ヘーゲルが「経験」の概念をどのように説明しているのかを理解しようとすることによってそうするのである。ヘーゲルはその説明を『精神現象学』の「緒論」のなかで与えている。この緒論は基調となる思想に従って四つの歩みに区分される。その際、主導的なテーマは存在と知との根本的な関係であり、それこそまさしく私たちがこれまでヘーゲルの知の形而上学として特徴づけようとしてきたものである。存在と知とのこの根本的な関係が、「緒論」の思想行程の四つの歩みすべてにおいても重要である。

第一の歩みは論争的である。まず両者のあいだをさしあたり単純に区別し、両方の契機を離して置くやり方、すなわち存在を現前する事物のように考え、存在についての知を知にとって疎遠な対象についての知として考えるようなやり方で存在と知の関係を考える試みに、ヘーゲルは反対する。そうしたやり方では、存在はいわばあちら側にあり、知はこちら側にある、ということになる。すなわち、知はひとつの手段という見方に陥ってしまう。つまり知る者は知を媒介にして存在を確証し、我がものとしようとするわけである。このような着想に基づけば、知は時には有用な手段であり、時には有用でない手段だとみなされる。素朴さと批判はここでは原則的に互いに区別されることがない。どちらの場合でも存在は、石のように即自的に存在する事物とみなされるが、この事物についての知はこの事物にとっては外的なままにとどまることになる。ここでヘーゲルが論争的に攻撃しているのは、知をひとつの手段(この手段が道具であろうと単なる媒体であろうと)とみなす認識理論的な解釈、さらに言えば、即自的に存在する事物の像という形で存在を査定するやり方、したがって存在と知が分かたれているという隠れた主張である。なぜヘーゲルはこうした考えを攻撃するのか、と問うことができる。ヘーゲルはただ疎遠な敵対者にだけ向きあっているのだろうか。この論争は、先行者を貶めることで自分の独自性を強調する哲学者たちの不快な言い争いに属するものであろうか。決してそうではない。ヘーゲルは自分固有の着手点に対するもっともな誤解と戦っている。ヘーゲルはここで――このことが問題状況をさらに先鋭化させるのだが――存在をさっそく「絶対的なもの」と呼んでいる。絶対的なものは即自的に存在する事物もしくは事物を超えたものではない。なぜなら、絶対的なものは自らが即自存在であるからだ。ヘーゲルが自ら激しい論争を行ってとりわけ実現しようとしたのは、即自存在が即自的に存在する事物として理解されないという事態である。そして、知はヘーゲルにとっては「手段」ではない。なぜなら知は媒介 Vermittlung それ自身だからであり、すなわち、すべての手段 Mittel を媒介するもの Mittelnde だからである。思考、生成、現出の宇宙論的な威力としての知はまさしく、即自存在を対自存在と統合し結び合わせるものなのである。ヘーゲルの論争が持つ衝撃力とは根拠づけられたものから根拠へと、存在者から存在へと、手段から「媒介」へと突き放す力である。絶対的なものの即自存在は知という媒介を自らのうちに持っているのであって、この媒介が、知覚された木が知覚によって知覚するものへと引き渡されるように、外から絶対的なものの即自存在に起こってくるというものではない。「存在は絶対的に媒介されている」[11]と序文の中心的な命題は述べている。そこでは存在と知は二つの事物のようには分けられていない。それらはひとつであると同時に、やはり分かたれてもいる。というのも、知とは自らを区別する作用であり、自らのうちに閉じこもる存在の単一な安らい die einfache Ruhe を打ち破り、運動へともたらす区別の威力であり、存在のうちなる生の不安であり、〔存在に〕住まう否定性の力だからである。したがって、ヘーゲルは、即自存在、知の異質性とその媒介的性格、そして二つの契機の分離が意味するような、絶対的なものについての支離滅裂な表象を単に遠ざけておこうとしているのではない。ヘーゲルはこうした表象をある決定的な意味においてまさしく徹底化しようとする。絶対的なものは現前する事物ではない、知は手段ではない、絶対的なものと知のあいだに両者を分ける溝はない、と言うだけでは、まだ何も把握したことにはならないのである。

緒論の第二の歩みは絶対的なものを「唯一真なるもの」として解釈するところに存している。ヘーゲルが「真なるもの」というこの注目すべき表現をどのように使用しているか、を私たちはすでに知っている。すなわち、明け開け、存続、そして〈本来的に‐あること eigentlich-Sein〉とがひとつになった全体として使っているのである。「絶対的なものは唯一真である。すなわち真なるものは唯一絶対的である」[12]ということは、絶対的なものについての認識だけが唯一真なる認識であるということだけを意味しているのではない。それはまた、絶対的なものだけが、それが現実に働く存在であるがゆえに、唯一現実的な存在であるということをも意味している。本来的な存在はただ動かす運動としてのみ、すなわち働きとしてのみあるのであって、働かされたものとしてあるのではない。こうしてヘーゲルは、《現実態 ENERGEIA》に基づくアリストテレスの存在解釈を、記念碑的な壮大さでもって受け入れるわけである。存在者は《働きによってつくられたもの ERGON》であるが、他方、支配する働きとしての存在は《現実態《エネルゲイア》》である。「真なるもの」である絶対的なもの、というテーゼにおいてヘーゲルは存在と知を一緒にして考えたのであった。私たちはそのテーゼを次のように置き換えることができよう。存在、すなわち絶対的なものはただ単に即自存在、すなわちすべての実体の実体性であるばかりではなく、それとまったく同様に対自存在、すなわちすべての主体の主体性でもある、と。それはバッカス信者の興奮状態であると同時に単純な安らいでもある。ヘーゲルのこのテーゼは思弁的な予料である。このテーゼは、それが導入された箇所で理解できるものではない。あとからついてくるあらゆる思考の通る道の上に、それは迷子石のように置かれている。導入されたその箇所では、ヘーゲルはこの主導的なテーゼを決して基礎づけることができない。このテーゼの奇異な要求が示す途方もなさゆえに、このテーゼは創造的な憤りを惹起するが、この憤りによって哲学たるものやっと一歩を踏み出すことができるようになるというわけだ。「緒論」は他に類を見ない構造を持っている。すなわち、存在と知を截然と切り離してしまうことを論駁すれば、それは当然のことながら両者を思弁的に一体化させるところに、すなわち絶対的なものを「唯一真なるもの」として規定するところに行き着くのである。「唯一 allein」という形容詞には、さらに先へと駆り立てるモチーフが潜んでいる。明け開けや生成や本質的な存在としての絶対的なものはまさしく、絶えず自分を自身から区別するというようにして存在している。明け開けとしては明け開かれていない根拠から区別され、生成としては運動を欠いた原状態から区別され、本質に即した存在としてはその固有な現出から区別されるというように。存在と現出との差異がいまや主導権を握っている。

「緒論」における思考の進み行きの第三の歩みは「現象する知の叙述 Darstellung」という問題のまわ

りをめぐっている。現象する知とは、おそらくそう考えたくなるような、端的に誤った知にすぎないといった単純なことではない。存在の概念がいわば動きを欠き、思想を欠いてじっとしているあいだは、何かが存在するか、それともしないかのどちらかである。その間、存在と非存在のあいだには何も可能性は存在しない。しかし、いったん思考が存在それ自身のうちに内的な差異を切り開いてしまったとき、すなわち思考が存在の威力の度合いについて知るとき、知の本来性にも程度が――すなわち知られた存在の度合いに従ってまさしく各々が規定される程度が――あるということも思考は認識するであろう。「真なるもの」が本来的‐存在者として、すなわち本質的な存在として知られる知があるが、その場合この知は本来的な知である。反対に、現出と現象しか知られていない場合には、現象する知しか存在していない。そして、すべての現出が本質を指示するのと同様に、すべての現象する知は本来的な知を、すなわち絶対的なものが自分自身について持つ絶対的な知を指示する。しかし、ヘーゲルが学問をそれとして規定しているまさしくこの絶対的な知は与えられてはいない。私たちは事物の核心に足場を据えているわけでもないし、それゆえまた、もとからしてすでに絶対的な知を知る者だというのでもない。私たちは現象にとらわれており、プラトンが言う鎖につながれた洞窟の人間のように、現象する知にとらわれた者たちなのである。このとらわれに自ら関わっているもの、――そこからの解放がどのように考えられうるにしろ――そのものを私たちは、ヘーゲルが「現象する知の叙述」と呼んだものを解明する際に見て取ることになる。そのとき私たちは、私が唯一「存在論的経験」と言い表したいと思う、まさにその「経験」概念が展開されることになる、困難かつ思想の深みにある主要部の前に直接立つことになる。

かくも抽象的に見える思弁的な思想を講義のなかで取り扱うことが無理な要求であることを私は自覚

している。しかし、それは、ドイツ国民について次のように言ってしかるべきだと信じていた偉大なドイツの思想家の思想なのである。「……私たちには、この神聖な火（哲学）の守護者であれ、という高貴な使命が自然から与えられたのだ。アテネのエウモルピダイ家にエレシウスの秘儀の保持がゆだねられたように……」。[13]

第5章

存在論的経験の次元と歴史的状況／現象する知の叙述

思想の歩みは根底的な問題の途上にある。この歩みは、承認済みの理論の保証された在庫品に数えられるような、いかなる教説も取り扱ったりはしない。それは思考の試みなのである。とはいえ、その際の誘因となるものが独創性という僭越な特質を持っているわけではない。誘因となるのは、端的に言って〔思考の〕不十分さなのである。今日の思考に差し迫っている課題のきびしい必然性に照らしてみれば、個別者は個別者として機能しなくなる。個別者が、現に行われている一般的な営みから身をもぎ離して、考えなしの日常の単調な歩みとそのありふれたおしゃべりから逃れるときの精神のあの苦しみにおいてこそ哲学的思索が現実的になる、というのは真実である。また同様に、哲学が極度に個人的な世界観という極端な主観性とはまったく別のものである、ということも真実であり続ける。哲学は自分自身のうちに固定された自我の虚栄心とは何の関わりもない。「哲学の本質は固有性にとってはまさしく及びもつかないものなのである……」とヘーゲルは初期の『差異』論文のなかで述べている。(14) 現代の歴史主義の誘惑によって、私たちは哲学の諸学説をある偉大な人間やある時代の、あるいはそうでなければある特定の人間存在の「所有物・固有のもの Eigentum」とみなすことに慣れている。しかし、おそらく哲学は、宗教や芸術と同様に、人間の現存在が人間 - 以上のものに属するあり方なのである。

私たちが目指し、そこへと通じる道を探し求めているその問題は、不確かな名称で呼ぶとしたら、「存在論的経験」であり、すなわち、存在論の一切を担い可能にする、存在と人間との根本連関である。これはもっともらしく聞こえる。明らかに私たちは、存在者の存在体制のすべての解釈に際して、すでに「存在」についての吟味未了の根本見解のうちで動いている、と言われる。事物の形而上学的諸解釈は「存在」を現前として、すなわち自立性と現在として理解する。それはとりわけ古代の存在論においてそうだったのである。近代的には、形而上学が持つ古代の根本前提は変化させられる。「存在」はまず第一に対象存在とみなされ、それによって主観と関係づけられる。だが、存在概念のこの変容において古代の意味は、修正されているにせよ、保持され続けている。《パルーシア PAROUSIA》すなわち臨在は、いまや主観の「《再現前〔表象〕repraesentatio》」のうちで現象する。してみれば、どのような主題的形而上学よりも徹底した問い――それはまさしく、あらゆる形而上学に秘められている前提への問いなのだが――を立てることが、すなわち「形而上学の根拠への遡行」(ハイデガー)を遂行することが肝要なのだろうか。形而上学の可能性への問いを立てて、決着をつけることが重要なのだろうか。この問いの複合体全体が厄介で解きほぐし難いのは、「主題的に制限された」形而上学などそもそも存在しないところに理由がある。むしろ、形而上学はつねにそれ自らに固有の問題なのである。それに対して実証的科学は自らを基礎づける必要もなければ、そうすることもできない。実証的科学は自分の領野、すなわち自分の主題的な領域を、存在者それ自身が種や類に即して区分されてあることを考慮せずに選択し、〈何であるか〔本質存在〕Was-sein〉と〈あること〔事実存在〕Daß-sein〉との間の区別を明らかにせずに探求し、真理そのものの本質を解明せずに諸々の真理を定式化する。科学においてはごく当然に一切の探求の外にあり続けるもの、もっと適切に言えば、一切の探求の手前にあり続けるもの、哲学はそれにこそ取り組む。哲学は形而上学として、事物の構造や、普遍的なものと個別的なものとの関係や、真理の本性を考量しなければならないし、それらを実証的な科学に先立って与えなくてはならない。しかし、形而上学の思考は、科学の思考のように前もって与えられた基盤によって遂行されることが決してないのであるから、発見という特徴を決して持つことがない。形而上学の思考は、事物が何であり、どのようにあるかということを決して描写したりはせず、むしろ私たちが事物の事物性を考える際に従う諸概念を構想する。他方で、このような構想において形而上学の思考はそのつど存在の根本表象、真理の根本表象に導かれる。形而上学的思考はいつも、自らが使用する諸前提のうちに巻き込まれたままである。しかし、このように巻き込まれることは、実証的科学の哲学的な素朴さとは異なる本質である。存在であるところのもの、時間であるところのもの、世界であるところのもの、真理であるところのもの、そうしたものの思考は循環する。形而上学はそれ自身にとって問題なのである。デカルト以来、すなわち方法論的な意識の登場以来、「形而上学の基礎づけ」への問いが切迫したものとなった。それは、形而上学が科学とみなされる、あるいは何としても科学との類比においてみられるようになり始めたことを意味する。形而上学が諸科学を基礎づけるように、いまや方法論的思考が形而上学の「根本」へと遡源すべきとされたのである。しかもそれは、主観の自己確信における「《不動の基礎 fundamentum inconcussum》」としての形而上学の「根本」が、真理の本質規定においては「《明晰判明な知覚 clara et distincta perceptio》」としてのこの「根本」が、「《神の誠実さ veracitas dei》」のうちに、すなわちすべてのもののうちに同時に求められたにせよ、すべての独断的な形而上学の可能性のことを批判的に熟慮するという形であるにせよ、「存在の意味」への問いにおいてであるにせよ、その「根本」へと遡源すべきだとされたのである。しかし、形而上学を基礎づけるこれらの試みはすべて、それ自身いまだなお形而上学的である。「基礎的 - 存在論」の理念は形而上学を踏み越えるのではない。むしろそれは、近代という時代における形而上学の際立った形式なのである。だから、「存在論的経験」への問いによって、基礎づけの問題が変容させられた形で立てられるというのではない。形而上学の変革が問題なのではない。すべての形而上学的思考が保持されているあの特筆すべき次元、その本性を熟慮することが重要なのである。しかもそのように熟慮しても、形而上学を凌駕する徹底性になるわけではない。私たち、今日の模倣者《エピゴーネン》はギリシア人たちよりも賢いわけではない。彼らはいまだ前人未踏の教師、始原の天才であり続けている。他方で、私たちを彼らから分かつものがある、それは、私たち末流において終焉に至った歴史の長い道のりである。歴史の終焉というこうした状況について、ヘーゲルほど鋭く明晰な意識を持った思想家はいなかった。歴史は、ある事件が別の事件とつなぎ合わされて途切れなく移り変わっていくような、出来事の任意の経過のように生起するのではない。歴史は、発展として、展開として生起する。歴史は有限である。人間存在や文化や民族、これらさまざまなものたちのとりどりの歴史は終わっていく。しかし、歴史のなかで、人間のある実体の展開のみが、ある民族の歴史の特別日のみが、ある文化の存続期間のみが聞き取られるばかりで、偉大な真理の時々や、人間のうちに超人間的なものが現前する時々が聞き取られないのだとしたら、それはあまりにも浅慮である。歴史は、死すべき者たちの行いや苦難によってよりも、神々の往来や、世界からの遠近や、存在の開示とその覆い隠しによって、いっそう決定的に刻印され、形づくられ、形成される。しかし、私たちが見渡し、理解しうる最も大きな歴史は西洋形而上学の歴史である。この歴史はその根元、その根源を、長く秘められてきた存在の原 - 経験のうちに持っている。この歴史を担っているもの、すなわち根源の根拠としてこの歴史を可能にしているものは、歴史の終わりにはじめて姿を現す。最も内的なものは最後のものである。秘密をもらし放棄することが歴史的な死なのである。フリードリッヒ・ニーチェが「神の死」と呼ぶもの、すなわちそれによって彼が私たちの運命として言い表しているものは、西洋形而上学の死であり、すなわち西洋形而上学を担っている「存在の真理」の没落である。ヘーゲルは哲学のそれまでの諸主題と並べて「歴史」を発見したのではないし、歴史的な意味を創造したのでもないし、この種の言い方で表されることを行ったのではなかった。ヘーゲルの思考が歴史的であるのは、彼がヨーロッパの思考の歴史の、終わりまで行き着く全行程の存在の運命を抱きとめているからである。ヘーゲルにとってミネルヴァの梟は日暮れの薄暗がりのなかで飛び立つ。すべての存在者における存在を「生」として、「精神」として、「歴史」として把握するヘーゲルの哲学は存在－歴史 Seins-Geschichte の極限状況に立っている。その状況が、世界－歴史 Welt-Geschichte への移行が可能であることを合図しているのである。すべての事物や出来事の現にある集合としてよりもさらに根源的に世界を考えることを私たちがいつか学ぶことがあると仮定したら、燃えたぎるいばらの茂みの前にひれ伏す者〔モーセ〕の驚愕を携えて新しい存在論的経験の出現のただなかにとどまり続けることは、おそらく可能かもしれない。

哲学することとは気分 Stimmung によって可能になる。気分とは世界の近しさのことである。世界ははかり知れないものとして、思考の故郷である。思考を突き動かすのは世界と事物との区別である。すべての事物は「自立」しているが、しかしすべては世界に属している。存在者の自－立 Selbst-Stand とは何を意味しているのだろうか。自立的なものの自己性は形而上学が進展していくなかでは実体性として、そして主観性として解釈される。存在者の自己性のこうした解釈は存在の自己性へと立ち戻ることによって、行われるのではない。自己性の根本モデルは事柄と自我だからである。ヘーゲルは二つの解釈方向の統一を要求し、定式化し、真なるものは実体であると同様に主体である、という思弁的な命題によって、存在者の自己性の古代の解釈〔実体性〕と近代の解釈〔主観性〕とを一緒に思考することを要求するわけである。これは、存在を即自存在としてと同様に対自存在としても考えることが肝要であるという意味である。ヘーゲルの哲学は、通常解されるように、存在は精神であるというような独断的な先行決定を最初からしているわけではない。ヘーゲルは精神を無批判に絶対化したりはしない。むしろ、ヘーゲルの発想は普遍的‐存在論的である。即自存在と対自存在とが、すべての存在者の存在の根本様態であり、世界を貫き通す様態である。ヘーゲルが『精神現象学』においてなしている、即自存在と対自存在の統一を考え尽くすという試みを進めるなかで、彼は、私たちが浮き彫りにしようとしている「経験」という奇妙な概念に突き当たる。先にすでになんとか指摘しておいたことだが、ヘーゲルは『精神現象学』における問題設定を、知の形而上学の諸手段を用いて定式化していた。知の形而上学は知を、第一義的には、存在者が知られてあることとみなす。知られてあることは、偶然存在者の身に起こる何かではない。それはむしろ、事物の存在すべてのうちに住みついた威力である。知は、すべての事物が動揺している境位である。知があるかぎり、すべての存在者は明け開けの運動のうちにあり、即自存在から対自存在へと移行する途上にある。ヘーゲルは知から存在論的に始め、存在と思考、存在と生成、存在と現れ、といった根本連関をそれぞれの問題構制において展開していくのである。彼にとっての中心的な主導概念は「真なるもの」という概念になる。この概念はなによりもよく明け開かれたものを意味するのと同様に、最も現実的なもの、一番本来的かつ本質的なものをも意味する。このように受け取られるならば、真なるものはヘーゲルにとって絶対的なものである。もしも絶対的なものというこの問題‐概念に、直ちにある特定の存在者をあてがおうとしたりすれば、ヘーゲル理解は最初から放棄されていることになる。確かにヘーゲル自身は絶対的なものを精神として規定しているが――しかし、それはまさしく何といっても弁証法的思考の長い途上でのことである。私たちは、大雑把でがさつに絶対的なものを単純に精神と呼んで、その際、哲学以前の精神概念を用いるというやり方をして、弁証法の道のりを、省かれるべき回り道とみなしてはならない。それよりもむしろ、なによりもよく明け開かれているものは一体何なのか、最も現実に働いているものは何なのか、一番本質的なものは何なのか、を自問せねばならないはずであろう。これらの規定が属性としてある存在者に帰せられなければならないということは、一体そんなに確かなことなのだろうか。ヘーゲルがそこでまさしく存在そのものを考えようと試みているということはありそうもないことなのだろうか。それが根源的な光そのものであるがゆえに、何よりもよく明け開かれており、それが純粋な生成であるがゆえに、最も働いており動かされていて、それが存在者における本質と現象の区別をまず最初に可能にするがゆえに、一番本質的で本来的である、まさしくそのような存在そのものを。ヘーゲルの絶対的なものは事物ではないし、神でもない。

『精神現象学』の「緒論」を私たちはその根本的な歩みのなかであとづけるわけだが、この「緒論」はまずもって認識が持つ手段という特質に反対する議論であった。絶対的なものは、石が認識されるという特質を自分の外に持つように、自らの外に知を持つのではない。知はそのあり様からすれば絶対的なものを捉えるための「道具」もしくは「鳥もちを塗った小枝」ではない。知はそれ自身すでに絶対的なもののうちに住まっている。しかし、それはまだ覆い隠された、洞察されない仕方でのことである。絶対的なものはそれのみが真である、という思弁的な命題はさしあたっては、哲学を、もっと適切に言えば学問を――ヘーゲルの言葉遣いで言えば――すべての「その他の知」に対してはっきりと際立たせる限定であるように見える。その他の知とは何であり、どのように存在するのだろうか。通常、私たちが知と呼んでいるのは、認識する者の対象への関係のことである。認識には、認識主観と客観との志向的な区別づけが属している、と言われる。私たちは木を見る。見ることにおいて私たちは木のもとにあるのだが、同時に木から分かたれ区別されている。見る人と見られるものは互いに限定し合っている。別のもの、疎遠なものを見ることとしては、見ることは有限であり、それと同じく見られるものもまた有限である。認識の関係 Erkenntnisrelation とは、相対するもの Relatives が一緒にあることを意味する。通常の知は相対的 relativ な知であり、つまりは有限な知である。自己認識にもこのことが当てはまる。というのも、自己認識において確かに私は、まわりを取り囲んでいる認識される諸事物から区別されたものとして自分を認識するからだ。少し考えをめぐらせると、私たちは、こうしたときには自分が一般に有限で相対的な知しか持っていないことを認めるようになる。存在者についての知はすべて有限で、相対的 relativ なのである。他方、絶対的な知は、つまるところ、諸事物についての知でもなければ、諸対象――すなわち、私たちに向き合い、知る者としての私たちがそれに即して限定されているところの諸対象――についての知でもない。しかし、絶対的なものが、それに対して私たちが知るという関係を持ち、それに即して自分たちの境界を経験するような存在者、事物もしくは超事物 Überding では決してない、という場合を想定するならば、つまり、絶対的なものが、私たちを絶えず包摂していて、私たちが、一度としてその外に存在することなどできないのと同じように決して対象化して向き合うこともできないような存在それ自身であると仮定するならば、――試みに一度このように想定してみるならば、存在了解とみなされる知は、表象しながら対象化するという特質を持たないであろうことは明らかである。そのような知は内的に気づくこと das innige Innesein という固有のあり方になるだろう。とはいえ、このような着想には、絶対的な知を有限で相対的な知に対置する、という欠陥がある。表象しながら対象化する働きを、もっと根源的な気づき Innesein やその明るみから切り離すと、すべての知一般の本性が基づいているまさしくその連関が引き裂かれてしまうのである。根源的な存在了解を欠いた、ただ対象的に表象するだけの知など存在しないし、同様に、存在者の多様な現出を伴わないような存在の明け開けもまた存在しない。哲学的知が前‐哲学的な知や非‐哲学的な知にただ対置されるだけであれば、そこでは、ヘーゲルによれば、哲学それ自身が、投げ捨てねばならない有限性にまだとらわれている。絶対的な知がそうではない知、すなわち有限な知を放置するとすれば、その場合には、絶対的な知は対立をまだ自らのもとに持っている。事実、次のような場合には至るところでそのとおりのことが起こっている。すなわち、哲学が絶対的なものを無媒介に直観することとして、つまり「知的直観」として自らを主張している場合、哲学が有限な知を処置するすべも、またこの有限な知から自分自身で抜け出すすべも心得ていない場合、である。その場合に哲学は絶対的に真なるものとそれ以外の真なるものとの「ある混濁した区別」に巻き込まれている、とヘーゲルは言う。ここにはヘーゲルの根本的な直観が表明されている。伝統的な形而上学は人間の認識と神の認識との区別を用いて仕事をしてきた。神が無媒介に直観するというのはまさしく、神の直観の働きが存在者を創造する働きだからである。人間の認識は本質的に事後的である。それは存在者を存在させるのではないし、創造するのではなく、むしろ存在者が創造されてあることをすでにして前提している。人間の認識は受け取るものであり、受容的であるが、同時に多様な規定を持つ存在者を貫き通すものであり、論証的であり、普遍的な諸概念を媒介にして諸事物の多くの固有性を認識する。ヘーゲルは二種類の認識の仕方、すなわち人間的‐有限的な認識と神的認識とのあいだの静的な区別を激しく否認する。すべての認識のうちには、たとえ隠されているとしても、人々が「《原型的知性 intellectus archetypus》」と、すなわち神に固有の認識と見定めてきたものが働いている。ヘーゲルは、神と人間とのうちに離ればなれに想定されてきたものを、一緒にして考えている。ヘーゲルにとっては、有限なものを無関心に放置する無限なものなど存在しない。むしろ、有限なものを自分の諸契機として、すなわち同時に止揚されもする諸定立として包含する無限なものだけが存在する。ヘーゲルがいまや「現象する知の叙述」と呼んだものを理解するためには、このことをありありと思い浮かべなければならない。現象する知の叙述は『精神現象学』の本来の課題である。ヘーゲルが現象する知の概念を、完全に規定された意味で使用していることを思い起こそう。ヘーゲルは存在論的な素朴さでもって、本質と現象の区別を用いて仕事をしていたようにさしあたりは見受けられる。存在者それ自身はこの区別の次元のなかで自らのうちで差異化される。すべてのものが、区別を欠いた同じあり方で、まさしくそれなりに存在するというわけではない。存在者は自分自身のうちで存在の強さの度合いに従って区別される。たとえば事物というものは本来、その核心において〈ある一定の本質〉である。事物には不変で恒常的な諸々の固有性がある。しかし、事物はときおりこうしたことを超え出ており、それゆえに、折に触れて何らかの偶然的な状態にある。あるいは、事物はときどき、それが実際にあるのとは違うように見えるし、見せかけの外観のうちに自らの本質を覆い隠すのである。それに加えて私たちは事物の本質と現象を区分する。事物は、それが己を描出するのとは別なものである。あるいは、他方で次のように言うとき、わたしたちはその区別をまったく別様に使用している。すなわち、すべての感性的な諸事物、つかの間の往路のうちにある一時的な脆いこれらの事物は「本来的」でも、「本質的」でもなく、諸事物の「永遠の原像」や諸理念などのように恒常的で不滅なのではない、と言うときである。知においてそのつど知られるものの存在のランクは、ヘーゲルにとっては、知の存在のランクをも規定する。本質的なものについての知は本質的な知であり、現象するものについての知は現象する知である。しかし、日常の思想的惰性にとってのみ、これらの区別づけはじっととどまっているのであり、あちらに本質が、こちらに現象が、一方に絶対的なものが、他方の側に有限なものがある。区別のあり方は思考しつつむしろ動かされるのでなくてはならない。本質は現象に対する本質固有の内的な関係から把握されなければならないし、有限なものはそれが持つ無限なものに対する内的な指示関係から把握されなければならない。哲学が、「高貴」だと誤って理解して知の卑俗な仕方を簡単に飛び越えて、絶対的なものそれ自身の中心へと一挙に身を置こうとする、まさにそのときにはこうしたことは起こらない。そのときに哲学がまだなお持っているものは、すべての有限なものを否定する無規定な空虚、すなわちすべての雌牛が黒く、すべての猫が灰色に見えてしまう闇夜、「生命のない孤立」にすぎない。ヘーゲルの場合に絶対的なものの思考が生起するのは、すべての有限な規定を単に無視するだけというのではなく、すべての規定を「流動化 Verflüssigung」し、すべての分別 Gesetztheit に伴う硬直した固さを止揚して生き生きと定立 Setzung し直し、すべての区別されたあり方を、存在それ自身のうちで支配している「区別」へとさかのぼって考え抜くというやり方においてである。ヘーゲルがはじめてこれをやり遂げるのは『精神現象学』において「生命」の概念を提示することによってであった。

ここでヘーゲルは哲学と日常のあいだの周知の区別から、すなわち、まさしくヘーゲルが「混濁した」と烙印を押した区別から出発する。彼は問う、そもそも哲学——彼の用語法で言うところの「学問」——がどのようにして通常の知に関係しうるのか、絶対的な知はそもそも現象する知にどのように関係しうるのか、と。まず第一に考えられうるのは、いわば外から両方の知の形態の関係を規定しようとするような態度であろう。すなわち、日常的な知が単純にただ拒否されるだけであるという仕方での関係のとり方であろう。しかし、このような態度はすでにして、知の本来性と非本来性を評価するために、判断する者がすでに「学問」を所有しているということを、つまり彼が学問に真正な尺度を置いているということを前提していることになるだろう。しかし、実情はおよそ違っている。人間という境涯は絶対的な知の所有状態ではなく、むしろ絶対的な知の予感でしかない。私たちはさしあたってたいていの場合、現象する知にとらわれており、そのなかで駆り立てられている。私たちは概してうわべだけの知に満足させられているわけだが、それにもかかわらずこの満足は、もっと真実でもっと本来的な知の予感によって、乱され、だいなしにされる。私たちはこの予感にかろうじて屈服しないだけなのだ。だが、哲学することとは、かすかだが聞き逃すことのできない真理の声に人間がつき従う、すなわち、人間がダイモニオンの呼び声に聴従する、そうした出来事である。学問、すなわち哲学は、私たちにとって、現象する知から抜け出ていく途上でしか到達可能ではないのだ。学問は歩みのなかでしか現実化されることができないのである。すなわち、学問は「立ち現れる」のでなければならない。ヘーゲルは立ち現れるというこの概念を二重の意味で使用している。学問は出現 auftreten ＝現象 erscheinen し、現れ Vorschein にならなければならない。そして学問は、〜に対抗して立ち現れなければならない。すなわち、もともと現象することのない知が現象を媒体にして現れ出てきて、それと同時にそれが現象してくるその媒体に対抗するのでなければならない。つまり、知は、現象の領域で自らを示すと同時にこの領域そのものを廃棄する、というい わば逆説的な課題を担っている。このことによって、思弁的な真理の、そしてまた思弁的な命題の、緊張状態が作り出される。ヘーゲルはこう表現している。「しかし、学問が立ち現れるとき、学問それ自身がひとつの現象である。学問が立ち現れたとしても学問はまだなおその真理において遂行されているわけでも、展開されているわけでもない。この場合、学問は、それが他の知と並んで立ち現れているがゆえに、現象であると表象されるか、それとも他の真ならざる知を学問の現象と呼ぶのかは、どうでもよいことである」。(15) この命題は重大である。ヘーゲルはこの命題で何を考えているのか。どのようにして学問はその出現においてそれ自身現象なのだろうか。このことが意味しているのは、学問が時間の形式を備えているから――すなわち、学問が過程として生起せざるをえず、完成した結果として一挙に現前するのではないから、学問は現象だということなのだろうか。決してそうではない。時間的な過程性は絶対的な知の特質に矛盾しない。というのも、絶対的な知は遂行としてのみ、すなわち概念の運動として、精神の生としてのみあるのであって、決して結果としてあるのではないからだ。立ち現れる学問が現象であるのは、この学問が私たちにおいて、すなわち私たち人間において始まり、人間の意識のうちで始まるのであって、論理的な理念という純粋なエーテル――そこでは人間精神は、真の哲学のうちにあることを断念しなければならないのだが――において始まるのではないからである。学問が人間において、すなわち「意識」において始まるかぎり、最初は知の他のあり方と並んで立っている。学問は知の他のあり方と並んでのみ現れ出る。学問はまだ、〔他の知との〕横並びから脱することはできなかった。決定的なのは、たとえば人間が哲学の知と並んでなお他の日常的な知を保持し続けるということではなく、むしろ、人間の「意識」が有限な知と無限な知が生起する場所にとどまるかぎり、並立ということは一般に起こる、ということの方なのである。

ヘーゲルは『精神現象学』において、二つの大きな思想の歩みをたどって真理の場としての人間から出発して進んでいく。まずひとつは、感覚的確信から精神の概念に至るまでの歩みである。次いでもうひとつは、歴史的世界を弁証法的に考え抜く歩みである。ヘーゲル哲学の真の核心は彼の『論理学』である。彼の論理学がもはや「イェーナの喧噪」〔フランクフルト発一八〇〇年十一月二日付の、イェーナに住むシェリング宛の手紙でヘーゲルは「イェーナの文学的喧噪にあえて身をゆだねるまえに、しばらく第三の都市バンベルクあたりに滞在したい」と記していた。実際には翌年一月に直接イェーナに到着した〕を示しておらず、すなわち、言語を駆使する魅惑的な力——ヘーゲルのバッカス信者の思想の狂乱の、いわばほとんど神秘的なまでの激情——を示していないとしてもそうなのである。『精神現象学』は『論理学』への道なのである。『精神現象学』は現象状態にある学問である。しかし、前述の引用によれば、ヘーゲルが言うように、通常の、ふだんの知を学問の現象と呼ぶか、あるいはまた逆に、始動する学問を現象と呼ぶかは「どうでもよいこと」なのである。ヘーゲルはそこでまったく異なるものを単純に同列に置いているのではないのか。たとえば私たちがこのベンチや壁を知る、屋外であれば雲を知る際のその通常の知、私たちが日常は満足している通常の知は、ふだんいつもは忘れられたままのものをよく考える、すなわち存在をよく考える熟慮と、同等だというのだろうか。決してそうではない。ヘーゲルは、日常の、思想を欠落したあり様と、より高次の、もっと本質的な知の予感をまさしくただ予感のままに放置するだけの、力を失った無力さとを同じ段階に置いているにすぎない。真実の知は、現象する知のなかで苦心して自分自身を作り出すときにのみ、自分を主張し証示することができる。言いかえれば、真実の知は、現象する知を問うこともなく自分と並置させ、それによって現象する知によって境界づけられる場合ではなく、真実の知が現象の向きを転倒させ、現象に対抗する場合にのみ、自分を主張し証示することができるのである。現象する知の叙述という問題含みの名称は、その逆説の全内実を理解した上で把握されなければならない。「叙述 Darstellung」とはこの場合単なる報告の類でもなければ、私たちが現象する知についてまさしく知っていることを物語ることでも、現象する知の能力や射程などを査定して目録づくりをすることでも決してない。用語からしてすでに問題に満ちている。存在者が現象することとはまさしく存在者の自己叙述〔表現〕である。事物は自らを示し、自らを叙述〔表現〕する。叙述〔表現〕とは、他に対してある、という事物のあり方である。

現象する知は、すべてをひっくるめて、存在者の叙述〔表現〕に、すなわち存在者の現象に基づく知である。「現象する知」と言う代わりに、それとほとんど同じに「描出〔叙述〕する知」と言うこともできるだろう。そうすると、現象する知の叙述とは現象する知の現出 Erscheinen を意味することになる。しかし、現象する知の現出は、そもそもなぜ問題であるのか。それは意味のない反復ではないのか。というのも、現象する知は与えられた知であり、私たちがたいていつねにすでにそのなかにいるものであるし、いずれにせよわざわざ現出するまでもないものである。現象する知はつねにすでに現前している。しかし、現象する知がまさしくつねにすでに現前しているときにこそ、現象する知の様子はどうなっているのかは、明らかにならないのである。現象する知は、事実的な所与性という疑いのなさのうちに身を潜めたままである。こうして、つねにすでに‐現出して‐あること Immerschon-erschienen-sein において、現象する知は「現出する」のでなければならない。諸現象 Phänomene についての現象的 phänomenal な知は自ら「現象 Phänomen」へともたらされなければならない。そして、この課題が精神の現象学 eine Phänomenologie des Geistes を意味するのである。この現象学は現前するもの Vorhandenen を記述的に描写するものでは決してなく、思考しつつ現前するものを貫いていくものである。したがって、現象する知の叙述は空虚な反復ではなく、〈現象を本質へと転倒させる思考〉の道を表す思弁的な定式なのである。このことが外から持ち込まれた催し事という特徴を持つのではなく、現象するものそれ自身の内的な内実に基づいて遂行されるということが、その際決定的なことである。ヘーゲルは前述の問題の定式を使って途方もない課題を構想する。つまり、すべての有限で相対的な現象する知に固有の内的な内実へと沈潜しながら、そこに現成する本質 das darin wesende Wesen を、すなわち無‐限で絶対的で本来的な知を、絶対的なものについての知として出現させようというのである。ヘーゲルがこの課題にどのように取り組んでいるかは、さしあたり私たちにはまだ何ら関わりがない。それは、私たちにとって当面は、単にプログラムでしかない。しかし、「緒論」においてこのプログラムを提示するに際して、ヘーゲルはいまや、彼の存在論的な目標設定を超えて途方もない意味を持ち続けることになる経験の概念を展開する。だから、この概念のゆえに、私たちはこの一連の講義のなかで、もっぱらヘーゲルに関わり合うわけである。この経験概念は、ほとんど付随的に導入される。それは、ヘーゲルが作品〔『精神現象学』〕の基礎に置こうとする方法に注意を喚起する際に姿を現す。しかし、これは適切な観点なのだろうか。この問いに対する答えは、まさしく方法といったものを私たちがどのように理解するかにかかっている。

だが、私たちはひどく月並みできわめて空疎なやり方で、方法ということで、ある特定の仕方の措置のことだと理解する。私たちが方法を立案するのは、諸事物のただなかで手はずを整えるためである。方法は私たちにとって、実践的な目標設定によって総括された術策であって、それを使うことで私たちは存在者を支配したり、たとえば計画的で合理化された仕方で問いを立てる実験の場合がそうであるように、時によっては存在者からその真理をもぎ取ってくることさえある。確かに、私たちは方法の立案に際して自由にふるまうことはできない、と言う。つまり、私たちは諸事物に習わなくてはならないし、諸事物に耳を傾けなければならないのである。しかし、それにもかかわらず方法は、私たちがある意味で依然として意のままに操れる主観的な催し事という特徴を持つ。つまり、方法は、単に支配の手段であるだけではなく、それ自身、人間の支配形成物でもある。支配下に置かれた「方法」のみが、何かの役に立つ。方法についてのこのような日常的な考え方を持ち合わせているとすれば、ヘーゲルがここで考えていることについて、私たちはそれ以上何も了解していないことになる。というのも、この場合に視野に入ってくる方法は、決して支配されうるものではないからである。その方法は人間の技術的な装具でもなければ、いかなる種類の人間の操作でもなく、そうしたもの一切とはまったく反対のものである。その方法が最もよく把握されるのは、私たちがすべての専横をやめ、私たちの目の前で生起するものをひたすら眺めるときである。

哲学の「方法」とは、何もなそうとせず、何も強要しようとしない沈着さ Gelassenheit であり、〈ひたすら聴き取るばかりのまなざし der nur vernehmenden Blick〉という、あの純粋な無為 Nichtstun である。この沈着さこそは古代の現存在にとって、ちり・ほこりにも等しい者の真正なる浄福であったし、そこでは人間は不死なる神々と対等だったのである。

第6章　ヘーゲルの経験概念の予備解釈的限定／認識の実在性の吟味／意識の吟味

「現象する知の叙述 Darstellung」とは『精神現象学』という壮大な画期的作品を表す、ヘーゲルの問題提起の表現である。それは確かに、〈存在者の描出 Darstellung に取り囲まれ、存在者の描出に基づいている知〉の叙述、という意味である。〔だが〕ここで「叙述」が意味しているのは、何かについての単なる報告という陳腐なものではない。それゆえ、単に現象する知を記述するだけのことが意図されているのでは決してない。現象する知の叙述は、その知を本質的な知へと向き直らせることであり、思想の働きのなかで起こる「精神」の出来 Hervorkunft であり、すなわち精神の「現象学」なのである。〔存在者を〕描出〔する知の働き〕の叙述（あるいはむしろ、現象〔する知を成り立たしめる精神〕の現出）は、この場合ヘーゲルにおいては、主観的反省の段階（たとえば、フッサールの「超越論的経験」）と何の関係もない。むしろ、思弁的問題を通告するものとして理解されなければならない。描出の叙述は、ヘーゲルが「絶対的な生」の運動を特徴づける際に用いる、かの有名な彼の用語、「否定の否定」に類似している。現象する知の叙述は、その知を本質的な知、絶対的な知へと向き直らせることである。しかし、このような向き直しは現象する知にとって外から押しつけられるものではあるまい。現象する知に、〈神のみが知る出自 weiß-Gott-woher〉に由来する本質的な知の像が差し出されただけでは、現象する知は自らの非本来性を脱却し投げ捨てるよう、説得されるはずがない。本質的な知が、現象する知が帰属している、現象する知それ自身の本質であるとすれば、そのときには、現象する知は自分自身のうちに本質への帰路を探し見出すことができるに違いない。ヘーゲルの問題とは、故郷を探す試練 Heim-suchung の問題なのである。現象する知が〈自分に帰属している己の本質〉へと還帰することが学問への道程である。ヘーゲルが明らかにはっきりと拒否しているのは、哲学に固有の知と称するものを主張することである。そのような哲学知なるものは、真にして真実の知だと自称して、通常の知を簡単に却下して偽物だとみなす。哲学が知るものは、たとえ覆い隠されていようとも、本質が現象のなかで現れるのと同様に、現象する知のなかにすでに現前しているのでなければならない。本質へと帰還すること、つまり現象が向きを変えることは、原則的には、再び思い出すこと、想起《アナムネーシス》である。現象する知が、哲学を己に固有の本質として認める気にさせられうるのは、それ自らが哲学のなかへ分け入り、立ち返って哲学へと変わる場合だけである。このような変容の道程を開き、それによって、現象する知と本質的な真実の知との間の、すなわち通常の認識と哲学的認識〈《ドクサ DOXA》と《ノエシス NOESIS》〉との間の、硬直した不毛な区別を取り除くというのが精神の現象学の課題である。ここで歩まれなくてはならないのは、長く困難でやっかいな道程であり、多くの変容をたどる道程である。しかし、それは常軌を逸したひとりの思想家だけによってしかるべく整えられた道程なのではない。それは、形而上学の時代にふつうに行われているように人間の存在了解の変態 Metamorphose の道程なのである。ヘーゲルはこの道程を「意識の経験」とも特徴づけるわけであるが、私たちはこのことを理解しようとしなければならない。なぜなら、ヘーゲルはそう特徴づけることではじめて存在論的経験を視野に捉えたからである。詳しく言えば、形而上学の存在論的経験として捉えたのである。ヘーゲルの思想を通り抜けたあとではじめて、私たちは存在論的経験の問題をより適切に立てることができる。ところが、ヘーゲルは確かに、上で述べた経験を特に熟考し、その不思議な構造に照らして明らかにしたが、しかし同時にこの経験を再び自分の形而上学のなかに組み込んでしまった、という事情ゆえに、大きな困難が私たちの前に現れる。この「経験」は、存在へと至る人間の道程であり、すなわちすべての存在者の波瀾に富んだ存在へと至る私たちの通路であって、すべての事物のうちで、またすべての事物を貫いて存在が支配するさまに私たちが目を向けることなのである。ヘーゲルにとって、こうした私たち人間の存在経験はごくわずかな意味しか持っていない。というのは、経験するという私たちの運動のように見えるものは、ヘーゲルにとっては、すでにそれ自体が存在それ自身の運動なのであり、この存在が、人間を貫いて人間自身を我がものとしている——すなわち対自的になる Fürsichwerden という運動を遂行する——からである。言いかえれば、(人間と存在の関係としての)人間の存在論的経験はヘーゲルの場合、即自存在から対自存在へと運動する存在の自己関係のうちにつねにすでに拘束されているのである。ヘーゲルは存在論的経験の生起を存在それ自身の歴史と同一視する。存在の歴史はヘーゲルにとって意識の歴史であり、即自から対自を超えて完成された即かつ対自的な存在へと至る道をたどる、存在の自己統御の歩みであり、これすなわち西洋形而上学の歴史なのである。人間の存在への関係を普遍的な存在の運動それ自身と同一視すること、すなわち存在論的経験と存在の歴史を等置すること——ヘーゲルは自分の知の形而上学によってそうするよう急き立てられるわけだが——が妨げになってしまったために、彼の創造的精神 Genius が触れた存在論的経験の問題圏は、形而上学的伝統の影響範囲の外へ取り出されることがなかったのである。

ヘーゲルの「経験」概念に関してこのように予備解釈的な限定をしたあとで、私たちはいまやこの中心的な概念を思想的に習得する方へと移行しよう。これは決して軽はずみで無謀な企てではない。そもそものような思想を展開しようとするのは熟慮を要することである。しかし、時代精神が自由な教養の高次の形態すべてに対して総じて叛旗を翻し、大衆化がなににもまして最も差し迫った危険になっているにもかかわらず、私たちはなお大学に集っている。以前の時代には、純粋な思想の境地のなかで動く厳格な世界知と並び、またその外にも、つねにまたシンボルで表現される「人生知 Lebensweisheit」もあったし、両者は幸せな相互作用の関係にあった。今日、哲学は大部分、文筆家たちによって占拠されており、教化的もしくは冷笑的な形で関心を引くものとなってしまった。印刷術の技術的な完成によって、一切の堤防を越えてあふれ出る、あの〔著作の〕大洪水が引き起こされてしまったのである。誰もが口を挟むことができると信じており、また、誰もが自分の任意の立場を自分の「世界観」と称することをとおして、すでに無敵の見解を持っているというわけである。他人の世界観にはただ自分の世界観を対置しさえすればよい。世界観に関する、普遍的な相対主義はつまるところ頑迷な絶対主義なのである。誰もが自分の立場からすれば正しい。同意することができて、それに基づいて他者を納得させることができるような、普遍的で拘束力を持った真理など存在しない。各人に主観的な正しさを絶対的に認めるのであれば、まさしく論敵を打ち殺すのが最善でなければならないということになる。なぜなら論敵はどうしたって納得させることはできないからである。このような実践が私たちの時代には、広く行われるようになってしまった。哲学に関して言えば、そこには学ぶべき何ものもなく、つらく苦労をしてまで学ぶべき必要はない、というのが私たちの時代の盲信である。あらゆる未熟なおしゃべりが大胆にも自らを哲学と偽称するのは、世界観の主観性が尊重されるのをあてにしているからである。哲学することが人間的現存在の根本的な可能性として何であるかを経験しうるのに先だって、人は哲学の多くの「職人的な業」を学ばねばならない。哲学とは職人仕事 Handwerk でもある。諸科学の場合には、それらの科学と関係を持とうとする人は皆学ぶ準備ができている。数学は主観的な世界観の手法に従って営まれることはできない。ヘーゲルは『精神現象学』の「序文」で、「哲学の営みから発した真摯な仕事が再びなされることが特に必要である」[16]という要求をしている。このことはかなりの程度で私たちに妥当する。そして、ヘーゲルはそこで激烈に、しかしまったく的確に次のように述べている。「これに対して、哲学に関しては今日次のような先入観が支配的であるように思える。すなわち、目と指を持ち、なめし革と道具を手に入れたからといって誰もが靴を作れるわけではない――しかし、誰でもすぐに哲学し、哲学を判定するすべを心得ている、なぜなら、誰であれ、生まれつき備わっている理性のなかに哲学を判定する尺度を持っているのだから、と。これではまるで、皆が靴の尺度を自分の足に即しては持っていないということになってしまうだろう」。[17] 学ぶこと、厳しく学ぶことは際立った意味においてヘーゲル哲学そのものにあてはまる。ヘーゲルの哲学は数ヶ月で理解されるものではなく、それを貫き通すには何年も要する。その際、ヘーゲル哲学を理解しようとする人に繰り返し最も困難なこととしてのしかかってくるのは、純粋な思想の境位のうちにとどまることである。その境位のうちでヘーゲルは、〔ヘーゲル哲学を〕追遂行する人を繰り返し狼狽させ驚愕させる、驚くべき力と卓越さでもって動いている。息切れしやすい私たちでは、氷のように冷たい高地の空気にはほとんど持ちこたえられない。ヘーゲル哲学は私たちには生活に無縁な抽象的なものとして現れてくる。抽象的だという非難はヘーゲルに対して繰り返し叫ばれるが、ヘーゲル自身の学派においてでさえすでにしてそうだったのである。こうした非難をすることで人は、逆立ちして進む哲学を再び足で立たせようと欲するわけだが、その具体化されたものを現実に存在する内面性の領域に、あるいは経済－社会的な諸関係のなかに見つけられると信じている。ヘーゲルの思想に長く取り組んでいる人は誰でも、一度は絶望的な気分に襲われる。概念の亡霊なんかどこかに行ってしまえ！――自分の思考がついていけず、一切が空虚な形式的なしろもののように思われだして、底なしの空虚が開かれるとき、誰もが疲労困憊に襲われる。それでもしかし、私たちにとっては空虚で抽象的に見えるこの思想が、最も生き生きとした本来の生であり、すべての存在者において支配的にある存在、世界のロゴス Welt-LOGOS であるとヘーゲルが言うとき、彼は正しい。真正に洞察してこのことを学ぶには、黙想修行、すなわち魂の修練 Gymnasia が必要である。私たちがいま、ヘーゲルが現象する知の叙述を始める仕方を追思考しようとするとき、私たちの身にさし迫ってくるのが、思弁的な思考へと導くその種の修練のちょっとした練習なのである。

まったく付随的にだが、ヘーゲルは自分の考察を「方法の想起」と呼んでいる。すでに述べたことだが、ここで言う「方法」とは、態度のとり方を意味するのではないし、ましてや制御可能で、前もって構想可能な態度のとり方を意味しているのでは決してない。むしろ、それとはまったく反対のこと、すなわちじっと待って静観する、まさしく沈着さのことを意味するのであり、私たちの目の前で、私たちのなかでつねに生起している出来事に向けて私たちの視線をただひたすら目覚めさせていることを意味している。ヘーゲルは、現象する知の叙述という課題を「認識の実在性の吟味」として特徴づける。この表現をヘーゲルが考えているとおりに即座に理解することはできない。ヘーゲルにとって問題なのは何らかの種類の「認識理論」、すなわち認識能力の有効範囲や有効性についての何らかの種類の批判的評価ではない。吟味すべきは、認識の「実在性 Realität」なのである。これはどういうことか。ここで実在性が意味しているのは、単純に現実性 Wirklichkeit、すなわち客体存在 Vorhandensein ではなく、《事象性 realitas》、すなわち事柄 Sache の事柄たること Sachheit ——すなわち、事柄をそのような事柄たらしめているもの、つまり事柄の本質 Wesen のことである。実在性の吟味は認識をその本質に向けて探究することである。認識とは、まずたいていの場合、すなわち私たちに与えられる仕方では、決して本質に即したものではなくて、非本質的なものであって、つまりは、現象するものについての認識であり、それゆえ現象する認識である。これに対しては、本質的な認識とは本質的なものの認識だということになろう。明確化して言えば、私たちが通常とどまっている所与の認識が非本質的なのは、私たちが副次的な取るに足りない事物を認識しているからだというのでは決してない。そうではなく、私たちの通常の所与の認識が非本質的なのは、存在する諸事物を認識する際に、それらの事物をはじめて「存在するもの」たらしめているまさにそのもののことを私たちがまったく把握していないからである。つまり、通常の認識は存在を忘却しており、このように盲目的に忘却したまま存在者にこだわっている。だからして、通常の認識は非‐本質的なものでしかないのである。通常の認識は、それがそうでありうるようなものではない。通常の認識は、存在それ自身を聴取する程度が高まれば高まるほど、もっと本質的なものになるはずであろう。したがって、認識の実在性を吟味するという、提起された問題圏は、本質的な認識を顧慮しながら所与の認識を判定することを要求するわけである。このような顧慮を働かせるなら所与の認識の存在のランクが規定されうるであろう。しかし、このような顧慮は直接私たちの意のままにできるものではない。本質的な知、すなわち学問の知は、決して現前していない。それは、現象する知それ自身のなかに埋め込まれている予感としてのみそこにある。したがって、私たちがなんといっても独断的なものでしかないような吟味を外から行うことなど問題にならない。そうではなく、私たちが内から、すなわち現象する認識と知それ自身のなかで生きているまなざしに基づいて吟味することが問題なのである。認識の働きはただ現象するだけのものとしての自分自身を乗り越えなければならない。これこそが認識の「吟味」を意味する。ヘーゲルは、吟味を「現象する知への学問の態度」とも言い表している。しかし、このような態度は二つの所与の事柄のあいだでの関係ではなく、まだ現前していない学問と所与の知との間の関係であり、したがって不在のものと現にあるものとのあいだの関係である。そうしたものがそもそも可能なのだろうか。まだ一度も生み出されたことがないような学問、つまり自らの出現、自らの現象学をこれからはじめてなし遂げなければならないような学問の、その法廷のもとに、現にある所与の知を立たせることはできるのだろうか。

まずヘーゲルは、ぶしつけな、ほとんど素朴な仕方で、そもそも吟味なるものがどのような外見を持つのか、を解説している。あるものが吟味されるのは、それがある尺度にあてがわれることによってである。これは多かれ少なかれすべての存在者に妥当する。諸事物は不完全な度合いで存在している。たとえば、ある生物は病気であったり、元気がなくなったり、病弱であったりと、何らかの欠陥によって規定されている。生物は、奪われた状態、（アリストテレスが言うところの）《欠如 STERESIS》の状態にある。生物の欠落の程度は欠落のない存在者との比較によって決められる。健康で、純血種の、申し分のない馬は、それより劣り幸運に恵まれてもいない他の馬たちを測って、それらの馬たちのランクを決める尺度である。合致するかしないかによって、吟味されるべきものが尺度に近いか遠いかが決まる。吟味を導く存在論的思想を自ら明示的に定式化することによって、ヘーゲルはいまやこの単純な確認を徹底化する。存在者を吟味して判定する尺度として機能するのが本質である。あるものを吟味するとき、私たちは本質という表象を使用する。本質に即して非-本質的なものを測る。このことは、私たちによってなされる前提であり、この前提を私たちが自ら問題にすることは決してない。私たちはむしろそれを操作するのである。どのような存在者であれ、それを吟味し判定する作用は、問われることなく放置されたままの存在論的な表象に呪縛されている。だから、私たちがいま、所与の知、すなわち現象する知を吟味しようとする場合には、私たちがまずはじめにこの暗黙の前提へと手を伸ばすのはまったく当然である。そうすると本質的な知が、私たちにとっては現象する知の存在のランクを判定する尺度とみなされることになろう。あるいは異なった定式化をするなら、学問が私たちにとっては本質とみなされ、所与の知が本質の「現象」とみなされることになるであろう。しかし、学問を名目上の本質としてこのように素朴で操作的に取り扱う場合には、第一に、そもそも決して与えられることのない学問が知の本質であるということも、第二に、そもそも吟味の尺度は本質でなければならないということも正当化されるはずはないだろう。操作をする際の素朴さは、知に関しても、一般に存在論的にも根拠づけられはしない。しかし、ようやく現れつつある学問は決してはじめからありうるものではないし、予見されることもできない。まだまったく存在していない学問を知の本質だと主張することも、端的に本質を吟味の尺度に持ち上げることも、根拠のないことである。これらの前提がなによりもまず根拠づけられなければならない。さしあたり、認識の実在性を吟味することは可能ではないように見える。そのためのどのような試みも循環であるように、しかも悪循環であるように見える。なぜだろうか。その理由は、ようやく現れ、始動しつつある学問は、それが現象する知から際立ち始めるかぎりでは、それ自身まだ現象に属しているし、まだ本質として正統化されていなかったし、本質が尺度でなければならないという存在論的前提の正しさをそもそも明らかにしてはいなかったからである。始動する学問は、自分と自分が証明しようとするものとをすでに前提にしている。しかし、これは実際に欠陥なのだろうか。実際に悪循環なのだろうか。それとも、己の内的な本質——すなわち学問——を先取りして実在するのが知の本性なのだろうか。実際のところそうである。そして、意識の特異な本性を顧慮しつつ、ヘーゲルは前述の矛盾を取り除いて、問題にもっと大いなる深みを与えようと試みる。そしてそのために彼は新たなスタートを切る。ヘーゲルは以前使われていた本質と即自という根本概念を、いまや知から定式化する。彼はそれらをもはや単純に知に適用するのではなく、これらの概念が知にとって現れるさまを観照する。彼は単に、知がその本質をどこに持つのか、またその現象をどこに持つのかと問うているのではない。知が本質と現象についてのまさにこの根本表象を知るそのあり方にまで立ち帰るのである。それは独自の移行を意味する。はじめ、本質と即自は一般的－存在論的 allgemein-ontologisch に理解されて、単に知に適用されただけであったが、いまからはそれらは知に基づいて展開される、すなわち知の定立として理解される。こうして、ある特徴的な区別が生み出される。知から出発して、本質はまず即自とみなされる。ヘーゲルは言う――知は本質的には区別すること、すなわち自分自身と自分が関係づけられているものとを区別することである、と。知において私たちは存在者を知る。存在者が知られることによって、存在者は、ある契機から見て他に対するもの für-ein-anderes になったのである。知が可能なのはただ、存在者が他の存在者に対して己を描出し、己を示すかぎりでのことでしかない。「知とは意識に対してあるものが」存在することである、とヘーゲルは簡潔に述べている。(18) しかし、意識に対するあるもののこのような存在に存在者自らが埋没するわけではない。存在者はそのように描出し提示しながら、自らが即自的にそうであるもののうちにとどめおかれているのである。事物が事物それ自身は、知にゆだねられているかぎりでの事物と一致することはない。ところで、事物それ自身においてそうであるもののことを、ヘーゲルはいまや事物の真理と呼ぶ。この用語法には驚かされる。というのも、私たちはどちらかと言えばふだん、真理を認識に基づいて、もしくは認識の言明に基づいて把握し、真理を認識や命題の特性とみなすのが習いだからである。他方、この箇所でのヘーゲルのこの用語法における真理が意味しているのは、一切の描出や提示の根本に存していなければならない、存在者の真なる存在、すなわちその本来的な存在のことである。知においては、なるほど存在者の何ものかが知られるが、しかし存在者それ自身――すなわち存在者の「真理」――は依然として知の彼岸にとどまっているのであって、存在者の即自存在は、知が唯一手に入れることのできる現象的な相貌のなかに消えてなくなるわけではない。ヘーゲルは、知を一般に支配している即自についての表象をこのように特徴づける。彼自身はそれに同意せず、同意するのを自制して、本質と即自についてのこれら知の諸表象をただ、それらがはじめて知のなかに現れてきて知になじんでくるがままに取り上げるばかりである。ヘーゲルはそれらの表象を「知と真理の抽象的規定」と呼ぶ。(19) それらが「抽象的」だというのは、いまだ動かず、静止した――自分自身の具体的な生をまだ見出すに至っていない――いわば休眠中の存在思想だからである。

ところで、私たちが単に本質と即自についての概念をまったく一般的に扱って、それらを知へ適用するだけであってはならないのだとすれば、すなわち、私たちがそれらの概念を知それ自身から読み取ろうとするのであれば、そのときにも認識の実在性の吟味、すなわち現象する知の叙述は不可能であるように見える。どうしてだろうか。この場合でも本質はやはり存在者の即自存在として考えられており、しかもこの即自存在は、知にとって依然として超越したものにとどまるからである。だが、知の吟味はまぎれもなく、知の本質、すなわち知の本来的な存在、(あるいはここでヘーゲルが言うように) 知の「真理」の探求でなければならないはずであろう。しかし、そのとき何とかして私たちが主張しようとする即自は、それが知られる即自でなければならないはずである以上、まさしく〈私たちにとっての即自 ein Ansich-für-uns〉にすぎず、知の外にとどまらねばならない真正の即自ではないことになろう。確かに私たちは、知が即自的には何であるのかを決して規定することはできない。なぜなら私たちはそれを知についての私たちの知の外部で規定することはまったくできないからである。ひょっとすると、明瞭化するためにこう言うことができるかもしれない。神のみが私たちの知が即自的には何であるのかを知ることができるだろうと。私たちは、まさしくその知を知っているかぎりでは、その知の現象性 Phänomenalität を、すなわちその知の現象 Erscheinung を持つにすぎない。——だからして、私たちは決して真実には、その知を吟味することができない。とはいえ、ヘーゲルが吟味のアポリアをあれほど重大視して展開するのは自分の洞察力をむなしく楽しむからでもなければ、ましてや混乱させて、自分の解決策がそれだけいっそう輝いて見えるようにして、その混乱を喜ぶからでもない。ここでは、そのような安っぽい人間的心情からこの思想家は遠く離れている。本質と即自に関しての詳細に論じられた疑問の余地のない着手点はどちらも、大きな歴史的力をふるってきた。それに関連してヘーゲルはほとんど暴力的に単純化して、古代の存在論と近代の存在論を相互関係のうちに捉えるのである。古代はまずはじめに存在者それ自身から出発し、存在者を本質と現象との緊張状態のなかに構成する。それに対して、近代は存在論を知から組み立てようと試みて、現象 Phänomen と超越的であり続ける物自体との緊張〔状態〕に陥ってしまう。古代の着手点と近代のそれとの交差組み合わせは、ヘーゲルにとってきわめて大きな重要性を持つ。ヘーゲルは両者を超え出ていこうとする。それは、両者を投げ捨てることになるのではない。両者を徹底化することによって超え出ようとするのである。アポリアが鋭く提示される。つまり、こうである。第一の古代の場合、知の本質——すなわち学問——が与えられておらず、むしろようやく登場してくるがゆえに、吟味は不可能である、——第二の近代の場合、本質すなわち即自についての知が即自を廃棄し、自分の意図そのものを自ら無に帰せしめているがゆえに、すなわち知が純粋な即自を知られた即自にしなければならないがゆえに、吟味は不可能である、というように。そしていま決定的な思想が、それを理解することにすべてがかかっている思想が現れる。この思想を理解することがなければ、『精神現象学』は永遠に封印された書物である。ヘーゲルは簡潔明快にこう述べている。「しかし、私たちが探求している対象の本性は、この分離、あるいは分離と前提というこうした仮象を免れている」。[20] これは何を言おうとしているのだろうか。人は次のように言いたくなるかもしれない。アポリアの原因は、認識の働きが外から、たとえば異他なる事柄の吟味という範例に従って、吟味され判定されねばならないと前提するところにあるが、しかしこの場合は、吟味ということで私たちは自分自身を吟味するのである、と。つまり、私たちは自分の知の外にいるのではなく、自分の知のなかにいるのが不可欠であり、吟味することが持ちうる意味は、所与の知を外から与えられた本質にあてがい、そこで比較するということでは決してないし、事柄それ自身をむなしく目指すような仕方で知を知ろうとすることでも決してないのだ、と。知るというときには、私たちはそのつどすでに知のもとにあり、自らが知の関知者 Mitwisser である。どんな種類の知も自己意識から引き剝がされることも、自己意識から区別された異他なる事柄のように取り扱われることもできない。意識は、自らの本質が自分を「超越」した状態にとどまることを恐れる必要はまったくない。なぜなら、意識は決して自らの外にあることはできず、したがってまた、自らの本質を外的に持つことはできず、ただ内的にしか持つことができないからである。しかし、このような論証はあまりにも短絡的である。確かに意識は、自分自身を探求する際に自分の外部に脱落してしまうこと、自らの一面しか持っておらず、自分を現実に自ら持っているわけではないことを恐れる必要はない。意識が自分について知るかぎりでは、意識はつねに自分のもとにあり、自分自身を確信している。しかし、だからといってまだ、意識にとって可能な本質的存在の状態にあるわけではない。砂利道で幸運にも金貨をみつけるように、意識はその本質を自分のうちにみつけるわけではない。自分自身の本質は幸運なみつけ物ではないのだ。《私は考えるEGO COGITO》というデカルトの自己確信の原理、近代哲学のあの根本原理は、自分を知る自我の事実的な実在を保証するにすぎず、自分を知る自我の本質性を保証するものではない。自我の本質とはつねに、自我のなしたこと Tat であり、すなわち自我によってなし遂げられるべき自我の自己産出 Selbst-hervorbringung のことである。周知のようにデカルトは、自分自身を確信するエゴ EGO の不可疑的な事実性に立ち止まっているわけでもない。彼はこのエゴ EGO を、それに住まう「《生得的諸観念 ideae innatae》」に従って、すなわちそれに住まう本質‐知に従って説明する。ところが、彼はこの本質‐知を吟味せずに取り上げているのである。生まれながらの神の観念 Idee が、デカルトにおいては、真理の保証人としての役割を果たす、という任務を引き受けているわけだ。

ヘーゲルの問題設定がそれよりもっと根底的なのは疑いない。彼は意識をもっと深い意味で捉えている。通常私たちが「意識」ということで理解しているのは、私たちの体験の流れを総括するもののことであり、知覚や現前化や想像や思考といった働きの内的な心的連続性、すなわち眠りや気絶といったときどき起きる中断によって区切りをつけられながらも流れ続ける私たちの精神的な生の全体のことであり、自分自身と諸事物についての私たちの知のことである。これに対してヘーゲルが意識ということで理解するのは、いまやもっと厳密に、人間における存在了解のことであり、すなわち、私たちをそれぞれすでに導いており、個別的な存在者についての私たちの全経験を照明する存在論的な諸思想の全体のことである。しかし、これらの存在思想はたいていの場合停止している。存在の諸思想が停止し、生気を欠いていることで、私たちの日常生活の不屈の素朴さが形成される。だが、存在の諸思想は必ずしも停止しているわけではないし、私たちの精神の完成された調度品でもなければ、本性によって単純に持たされている装備でもない。これらの存在思想は動き始めることができる。この運動が哲学である。認識の実在性を吟味するうちに必然的に存在思想は動き出す。ヘーゲルの用語に従えば、存在の諸思想は、単なる固定した既成の思想から概念へと変化を始める。ヘーゲルにとって概念とは原則的に、自分が定立されている凝固したあり方をやめて、生き生きとした定立の働きとして、支配するロゴスとして現れる流動的な思想である。人間の存在了解は、存在の諸思想の停止が生じる場である――そして場合によっては、存在の諸思想の運動でさえもが生じる場である。人間は《ロゴス LOGOS》の集約場所になる。このことが、いまやヘーゲルの意識－概念において考えられる。さて、意識について彼はいくつかの根本的な言明を行っている。それは、意識は自分自身に自分の尺度を与える、意識の本質の吟味とはただ意識の自分自身との比較でしかありえない、意識は知と真理という二つの契機をそれ自身のうちに持っている、といったことである。これらのことは皆、理解するのが困難である。私たちは明瞭にするよう努めよう。意識は自分に自分の尺度を与える――このことが言おうとしているのは、意識とは本質の思考であって、目の前に見出す働き Vorfinden ではなく、むしろ、どのような事物においても、また知においてさえも本質と現象へと区分されるような存在了解の、産出的な投企だということなのである。つまり、意識はこの存在論的な根本区別を操作するだけではなく、この根本区別を形成する。したがって、意識を吟味することはもはや、何らかの仕方で天から降ってきた本質と現象の区別を知に対して操作的に適用するだけなのではない。もっと根底的に言えば、意識の吟味とは、意識によって形成されたこの区別そのものを吟味しつつ熟慮することなのである。この区別は問われることのない静止した所有物にとどまるのではない。この区別は自ら運動し、《諸々の形相の運動 KINESIS TON EIDON》を始める。

いまや吟味とは、もはや存在論的な根本表象によってのみ作動させられながらも、その際、操作的に使用していること自体を理解しないような場合の吟味ではない。意識を吟味することとは、存在の諸思想それ自身を吟味することである。では、意識は一体どのようにして自分に自分の尺度を授けるのだろうか。意識は思考のうちに、私たちが本質（ないしは即自）と現象との区別や緊張状態として知っている存在の構成を描き出す。比類なく正確にヘーゲルはこう述べている。「したがって、意識が自らのうちで即自あるいは真として説明するものに即して、私たちは、意識が自身の知を測るために自ら設定した尺度を持つ」。[21] ここでの「説明する erklären」が言っているのは「解説する erläutern」と同じことではなく、むしろ「宣告する proklamieren」に等しい。存在了解は本質や即自や現象といった存在論的な諸思想を宣告する。それに伴って存在了解が自分自身の前に差し出すのは、それがはっきりと認識すべきもの、そして、自らの認識可能性の限界として存在するはずのものである。存在了解は存在者の理念を投企すると同時に、それとともに一緒に、存在者についての可能な知という理念を投企し、そしてそれは存在者の存在と存在者が認識されている事態とのあいだの緊張〔関係〕をも定立する。一方で存在了解は、存在者の存在を事柄 Sache の自立性として、すなわち実体や即自存在として考え、他方で、知を自我の自己存在 Selbstsein として、すなわち主体や対自存在として考える。しかし、このように投企するとき、思考する意識、すなわち存在了解は、絶対的な意味で自由なのではないし、存在の諸思想は存在了解が自ら自由に操り続けて、意向どおりに作り変えることのできるようなつくりものではない。存在了解の生産的力とは、もっと深い意味においては、人間に送り届けられる存在それ自身の声を聞くことである。ヘーゲルはこの契機を、人間の有限な存在了解が最初に巻き込まれている、解決されることのない分裂という事態に即して捉えている。わずかな追思考をするだけでも私たちは、諸事物の存在と諸事物についての知という私たちの二つの根本投企が一致することがなく、両者が互いに邪魔しあったり妨害しあったりしていることに気づく。即自と知という二つの存在論的基本理念は特有の仕方で矛盾している。比喩として言われることだが、人間の思考のうちでは、左手がすることを右手が知らない、という場合があるように思われる。のんきな日常の思想の惰性態にとってのみ、二つの基本理念の間の激しい矛盾は隠されたままなのである。その矛盾についての最初の予感が目覚めるところ、そこで哲学もまた目覚める。すなわち、私たちを呪縛する存在の諸思想を吟味して熟考する働きが目覚めるのである。存在と〈真であること Wahrsein〉との（《存在 ens》と《真 verum》との）根本関係への問いのなかで、認識の実在性を吟味するという着想が遂行される。認識というものは、その認識の働きにおいて聴取されたものが本質的であればあるほど、やはり明らかにいっそう実在的であり、いっそう本質的である。だから、即自が本質として理解されるとき、即自を聴取するあの認識こそが実在的な認識だということになる。これは解決されるべき矛盾 Widerspruch を意味する。吟味は、知と即自存在の根本関係を思考し洞察することを、すなわちこれらの根本 - 概念 Grund-Begriffe の相応関係 Entsprechung を解明することを要求する。このようにヘーゲルにとって哲学の根本問題は、相応関係の問題、類比の、すなわち「《存在の類比 analogia entis》」の問題になる。

これによって、ヘーゲルの問題設定の大いなる歴史的地平が名指されるわけである。

第7章　ヘーゲルは知の吟味を相応関係の問題として提示する／意識の自己吟味／古代の形而上学と近代の形而上学とをつなぎとめるという問題

『精神現象学』の根本的な問いは、ヘーゲルによって相応関係 Entsprechung の問題として捉えられる。認識の実在性を吟味する際には、所与の現象する知が本質的な知——学問、すなわち哲学がそうみなされる——との関係において相応するその度合いが問われる。しかし、私たちが知っているように、その際問題なのは、二つの「現前する」事柄を比較することによって獲得されうるような単純な確認ではない。むしろ、吟味されるべきものが、いまだ与えられていない「本質」に即して己を測り、こうして自分自身を本質的なものへともたらそうと試みるという、すなわち、吟味されるべきものが自分のなかに用意された自分自身の最高の可能性のなかへと己をあらかじめ引き寄せるという、逆説的な吟味が企てられるべきなのである。現象する知が測られるべき尺度は決してこの知の外に存しているのではないし、外からこの知にあてがわれるものであってはならない。尺度は現象する知それ自身のなかに存している。これはヘーゲルの決定的な洞察である。だが、尺度は現象する知のなかにどのように存しているのだろうか。それは、所与の契機としてではなく、負託された「課題」としてである。人間の意識はつねにすでに、自分の最高の可能性、自分の可能的な本質を予感しながら活動し生きている。人間の意識は、その最大限の力強さを予感的に先取りしたり、それをあいまいに投企したりして生きており、自分自身を求め、自分へと至る途上にあり、自己完成への衝動によって生気を吹き込まれている。もちろん通常は、私たちに本質へと至る正しい道を示してくれるはずのこの「あいまいな衝動」は弱々しく無力なままである。私たちは、私たちを自分自身へと呼び寄せる良心の声なき呼び声に対して耳が聞こえず、私たちのなかで輝こうとする明るみに対して盲目である。通常私たちは、事実的に-与えられたものにとらわれ、事実にしがみついており、私たちの欲求や関心を束縛して縛りつけているどんよりとした日常的環境世界のなかに自分を見失っている。しかし、私たち自身への本来の関心、すなわち私たちの本来性への関心は「目覚める」ことができるし、現存在の根本力 Grundgewalt が自由になって、人間を「大いなるもの」の存在様態にまで高く拉し去ることができる。だが、人間の現存在の大いさはすばらしい専断と自力のうちに存するのでもなければ、絶対的な自由や沸き立つ生の充溢のうちに存するのでもなくて、存在そのものに対して開かれているあり方 Offenheit のうちに存している。つまり、人間存在の大いさとは、根源的に真理のうちにある、というあり方のことなのである。ヘーゲルが意識は意識それ自身にとって意識の概念であると言うとき、彼はこのことを視野に入れている。たいていは「何の影響も伴わない」としても、意識は、自分のなかで生きている本来そうありうる姿の予感によって、つねに動揺させられる。意識は己のうちに安んじてとどまることはできないし、所与のもののもとで満足させられることもできない。意識は己を超えて駆り立てられ引き裂かれるが、しかしそれは外から受け被る異他なる力によってではない。そうではなく、意識はこの力を自分自身から受け被るのである。現象する知は、現象から本質へと進んでいく内在的な勢いによって本質の探求へと駆り立てられる。しかし、知はその本質をいわば他から隔絶して探求することは決してできない。というのも、本質的な知は、本質的なもの、すなわち本質的に－存在するものについての知としてのみ本質的な知だからである。知がその最高の存在のランクに達することができるのは、その知が最高のランクのものについての、すなわち絶対的なものについての知であることが証示される場合だけである。存在を了解している存在者としての人間の本来性は、最も本質的で本来的なものとしての存在そのものに対する人間的な関係のなかでのみ実現されうる。現象する知、すなわち非本質的なものにとらわれている知のなかにあっても、本質的な知は——分断された仕方ではあるけれども——明るく輝く。本質的な知は決して「与えられて」はいないが、それでもそこに居合わせてはいる。日常的な存在了解という薄明かりのなかであろうとも、存在の光の反照はある——プラトンの洞穴の比喩においてのように、鎖につながれた人々が影を現実とみなしているときでもなお、何かしら光の遠縁にあたるものを見ているようなものである。というのも、影とは遮られた光だからである。知の本質の、本質の知に対する、同様に、現象する知の、現象する存在者についての知に対する、必然的で分かちがたい関係——この絡み合いがあるからこそ、その結果として、ヘーゲルによって要求された吟味が、ただ知を、すなわち認識を探求するのではなく、存在者一般の全体を考量することになるわけである。そして、このような企図は、独断的に外から尺度を調達する必要がない。なぜなら意識は、人間の存在了解として把握される際、自分の本来性に対する非明示的な先取りや先行投企のうちに、すなわち知として最高の知を予感することのうちに、つねにすでに存在しているからであり、つまりは、意識は自分自身の覆蔵された生の深みのなかで自分の尺度をすでに働かせていたからである。このことによってヘーゲルは新しいことを言っているのではない。それは哲学の古くからの洞察なのである。アリストテレスにおいてすでにあの知の形而上学が、すなわち、感覚的確信から《知恵 SOPHIA》への知のあり方の内在的な上昇に——つまり存在知の内的な自己発展や自己完成に

――決定的な強調を置いて、多様な認識能力の単なる説明を超えていく知の形而上学が見出される。その点においては、ヘーゲルはアリストテレス主義者である。

吟味とは相応関係への問いである、と述べた。私たちはそもそも「相応関係」ということで何を理解するのだろうか。まったく暫定的にではあるがこう言うことができる。この語を文字どおりに取るならば、相応関係 Entsprechung は明らかに、話す Sprechen に由来する、と。相応行為〔向き合って話すこと〕Ent-Sprechen は組になって相互に対話すること Gegensprechen であり、語 Wort と答え Ant-Wort の連関を意味する。言語の次元においては、相応関係は言うことと聞くこととして、対話 Gespräch として生起する。なお問われなくてはならないのは、言語においては唯一人間どうしの対談 Zwiegespräch だけがなされるのか、それとも、それよりももっと根源的に人間のあいだでの一切の語りをはじめて可能にする、存在と人間との対話 Zwiesprache が生じているのではないのか、ということだけである。言語は意思疎通の手段なのだろうか――それとも言語は、人間が存在そのものに開かれ、存在から呼びかけられており、この呼びかけに「応じながら entsprechend」話し、語り、考えることができる、というところに基礎を置いているのだろうか。ヘラクレイトスは次のように述べている。「私との相応関係にではなく、ロゴスとの相応関係において、万物は一である、と語ることこそが知恵である《OUK EMOU, ALLA TOU LOGOU AKOUSANTAS HOMOLOGEIN SOPHON ESTIN HEN PANTA EINAI》」（断片五〇番）。人間が語るということは、本質的に《同意し認めること HOMOLOGEIN》であり、存在それ自身の言語である《ロゴス LOGOS》のより根源的な《語り LEGEIN》に基づいている。ヘーゲルの思考はヘラクレイトスとの生き生きした近さによって生を得ている。相応関係の問題は、ヘーゲルによってはじめは、存在と人間との間の対話の問題含みなあり方として、すなわち人間の存在了解がその場所を表すような

《対話・問答 DIALEGESTHAI》として把握される。つまり、相応関係は「弁証法 Dialektik」の特質を持つわけである。けれども、「相応関係」のこの根源的な意味は、この語が慣用的に使われるうちに色あせてしまった。私たちはこの用語をたいていの場合、言語への参照指示のことをもはやとりたててはまったく考えない、というようにして使用している。この用語は形式的なものとなってしまったのである。そうなると、この用語はただ何らかの分類の仕方を意味するだけになる。存在者、諸事物は多様な分類連関のうちにある。上は下に、後ろは前に、右は左に「相応 entsprechen」している。空間は総じて、分類された諸々の相応関係の構成体である。時間も同様で、まだないがもはやないに相応する。また別様には、暖かさが寒さに、湿ったものが乾いたものに、柔らかいものが硬いものに相応する。諸事物は、明らかに絶えず、相対する契機の一方から他方へと移行する運動のうちにあり、諸事物は、相応する対立物の二つの極のあいだを行き来する変化を備えている。古代の自然学全体は主に存在者のこの極性に定位していた。だから、もっと普遍的な原理を探求する場合には、私たちはそれとは別の意味で再び相応関係について語ることになる。すなわち、私たちが原像と写像、「内」と「外」、「本質と現象」、「必然的なものと偶然的なもの」の相応関係のことを、したがって存在論的範疇のことを視野に入れる場合がそうであり、あるいはまた、私たちが存在者をその根本領域に従って分節し、その「階層分け」において——たとえば、自然から発した存在者と作り出された事物、あるいは物質と精神、あるいは形相と質料などとして——理解しようとする場合がそうである。至るところで私たちは「相応関係」を扱っている。たとえば、形相と質料はただ争い合うばかりではなく、何らかの奇跡によってひとつの統一した全体を形づくる、と私たちは言う。質料は規定可能なものとしていつも必ず規定されるべく定められており、形相に相応しているし、その反対に形相の方は、自らの規定する本質を実現しうる質料を必要とする。

私たちが相応関係の概念をこのように形式的に一般化した空虚なやり方で使用するかぎり、相応関係そのものの質的な次元を明らかにすることに個々の事例に即して成功しない場合には、相応関係の概念は依然として無内容である。だからして相応関係の両契機が他方に対してのみ分類の関係をとることになるのか、それともそれ自身に対しても分類の関係をとることになるのか、ということもさらになお問題である。荒っぽい言い方をするなら、右が左に相応するのは空間に位置する観察者にとってなのであるが、しかし、女は女自身にとっても男に相応するし、逆もまたそうである。まさしくこの契機こそヘーゲルの相応関係概念にとって重要なのである。というのは、人間の存在了解が受けさせられる──適切に言いかえるならば、自分自身に引き受ける──吟味においては、この存在了解に住まう二つの根本理念、すなわち知の理念と存在者の理念との相応関係の問いが重要だからである。〈存在者であること〉と〈存在者が知られていること〉とが、すなわち《存在 ens》と《真理 verum》とがどのように相応しあうのか、という問いは、しかし同時に、この相応関係が存在了解それ自身にとってどのようにあるのか、という問いでもある。このことはつまり、いかなる仕方であれ、単に事実的な〔相応〕関係を客観的に確定することだけが重要なのでは決してない、ということを意味する。存在と〈真であること〉とが熟慮されるべき事柄であるときには、たとえば記号とその意味との連関を明らかにする場合などのように、所与の現前する相応関係を説明することなど問題ではない。というのも、存在と〈真であること〉とは、存在了解としての意識によって思考され、投企され、「宣告」される思想であり、意識が自ら遂行してきた「提示物 Aufstellungen」だからである。それゆえ、吟味して比較する際に問題とされねばならないのは、意識それ自身のこの投企なのである。意識は、その根本投企に関してはそれ自身が不確かなものになる。つまり、意識は、外から自分に提示される相応関係のことを考慮するのではなく、自分自身の行為のことを熟慮するのである。意識は己を吟味する。意識は、ただ吟味されるものであるだけではなく、吟味するものでもある。しかし、私たちは意識のこの自己吟味を、反省的自己対象化という一般に行われているあまりにも安易な図式に即して方向づけてはならない。意識の自己吟味は、主観的な体験流についての首尾一貫した内的知覚という特質を持ってはいない。諸事物についての外的知覚も、事物を知覚する作用についての内的知覚も、ここでは道具にも主題にもなりえない。内的あるいは外的対象が〈存在者であること〉と、さらにそれら対象が〈知られてあること〉をも規定している存在の思想ただそれのみが問題の軌道を形づくっているのである。

　ヘーゲルが問題構制を「相応関係」のそれとして始めているとすれば、彼はそれによって西洋哲学の長い歴史のなかに立つ。ギリシアの〔哲学の〕始まりから、存在の問題は相応関係の問題として定式化されている。アナクシマンドロスに息もつかせないのは、《限り PERAS》と《限りなきもの APEIRON》、すなわち有限で－時間的な存在者と老いることのない滅びえない無－限なものとの相応関係である。パルメニデスの思想詩は、《EON》、すなわち〈ひとつの真に存在するもの〉と、本質を欠き、多様な動かされる諸事物（《DOKOUNTA》）との区別づけのまわりをめぐるだけではなく、なによりも一と多との相応関係のまわりをめぐっている。「理念」と「感覚事物」との相応関係は、プラトンの形而上学においては、思考の新しい歩みのなかで、その問題内実の点で徹底化される。プラトンの場合依然として、基本的な関連は類似性（《範型 PARADEIGMA》—《似像 EIKON》）の相応関係である。しかし、それに伴って行われることであるが、プラトンは恒常的に存在する理念と移り変わる感覚事物との根本連関を原像と写像の基本モデルに即して解釈する、すなわち存在のランクを規定するための手段を、自分が存在論的に低く見積もっているあの〈《像 EIKASIA》の〉領域から借用するのである。これは、今日でもまだ理解されていないプラトンの前提である。この前提によって、プラトンとともに支配的になり、後世の私たちの時代にまで達している光の形而上学 Licht-Metaphysik の「操作的な素朴さ」が形づくられるわけである。次いでアリストテレスが、プラトンが「写像」と解釈したものおよび、本来的な存在者と非本来的な存在者との相違において〔両者を〕結びつける紐帯として解釈したものを、ある別の着想から存在の類比的な統一として捉えることになる。「《存在者は多様な仕方で語られる TO ON LEGETAI POLLACHOS》」[22]。存在者はまず諸々のカテゴリーに従って語られる。第一のカテゴリーが《本質＝実体 OUSIA》であり、別のすべてのカテゴリーはそこに立ち返る。〈どのような性質であるか Wie-beschaffensein〉は〈実体に即してあること〉にすぎず、関係、〈どのような大きさであるか〉、〈ある場所、ある時間にあること〉なども同様に〈実体に即してあること〉にほかならない。このようにそのほかの諸カテゴリーが第一のカテゴリーに立ち返ることがすでに、独自の相応関係を示唆している。しかし、《ON》、すなわち存在者は、ただカテゴリーに従って言い表されるばかりではなく、現実態と可能態（《ENERGEIA》と《DYNAMIS》）の区別に関しても、「真であることと偽であること」（《ALETHES》と《PSEUDOS》）に関しても、最後には偶然的であること（《KATA SYMBEBEKOS》）に関しても言い表される。これらの多様な存在論的な観点がアリストテレスにおいてどのように連関しているかを示すのは難しい。しかし、結局は類比の固有の統一的機能を考え抜くところへ行き着くであろう。だが、類比は本質的には相応関係である。そして結局のところ——この予備的解釈の締めくくりとして言うのだが——私たちは、真理についてごくささやかな追思考しかめぐらさないような場合にも、ほとんどつねにそこで「相応関係」を使用しているのである。私たちにとって真理は、「合致」、《ADAEQUATIO》、すなわち聴取することVernehmen と聴取されるもの Vernomennen との間の、あるいはもっと一般的に言えば知性と存在者の知解可能性とのあいだの適切な相応関係とみなされる。

いまやヘーゲルは、認識の実在性の吟味を相応関係への問いとして着手する。この着手点を表す歴史的な地平を、すなわち、歴史的な力としてヘーゲルの思考をともに規定していた歴史的地平を私たちは大まかに示してきた。ヘーゲルが伝統的な問題にどのようにして独自の形態を与えているのか、すなわちヘーゲルが根源的に古い問題をどのようにして新たに考えているのかを、いま私たちは見なければならない。それによって私たちは『精神現象学』への非常に難解な緒論全体の核心部分の前に立つことになる。意識、すなわち人間の存在了解が吟味の場である。厳密に言えば、吟味されるのは事物ではない（外的な事物でも内的な事物でもない）。吟味されるのは、人間の意識のうちに支配の場所を占めている存在の諸思想である。したがって、意識が吟味されるということ――そして、意識それ自身が吟味するものだ、ということだけは理解されるべきである。存在論的な吟味が問題なのである。引用を繰り返そう。「したがって、意識が自らのうちで即自あるいは真として説明するものに即して、私たちは、意識が自身の知を測るために自ら設定した尺度を持つ」。[23] 言いかえれば、意識のなかで遂行された投企において私たちは存在者の存在性を思考するのだが、この投企がまず最初に、知をその存在のランクに関して判定するための尺度を形づくる。しかし、私たちはさしあたっては、まさしく存在者の存在を即自存在だと、すなわち知には決してうまく扱えない存在だと考える。諸事物の存在を、そのように己のうちに閉ざされた、知が入り込むことのできない実体性だと考える投企は、知の理念との解決しがたい矛盾に陥る。存在することと知られていることがばらばらになる。しかし、それでも知られていることは無ではなく、それ自身何かであり、それゆえ、存在しているその本質もしくは非本質において規定されうるのでなければならない。だが、思考が、己のうちに住まう自分の両方の理念の合一不可能性に立ち止まっているのだとすれば、つまり思考が存在者それ自身の認識不可能性を独断的に主張するのだとすれば、実際のところ一体存在者の存在は知と噛み合わないものだというように考えられなくてはならないのだろうか、という問いを思考が己に提起しないのだとすれば、それは無思慮であまりにも性急な「吟味」だというものであろう。同様に、存在と知の一致の可能性を、予定調和という独断によって主張するようなテーゼも軽率だということになろう。ヘーゲルの思想家としての徹底主義は、こうした性急な立場とは遠く隔たっている。ヘーゲルは果敢にも、人間と神々のみならずすべてが疑わしくなる最も深い不確実さに己をさらすのである。

今日、私たちの文化のなれの果てである市場の至るところで、宗教と道徳の頽落が、信仰と習俗の喪失としての「ニヒリズム」が嘆き悲しまれている。人はニヒリズムを「克服」しようとするが、それどころか時には、ニヒリズムが死を伴う危険となるような「境界」(ユンガー)を自分はすでに超えていると信じたりもするのである。しかし、このような文化の泣き女も自称ニヒリズムの克服者も、結局のところは、ニヒリズムの実際の威力や暴力をまだまったく経験したことがないのだ。人間や神々が役に立たない場合よりも、存在の諸思想が無力をさらけ出し、存在論的な行き詰まりが人間存在 Menschendasein を暗く覆うときの困難の方がもっと深刻で恐るべきものである。だが、これは、そもそも哲学がなされるかぎり、つねにすでに生じていることである。ニヒリズムは哲学と同じくらい古い。他方で、ニーチェがニヒリズムについて予言者のまなざしで捉えていたのは、哲学的ニヒリズムの完成、すなわち形而上学の歴史全体の存在解釈 Seinsinterpretation に対する絶望的な懐疑である。しかし、私たちがそこに到達するにはまだほど遠い。もしかするとヘーゲルの哲学は相変わらず、強力で、嵐にびくともしない防波堤のように、途上にあって道を遮っているのかもしれない。ヘーゲルに戻ろう。

まったく抽象的に見える定式のなかで、ヘーゲルは吟味の問題を相応関係の問題として開陳する。主たる問いは、概念と対象との相応関係、ないしは対象と概念との相応関係への問いである。この干からびた図式のうちには、そのような外観を持つにもかかわらず、最も高いランクに属する存在概念的な思考の衝撃が隠されている。「概念」と「対象」という用語は、奇妙に交差したり交換したりして使用される。それは、はじめは思想家の単なる思いつき、突拍子もない考えのように見える。しかし、その背後にははかり知れないほど多くのことが隠されている。私たちはこのことを明らかにするよう試みなければならない。まず最初にヘーゲルは、「概念」という表現を、知が持つ存在の力、すなわち把握することがそれによって意味されているはずの表現というように、そして「対象」という表現によって存在者が――あるいはヘーゲルの言い方によれば、「本質 das Wesen」、「真なるもの Wahre」が――意味されているはずだというように解説する。概念と対象との相応関係は、知が存在者に相応することとして理解されなくてはならない。この場合、概念は主観的なものという本性を持ち、主観的に理解される理念である。そうすると、主観のうちに住みつく存在知は、存在者それ自身に対してどのような関係にあるのだろうか。主観的な諸理念が、〈それ自身の即自存在においてある存在者〉にそもそも到達し出会うための根拠はどこにあるのだろうか。知は、知それ自身の存在論的可能性からして、自らにとって疑わしいものになってしまった。この問題はデカルト以来、近代の哲学の思考を支配している。主観的に把握することが持つ拘束力は何に基づくのか。「知ることが可能」になり、また「知られる」ようになることが、どのようにして存在者に認められるのだろうか。存在者は、人間の知性に一致する知解可能性 Intelligibilität を持つのだろうか。あるいは、即自存在と主観的に把握することとのあいだに（主観的な把握が有限な精神の直観形式とみなされようとも、思考形式とみなされようとも）架橋できない裂け目が現れるとき、知が救い出されうるのは明らかに、ただ次のようにしてだけである。すなわち、私たちが認識とは異質な即自存在という理念を放棄して、認識の可能性を――人間精神が自分自身の思考諸形式のうちに対象性という形式をすでに持ち合わせているというところに――根拠づけるというようにしてだけである。そして、こうした近代の試みはすべて、デカルトからフィヒテに至るまでのあいだのものなのである。それゆえ、ヘーゲルの定式を受け入れるとして、吟味が、概念がどのように対象に相応するのかを見て取るところに成立するとするならば、その意味するところは、概念の本性と対象の本性とについては前もって決定がなされており、現前する関係の考察だけが問題である、ということではなくて、むしろ、把握するものとしての「主観」と把握されるべきものとしての対象、つまり客観との根本表象がなによりもまずそれ自身問いに付されなくてはならない、ということである。吟味は、ふだんは静まりかえっている知と存在という理念の矛盾に沿って弁証法的な対話に火をつけ、存在の諸思想それ自身を動かそうと試みる。しかし、ヘーゲルがすぐに用語を次のような方向に向きを変えるのにはどういう意味があるのだろうか。すなわち、いまやヘーゲルが〔1〕概念ということで、存在者それ自身の本質、つまり即自のことを考えており、〔2〕「対象」ということで、ある存在者が他の存在者に対して自分を描出し、自分の身をさらし、他の存在者に対象として自分を示し、他の存在者に対立する、その仕方のことを考えているというのは、何を意味しているのだろうか。用語のこの転倒は、自ら作り出した迷宮にいる喜びから生じるのではない。ヘーゲルは、秘密を欲しがる多くの思想家のような、墨を吐いて人を煙に巻くイカではない。ヘーゲルは、深く隠れ潜むために自分の水を濁らせるには及ばない。したがって第二の着手点においては、概念は存在者それ自身であり、存在者自体、本質のうちにある存在者であって、対象の方は、存在者が自分の外へ出て行くこと、つまり存在者の外化であり、存在者の現出であり自己描出である。このようにヘーゲルは古代哲学の存在論的な根本着手点を理解するのである。概念は、なによりもまず何らか人間的なもの、すなわち人間によって作られたものだというのではなく、存在者の光たる本性、存在者のなかに住まう世界‐知性 Welt-NOUS なのである。概念とは、プラトンとアリストテレスの意味での《形相 EIDOS》であり《本質 OUSIA》である。概念は本質 Wesen なのである。そして対象、描出、すなわち《ANTIKEIMENON》は本質の現象である。吟味はいまや、対象がその概念に相応するか、言いかえれば、現象が本質に相応するか、という熟考しつつ熟考を要しながら問うところに成り立っている。しかし、現象の本質へのこうした相応関係が生ずるのかどうかを、一体そもそもどのようにして吟味できるのか、と問われるだろう。答えは次のようにならざるをえない。すなわち、吟味することができるのは唯一ただ、現象がそれ自身のうちに存する指示に従って――しかもその現象において現出している本質への指示に従って――問われるというようにしてだけなのである。それゆえ吟味は、外から着手される実行によってではなく、現象それ自身に基づいて、現象を本質へと転倒させる、という困難な課題を要求する。私たちは、「現象する知の叙述」という問題含みの定式を解明する際に、現象が本質へとこのように転倒すること、現象がその根拠へとこのように還帰することについてすでに話をしておかなければならなかったのである。まさにこの地点でヘーゲルは、思弁的に思想を主導する卓越した腕前を発揮して、近代形而上学と古代形而上学の根本的な着想を統合する。すなわち、知からの存在論的な出発点と、存在者それ自身からの存在論的な出発点とを統合する。ヘーゲルによって要求される吟味は、最も規模の大きな歴史的地平を持っている。肝要なのは、相続した遺産すべてを問いに付すこと、つまり数千年にわたる存在概念をめぐる対話を反復することである。図式的に言えば次のようになる。私たちは吟味の問題に関するヘーゲルの二つの定式を持っている。第一に、概念が対象に相応するか、という問いであり、第二に、対象が概念に相応するか、という問いである。第一の問いは、知と存在とのじっくり検討されるべき関係を表し、第二の問いは、現象と本質との考え尽くされるべき関係を表す。しかし、いまやヘーゲルは、これらの互いに区別された着手点をまさしくひとつに集約する。そして、彼がそうできるのは、決して知を存在に端的に対置したりはせずに、はじめから知をひとつの存在関係とみなすという、まさにそのことのゆえにである。知はヘーゲルにとって、つねに必然的に存在の知であり、現象する知は現象するものについての知であり、本質的な知は本質についての知なのである。さきほど分けられた二つの視線は絡み合う。人間の存在了解とは、即自と知についての基本的な存在の思想ならびに本質と現象についての基本的な存在の思想が、一緒にあり、互いに浸透し合い、それぞれの共同性 Gemeinschaft を、すなわちそれぞれの《共通の形相 KOINONIA EIDON》〔形相相互の共同〕を持つ場なのである。奇異な感じを抱かせる、驚くほどの平静さでヘーゲルは述べる。「両者が同じものであることを、人はよくわかっている」[24]。古代の存在論的着手点と近代のそれとは、ヘーゲルのまなざしにとっては「同じもの」なのである。しかし、このような同一性は断言できるような、区別を持たない一様性ではない。それは、考えられるべき同一性にようやくなったばかりである。この同一性は、存在概念的な伝承の弁証法的な論議が実際に十分に尽くされるとき、すなわち、吟味が始まるときに、生じるのである。しかも、吟味が始まるのは、意識に住まう存在論的な根本諸表象が、互いの相容れなさを経験するとき、互いの矛盾に気づくときである。しかし、人間精神に宿る存在論的諸理念の矛盾は、（形式論理学に反するという意味での）通常の矛盾とは何の関わりもない。論理規則をどんなに注意深く遵守しようとも、私たちは存在の諸思想のこの争いから免れることはできない。

私たちはこの争いのなかに不可避的に巻き込まれてしまっている。人間理性は――カントが考えたように――「その認識の種類からして特殊な運命を、すなわち人間理性が自分では拒むことのできない問いに悩まされるという運命」を持っているわけではない。[25] 人間理性がそのような運命を持つのは、人間理性がそもそも存在を理解するかぎりでのことなのである。私たちがそもそも思考するかぎり、存在は、動かずじっとし続けることのできる概念ではない。私たちが思考しつつ存在しているあいだ、存在概念は、私たちがそのなかをさ迷いながら進んでいく迷宮のなかの迷宮である。だから、思考する者たちは、ニーチェが述べたように、「理想 Ideal のアルゴ号の船員たち」[26] であるばかりではなく、つねに理念 Idee のアルゴ号の船員たち、「存在の探索者たち」なのだ。

いまやヘーゲルは、形式的-告示的な方法で、人間の存在了解における存在の諸思想の争いを展開する。その際彼が述べることは、よく知られた幾度も議論されてきた事柄であるように見える。意識は何かあるものを知る、すなわち、意識は存在者を知る。しかし、意識が存在者を知るかぎりでは、意識は何といっても存在者を即自的に存在する実体だと考えているのである。この実体は現象し、他に対して己を示す。だが、明らかに知はやはり、この即自的に存在するものをその本質、その即自においてではなく、その外化の次元で、すなわちその現象において捉えることができるにすぎない。しかし同時に知は、まさに自分の限界を承知している。というのも、知はまさしく存在了解として自分自身に対して、身を酷使し、むなしくなるような制限を定立するからだ。存在の意識それ自身が、知から疎遠な即自と知が到達しうる現象との区別を定立するわけである。しかし――自分が即自という存在思想のことをこのような仕方でこれまで考えてきたかぎりで――〈制限として自分を限定し、自分を即自から引き離すもの〉が自分自身なのだということに存在の意識がいまや気づくのであれば、この存在の意識は不一致、不調和を創造的な窮境として経験するのである。存在の意識は存在論的根本諸思想のことを考え直すum-denkenのでなければならない。さしあたり考えられることがあるとすれば、意識はただ自分のこれまでの知を変えることを、たとえば、即自的に存在する事物の中心へと突き進むことができるのに必要な、もっと役に立ち、もっと奥深くにまで達する知を探すことを期待されているにすぎないはずだ、ということくらいであろう。だが、どのような知の向上が試みられ考えられようとも、即自存在の揺るがぬ異他性には躓かざるをえない。即自存在者を知ろうとすることは、解決できない矛盾であることが明らかになる。知を変え、もっと本質的な知を探す準備がいわば整っているだけで、他方で存在者の理念を問いに付すことなくそのままにしているときには、思考はこの矛盾を克服するまでに至ってはいない。これは、存在者の認識不可能性について苦情を言うか、あるいはそれに逆らう気のないすべての決定的な懐疑が犯す過ちである。そのような懐疑は、知が何の役にも立たないことを経験するだけだが、存在者に関しては、最も素朴な実在論と同じ独断的な硬直化に依然としてとどまっている。この不可知的－懐疑的な立場は自分自身を理解していない。それは自分のなかで生起していることを認識することさえできない。この立場は、自分が知、すなわち知の理念を変えてきたばかりではなく、いわばひそかに、存在者それ自身の理念をも変えてきたことを知らない。というのも、最初は即自として知にとって妥当したもの、すなわち頑なに知から逃れる存在者の本質は、そのように方向づけられた知が役に立たないことをまさに洞察することを通して、意識のうちで投企された即自の理念であることがあらわになるからである。あるいは、この場合にヘーゲルが述べているがままに言えば、「それゆえ、以前は意識にとって即自であったまさにそのものが即自ではないということが、すなわちそれは意識にとってのみ即自だったのだ、ということが意識に生じる」わけである。[27] 言いかえれば、知の理念と存在の理念とのこの絡み合いの連関を思考しつつ洞察することで、知のみではなく、即自存在もまた動き始めるのである――そして、思考のなかで新たに規定されることを――つまり変化させられた存在論的な投企を――必要とするようになる。知の表象の没落は同時に、それに相応する存在表象の没落でもある。しかし、このような存在論的な世界の没落は、表面的な見方をする人なら考えるであろうように、存在と知についての見捨てられた理念が単純に取り除かれ、天から降ってきた新しい理念に置き換えられてしまって新たな吟味にまでなる、ということを意味するのではない。その反対である。すべての没落は変化である。無効になった諸理念はいわば抹消線を引かれているわけで、このように抹消されているという事態において、まさに「新しい真の対象」と新しい真の知〔になっているの〕である。移行のこの契機を、ヘーゲルは最も強く強調する。というのは、その契機に基づいてヘーゲルは、存在の諸思想の移行的変化（知および本質の理念の変化）を、独特の経験の連関として把握するからである。それは、存在を理解する意識である人間が行う経験であるが、その経験は、彼が、否応なしに巻き込まれている存在論的諸理念の争いにきっぱりと決着をつけるとき、つまり、知ったかぶりや自分勝手によって介入するのではなく、思想の戦い――すなわち彼のなかで、彼を貫いて生起するロゴスの戯れ――を観照するときに、行われる。「意識が自分自身において、すなわち自分の知においても自分の対象においてもなしているこの弁証法的な運動は、意識にとって新しい真の対象がそこから生ずるかぎりで、経験と呼ばれるものとまさしく同じものなのである」[28]。

この経験概念を私たちは追了解しつつ思考するよう試みなければならない。これまで私たちはこの経験概念に至る途中にあった。マルチン・ハイデガーはこの概念を彼の『杣道』と題された著作の中心に据えている。だから私たちは、ある問題を――すなわちまさにその時が到来しようとしているその問題を——経験するために、ハイデガーの解釈とも対決しなくてはならないわけである。

第8章　ヘーゲルの存在問題／存在論的歴史／存在諸概念の弁証法、存在論的経験の狭められた概念

哲学の思弁的思考は、私たちにとっては通常、なじみの薄い事柄、単なる思想や概念や言葉との抽象的な戯れ、世事にうとい頭の持ち主たちの無用の気晴らしとみなされる。それでもなお、次のような哲学であれば人々はおそらく哲学を受け入れる気になることであろう。つまり、哲学が歴史的に作用する新しい諸理念をもたらしたり、硬直し陳腐になった生の諸形式を否定的な批判の手にゆだねたり、哲学が思想の風の種をまいて、これらの思想が革命的行為という嵐や現実の変革を収穫することになるならば。啓蒙の哲学がフランス革命のうちにその世界史的表現を見出したように、ヘーゲルの思想が一方ではファシズムの権力国家思想に、他方ではマルクス主義のプロレタリア革命に、その世界史的表現を見出したのは明らかである。このような地球規模に及ぶ動乱の発起人たる資格を哲学に認めるとき、人は信念をもってすでに哲学に重大な意義を認めているのである。確かにたいていの人は、この発起人の資格を非常に制限する。そうした場合、思想家は、すでに前に置かれている火薬樽に飛び移る火花や──あるいは山麓高く僅かな雪を剝がし取って雪崩の生みの親になる鳥──になぞらえられるばかりである。このような見方からすれば、思想家の思考は活動的な歴史の諸力や社会的緊張関係などといった、いま

や思想に突き抜けるようなはずみを与える巨大な力動的エネルギーがあらかじめ存在するときにのみ効力を生じうる起爆剤の役割を果たすことになる。しかし、哲学を評価すると称するこうした見方は、哲学の本質を徹底的に誤解したものである。哲学の歴史的形態のランクは、哲学の「公の働き」――すなわち哲学を引き合いに出す世界観が持つ威力――に即して決して測られてはならないし、哲学が生み出すと称する実りに即して測られるべきでもない。哲学の実りは思考においてのみ手に入れられるものであり、それは思想の明るく澄んだ空気のなかで育ち、熟成する。哲学の実りは簡単に「受け継がれ」うるものではない。哲学は、実存主義者たちの髭のように、「模範」や「生活様式」として受け継がれることが可能になるような「結果」ということで片づけられるものではない。哲学は哲学することのうちで実存するのだ。人々が繰り返し何度も哲学に求めているのは――彼らがそもそも哲学に注意を払うことを承認するとしてのことだが――、「生の処方箋」、浄福なる生へのなめらかで円滑な指示、人が担いうる世界観、「実存的な態度」、敬愛する神についての情報である。哲学は、人が実践的な生においてそれに従って手はずを整えることができ、しかもその際善き良心を持っているような「倫理」を提供するのでなければならないというわけである。哲学に価値があるのかないのかを、誰も彼もが、哲学が「生の薬局」としてどれほど使用できるのかに応じて測る。まさに私たちの時代には、哲学に対するこの不当な要求が広まっている。宗教の代用品が求められている。いわゆる実存哲学が一般的なモードになったけれども、このモードこそはまさに、指導的思想家の思想、すなわちマルチン・ハイデガーの独自の存在論的問題構制が世人の間で抑圧されているあり様なのである。人々はつねに具体的な「実存」の態度を欲し、「実存するキリスト者」から決然とした無神論者に至るまでのすべての可能性を試し、自暴自棄になって現存在の無制約的な意味を宣言するか、あるいは「不条理」こそが人間世界の真の特質だと主張する。私たちがあふれるほどの数の世界観や実存的な模範を持っていること、自然な生が、不屈の素朴さの健全な自明性を喪失してしまって、せわしない不安に陥ってうろつきまわり、擬似哲学の無駄話で満たされるというのが、私たちのアレクサンドリア的な時代の特徴である。このような思い上がった態度に対して必要なのは、思考の純粋な厳格さに身をゆだねることである。このような思考がどういうものかを、私たちはヘーゲルから学ぶことができる。

思考とは、本質的には存在の諸思想の思考である。しかし、存在の諸思想は抽象体のキメラ、すなわち自由に漂う放縦な概念の創作による非現実的な形成物ではない。存在の諸思想は、存在者の足場、世界の構造、すなわち、世界を最も内的なところで結び合わせているものである。哲学とはこれら存在の諸思想の吟味である。ヘーゲルが存在論的理念のこのような吟味の問題をどのように見ているのかを、私たちは分析しようとしてきた。その際明らかになったのは次のようなことである。吟味とは、何かについての思考にすぎないのではない。すなわち所与の存在の諸思想を、存在についての所与の原型を尺度にして査定し判定するというにすぎないのではない。絶対的なものという概念、したがって吟味の尺度が課題とされているのであって、これこそがまず求められなくてはならない。吟味は逆説的な本性を持つ。つまり吟味されるのは、あらかじめ現前し、働いている存在の諸思想ばかりではなく、なによりも吟味の尺度それ自身が吟味されるのである。他方でこのことは、吟味が、自分の操作できる範囲を見渡しうるような企てではない、ということを意味する。存在すると称するすべてのものを、最もよく存在するものという原型のもとに差し出して、そこから、吟味されるもののそのつどの存在の強さの度合いを規定することが単に問題なのではない。むしろ吟味とはなによりも、最もよく「存在する」ものの様子をうかがいつつ見通すことなのであり、存在そのものの追跡なのである。しかし、このような追跡は、思考がすべての所与の存在者から引き剝がされ、突き放されるという仕方で行われることはできない。つまり、思考が幸運にも絶対的なものを見つけ出し、次いでこの発見を絶対的な尺度として利用し、各々の存在者の存在のランクを定めるまで、すべての有限な事物を存在論的に無価値なものとして放置するという仕方ではない。このような考え方はヘーゲルによって断固として拒否される。というのは、この考え方は絶対的なものを有限な事物の「外」や「彼岸」に求めることになるだろうからである。そうなると、絶対的なものは、有限なものとの対立によって限定されてしまうような無限なものとみなされることになるだろう。それは、世界を超越した創造神についてのキリスト教神学的な形而上学の場合にも、有限な諸実体が、ひとつの実体――すなわち「《神即自然 Deus sive natura》」――の属性へと下落してしまうスピノザの汎神論的形而上学の場合にも当てはまる。どちらの場合でも思考は、所与の有限な現象的存在者を飛び越えて出て行かざるをえなくなるだろう。だが、ヘーゲルが「絶対的なもの」を把握する導きの糸とするのは、有限な事物でも無限な事物でもない。それはキリスト教の神でもスピノザの無限な実体でもない。それは存在者における存在である。そのようなものとして存在はすべての有限な事物において現前し、そこに己の臨在を持つ。より適切に言えば次のようになる。すべての有限－存在者は、つねにすでに存在の臨在の方へと保持されており、それに包み込まれている。ヘーゲルが哲学をする歩みのなかで伝統的なキリスト教を思弁的に解釈し哲学へと止揚しようと試みたということは、哲学とキリスト教との関係を転倒することができるということを、すなわち――しばしば行われているように――ヘーゲル哲学をある種の世俗化されたキリスト教として解釈することができるということを意味するわけではない。それゆえ、キリスト教が神の概念と結びつける信仰内容に基づいて、絶対的なものというヘーゲルの哲学的概念を解釈することはできない。問うことができるのはただ、ヘーゲルが哲学をしつつ絶対的なものということで考えているものや——彼のテーゼによれば——キリスト教が表象という仕方で信じているものが、そもそもキリスト教の神学的自己解釈と一致するのかどうか、ということだけである。

ヘーゲルにおいては、存在論的吟味という根本的な着想は、意識のなかに住まう存在の諸思想が相容れずに緊張関係にあることから生ずる。意識のなかで生きている人間の存在了解は、この緊張関係によって引き裂かれる。存在了解は存在を即自存在として、すなわち知にとって彼岸にあるものとして考え、そして同時に知をもまた、しかも現にあるところのものとして考えるのである。存在表象における裂け目——自分のなかに閉じられた即自と知られてあることへと存在を引き裂く裂け目——に耐えることはどのようにして可能なのだろうか。だがこれは問題構制の一方の半分にすぎない。存在はそれと同じく本質としても現象としても考えられる。この区別は何を意味するのか。私たちは存在者が現象する状況へと押し流されてしまって、私たちにおいて諸事物はその本質から抜け出ており、諸事物は私たちにおいて描出という仕方で表象されるのだろうか。描出は必然的に実体より程度が低く、存在の程度がより劣っていて、存在がより脆弱だというわけではないのではないか。そうだとすると、ここで問題なのは、即自が知の彼岸にあること、知によっては到達不可能なことではなく、それよりもむしろ、現象するものの（本質の存在の充溢に比して）存在の強さが低く見積もられているということなのである。私たちは存在しないもの das Me-Ontische にとらわれ、本来的に存在するものが持つ力と威力とすばらしさとを見失う。けれども、所与のものを現象するものと考えるかぎりでは、私たちはその所与のものを、前もって求められるべき本質を要求することによって、つねにすでに空虚で満たされないあり方で乗り越えてしまっているのである。こうして、意識は二重に、すなわち、即自と知の緊張関係と、本質と現象の緊張関係とによって引き裂かれ苦しめられる。すでに述べたことだが、前者の緊張関係が本質的に近代の形而上学の存在の問題構制の、他方、後者の緊張関係が古代の形而上学の存在の問題構制の特徴をなしている。両方の緊張関係がしっかりと組み合わさり絡み合うことによって、ヘーゲルの問題設定が形成される。ここに決定的な重点が置かれなくてはならない。近代と古代を支配する存在の諸思想の吟味は、新しく与えられる、もしくは新しく獲得される尺度、すなわち新しい存在の理念を用いてなされるわけではない。存在思想の吟味はむしろ存在概念の遺産を思索的に入念に仕上げることとして展開される。ヘーゲルは、伝統的な存在の諸思想の意識内での抗争から出発する。彼は、通常の経験が私たちに見せてくれる有限な存在者から離れることはないし、思考の創造者的な直観に基づいて「無限な尺度」を要請したりはしない。すなわち、ヘーゲルは、思想の長きにわたる活動のなかに尺度を見出そうと試みる、つまり、通常の——とはいえ引き裂かれている——存在了解、すなわち決着のつけられない矛盾によって引き裂かれている存在了解のなかに、隠れた主導線 Leitung として必ず存している尺度を見出そうと試みるのである。これはすなわち、ヘーゲルが徹底した討議 Durchsprache の、すなわち弁証法の道を歩んでいるということである。このような存在概念に即した語り口は思想についての単なる語りでは決してないのであって、なによりも存在の諸思想を形成すること Bilden なのである。語り Sprechen は、存在論的諸概念の矛盾 Wider-Spruch に耐えることによって、弁証法的運動を遂行する。古代の人々の哲学についてヘーゲルは『精神現象学』の「序文」で次のように述べている。この哲学は「自然な意識を本来的に十分教育すること Durchbilden」、意識を「直接的で感覚的な仕方から清らかにして」、普遍性を生み出す作業であった、と。(29) これによってヘーゲルが言おうとしているのは、感覚的な個別性にとらわれている状態から、たとえばプラトンのイデアのような普遍的な本質性を観ること Schau に至るまでの人間精神の高揚が古代の哲学では行われていた、ということである。個別的なこのもの Einzelne-Dieses、すなわち具体的な感覚事物が、普遍的な本質の現象としてあらわになったのである。他方で近代が担う課題は、本質のこのように展開された抽象的な普遍性のもとにとどまっておらずに、まさに本質を多様な感覚的個物の根拠として把握すること、本質を生き生きした運動として——すなわち、抽象的 - 普遍的なものを具体的 - 普遍的なものとして——考えることである。あるいは、普遍的なものを自己 ein Selbst として理解すること、生き生きした精神の——つまりロゴスの——自己 das Selbst として理解すること、と定式化することもできよう。本質性という普遍的なものを、現に作用している現実的なものとして、存在者における存在として、世界の精神として認識することが重要なのである。「しかし、硬直した思想を流動化させることは、感覚的な定在を流動化させることよりもはるかに困難である」(30)。存在の諸思想を流動化させることは、意識の吟味の課題である。存在論的根本諸概念のあいだにある矛盾において、世界の硬直し固定した足場を「流動化させる」運動が起こるというのである。それは、まったくもって奇妙でほとんど理解できない種類の運動である。

私たちは運動について多様な意味で語り、時に素朴に、時にはもっと反省的に論ずる。たとえば、私たちは自然のなかのよく知られた運動に目を向ける。星々はめぐり、雲は流れ、川は走り、生物が成長し、繁茂し、枯れ、そして死んでいく。諸事物は一部はそれ自身のうちに運動を持ち、一部はその存在全体において動かされている。時間のなかで何らかの形で活動するものはすべて運動している。時間という河 Fluß は、その流れのなかに一切の運動を連れてくる。有限な諸事物の運動性は（それらの事物に帰属する一切の根本形式とともに）、それはそれで、時間の運動性に基づいている。しかし、すべての個別化された存在者がどれほど時間の威力に従属し、時間のなかで生成消滅し、時間のなかで急いだりとどまったりするのだとしても、すべての存在者に即した、あるいはそのなかにある普遍的なものや、諸事物の純粋なながめや形、観念、形態や原型は、時間という河から引き離されているように見える。木々や人間や文化や天体は、鉄のような必然性に従って生成消滅する。というのも、すべての有限なものは、偉大なる母の胎内から昇ってきて、天の光のなかで輝くのだが、それらは再び〔母の胎内へと〕沈んでいかねばならないからだ。有限なものは自分の存在を保持できない。有限なものは、自己を保持する力を使い果たしてしまう。無尽蔵なのは唯一、世界という贈与する根拠 Grund だけである。有限なものがそもそも何らかの意味を持つのであれば、それはこの世界においてである。すなわち、世界の運動は永遠で無限である。他方で、世界一般を諸々の領域や次元に区分するものは、「普遍的なもの」の構造体系、すなわち本質態の構造全体である。これら構造体系や構造全体は「不動で」存立しているように見える。それらは、一時的に持続する諸事物、山岳や天体の軌道よりも確かに永続的である。それらのものの永続性の光のうちで、私たちははじめて存在者をその運動性において聴取する。世界の構造や、存在の諸思想——これらこそが個別の存在者についてのどのような聴取であれそのつど必ず導き照明しているのだが——という足場や、存在者全体の存在論的構造は、最も永続的なもの、諸現象の経過のなかの静止した極であるように見える。しかし、理念的に了解された「普遍的なもの」のまさにこの普遍的な存在様式にこそ、ヘーゲルは流動化を要求する。これは甚だしい不条理ではないのか。もしかするとこのような場合、人は存在者そのものの存在論的な様式——それゆえ自然そのものの構造——と、それについての人間の知——すなわち多かれ少なかれ不十分であり続ける人間の解釈——との間の区別づけに逃げ道を見て取ろうと考えるようになるのだろうか。

そうなると人は存在のカテゴリーと思考のカテゴリーとを区別し、そうして自分がこの上なく批判的で慎重なのだと思うようになる。存在者はつねに、それがそうであるところのものなのであり——つまり存在者は永遠の本質を持つのであって——、存在者についての私たち人間の解釈だけが変化にさらされている。つまり、哲学の歴史は広大無辺 kosmisch な意義を持つわけではなく、人間学的な意義しか持っていないのであって、だから、存在者それ自身はその本質においては、私たちがそれをどのように考えるかということに依存していない、と言われるのである。私たちの存在解釈だけが歴史的に多様なのであって、変化にさらされているのである。思考の歴史は存在の歴史と何の関わりもない。しかし、私たちは一体どこからそのことを知るのだろうか。自分自身に即している存在者と存在者についての人間の知との間のこうした区別づけは、吟味されないままの存在論的前提をまったく素朴に操作しているわけではないのだろうか。だとすればヘーゲルは、「即自」と「即自についての知」との間のまさにこの区別づけを、問いに付されるべき第一の存在理念として特徴づけたのではなかったのだろうか。当然のことだが吟味を差し控えることはできるが、しかしこのような差し控えのことを「哲学」と称することはできない。私たちは確かにわきまえている。主要な根本諸思想を徹底的に問いに付す覚悟を私たちがひとたび整えた以上は、そのとき私たちにはもはや何も残ってはいないということを。つまり、私たちにはもはや安らう場所もなければ、世界を動かす思想の梃子をそこから据えることができるような固定点〔アルキメデスの点〕もないということを。つまりは、吟味する思考は、試されたヨブの貧しさよりももっとつらくもっと空虚な貧しさへと落ち込んでしまうということを。それにもかかわらずヘーゲルの場合、哲学の思考のこの貧しさは独特のやり方で覆い隠されている。主要な存在の諸思想を一挙に手放して、自分から投げ出してしまうことなど私たちには確かにできない。私たちは基本的な存在の諸思想を、すり切れてしまった上着のように脱ぎ捨てることはできない。私たちは絶対的な空虚、思想のニルヴァーナのなかに飛び込むことはできないのである。

存在の問題が生起し、人間の思考のうちに――この思考が変化し、変転するものでもあるかぎりで――歴史を持つというのが存在の問題へのヘーゲルの本質的な根本洞察である。新しい存在の思想の形成は、古い存在の思想の作り変えとしてのみ存在する。伝承されてきた遺産が向きを‐変える um-wenden ことによって、歴史は、根本の歴史として、前進していく。ヘーゲルは新しい着手点を古代と近代の伝統の外部ではなく、伝承を徹底的に総括し、向きを変えるところに求めている。このように向きを変えることによってヘーゲルは、受け継がれてきた存在論の諸思想を「流動化させ」、それらを形而上学的な独断の硬直化と固定化から解放しようとする。すなわち、伝承の「古い真実」を正しいものと認め、それをもっと深くつかみ、硬化した諸思想を精神の生のなかへと解きほぐそうとするわけである。存在論的歴史は、ヘーゲルにとっては変化であり、実体の、自分を知る自我という自己への、そして古代と近代という両方の立場を貫く、実体の――世界遊動的な存在の「バッカス信者の興奮状態」としての――「真なるもの」への全質変化 Transsubstantiation の歴史なのである。存在概念の弁証法は必然的に、私たちが一般に存在者そのものについて抱いている未解明のぼんやりとした根本表象を出発点にする。そうだからといって前哲学的な、概念を持たない領域が出発の基盤だというわけではない。そのような領域などそもそも存在していない。〈あらゆる時代で同一であり、原始的な魔術から諸科学の土台に至るまでのあらゆる思想的解釈の目に見える基礎の役割を果たすような自然的な世界概念〉があるという信念は、フッサールの現象学およびその学派の盲信であった。ごく平凡な日常でさえすでにして「存在論的諸前提」のうちで生を送っている。思想家たちのうちで始まる歴史的な過程は、日常では「自明のもの」の陳腐さのなかで流れていく。私たちの日常においては、ギリシア人たちや彼ら以来のすべての思想家の思想の営みがつねに変わらず作動してきた。どの机にも、どの電球にも実体は潜んでおり、思想の数千年にわたる営みはそうした実体の見取り図のまわりを経巡っているのである。

ヘーゲルが自分の思考運動の着手点を獲得するのは、最初に与えられる存在了解の場面では攪乱し動揺させる要素として存在している矛盾を導入し説明していくなかにおいてのことである。思考が、一方で自分が存在を即自として、また本質として妥当させており、他方で存在を知られてあることとして、また現象として妥当させているということについて熟考するとき、つまり思考が、いつもは概してそうであるようにこの矛盾に甘んじてしまうのではなく、これらの存在観念を自ら投企するかぎりで、自己矛盾するものとしての自分自身に気づくとき、注目すべき「経験」である弁証法的運動が始まる。存在論的思考のこの経験こそが私たちにとっては重要なのだ。ヘーゲルはこの経験の本質をはじめて捉えようと試みたのであった。しかし、その試みがどの程度成功しているかは、未決定の問題である。ヘーゲルにとってこの経験はまず第一に、意識が自分自身とともになす経験である。これによって原理的な問いが提起される。すなわち、意識が自分となす経験、すなわち意識が〈協調性がないがゆえに変化させられるべき自分の存在の諸理念〉となすこの経験は、意識それ自身のうちにとどまり続けるような経験なのだろうか、と。意識は、自分に対して――ヘーゲルが言うように――「その自然本性を通して差し出されている」まさしくその「一連の形態化 Gestaltung」を走破するのだろうか。(31) 経験とは本来、存在了解をする意識の自己経験――つまり意識が即自的にそうであるところのものに関して、決定的かつ全体的に対自的になること――なのだろうか。意識は――存在の思想の投企とみなされるとすれば――、それが未展開で未発展であって、意識がそうでありうるものにまだ完全になりきってはいないまさしくそのあいだ、自分自身と矛盾しているのだろうか。まさに人間的な存在投企をその全体へともたらすことが問題なのだろうか。ある程度読み親しんだヘーゲルの読者なら誰でも即座にこう答えるだろう。意識のこの自己経験は、人間のうちで孤立化して起こるような何かではない——むしろ、人間のうちで、そして人間を貫いて、絶対的なものの自己意識が生じるのであり、それゆえ存在それ自身が自分自身へと到達するのだ、と。人間は「世界精神の執行者」として、世界精神の地上の場所取り人として現れる。しかし、これこそはおそらくまさに最も考慮すべき契機そのものである。ヘーゲルは人間の存在了解の道程を世界精神の道程と同一視し、そしてこの二つの道程に対して即自から即自かつ対自的な存在へと至る存在の同じ根本運動の権限を主張するが、そのことによって彼は、キルケゴールが考えるように、人間を神へと高めたわけではなかったのである（このような神学的懸念は哲学においては重要ではない）。ところがヘーゲルは、存在の変化と人間の存在投企の変化の歴史的な遊動空間を限界づけ制限した。運動は即自かつ対自的存在においてその終局に到達する。してみるとこれは、すべての存在論的な歩みが全体としては、即自と〈知られてあること〉との対立、本質と現象との対立が根絶されている遠い目標によってすでに追い越されている、ということを意味している。存在それ自身も人間の存在投企も、この目標を超えたところに可能的な歴史を持つことはない。

しかし、それは本当だろうか。古代の形而上学の存在論的な根本モチーフと近代の形而上学のそれとが、すなわち実体と自己とが和解するとき、存在と存在の呼びかけを聞き分ける人間との歴史は終わるのだろうか。それとも、そのとき、まず第一に存在者をそのものとして規定しようと試みるような思考の、まさしくその歴史の歩みがただ終わるだけなのだろうか。もしかすると、形而上学的歴史の終焉とともにはじめて、本来的で真なる世界‐歴史が開かれるのかもしれない。しかし、ヘーゲルの狭められた存在論的経験の概念（これは即自から即自かつ対自へと至るまさにその歩みへと狭まっていく）に対して懸念が表明されたからといって、ヘーゲルがこの経験の本性に投げかけた深い本質へのまなざしが過小評価されることはない。その反対である。つまり、ヘーゲルの洞察は結局のところ、彼固有の着手点を超え出ていく意味を持っている。では、ヘーゲルはこの「経験」をどのように捉えているのか。

さしあたってそれは否定的な経験である。存在了解する意識は、自分のなかに存している矛盾に気づくかぎりでは、矛盾する存在の諸思想を堅持することができず、それらと決別しなければならない。けれども、意識はそれらの思想を単純に投げ捨てることはできない。即自存在と意識は互いに矛盾する。この洞察された矛盾が意識を渦のなかに引きずり込み、その渦のなかで意識にとってまずもってすべてのものがぐるぐるとまわる。意識は知ろうとする——そしてその際何といっても即自存在者を知ろうとするが、同時にそう欲することが不可能であることを洞察してもいる。しかし、意識は思考であるかぎり、合一不可能な矛盾を確認するにとどまってはいられない。そしてまた場合によってはより妥協的な諸事物の存在を求めること、すなわち即自というまさしく拒絶的な形式を持ってはおらず、むしろ知によりいっそう適合し、可知性という性質をもともと持っているような存在を求めることが問題なのでもない。実際、哲学は、たとえばカントの場合がそうであるが、存在者それ自体 Seiendes-an-sich についてのアプリオリな認識が不可能であるということから、アプリオリに認識されるものは、主観が携える直観形式と思考形式とによってすでにあらかじめ規定されているはずの存在者だけである、という結論を引き出す。このように、カントが《存在者 ens》と《真 verum》との間の不調和という緊張関係を解消して、《存在者 ens》を《真 verum》にかなったものにする（少なくともこの《存在者 ens》が、人間の有限な認識能力とそこで支配しているアプリオリ性とにとっては、可能な対象であるはずであるかぎりで）のに対して、ヘーゲルはまったく別様の措置をとる。即自存在と存在者が知られてあることとの矛盾からヘーゲルは結論を引き出すのではない。彼はむしろ、これら二つの存在の理念がともに存在了解のうちに定立されることへと立ち返って思考する。つまり、知に疎遠な即自は、知がそこへと関係づけられるべきものとして、まさしく意識のうちに定立されているのである。これらの理念は偽りのものとして投げ捨てられ脇に置かれるのではなく、それぞれの「真実態」はどのようなものなのか、が問われる。存在了解する意識は自分を否定しないし、定立された理念を単純に放棄したりはしない。そうではなくて、存在了解する意識は、それらが定立されてあるというこのことを自分自身が定立している、というところへと立ち戻って思考する。こうして意識は、以前には知に疎遠な彼岸のものだと、すなわち意識の外部のものだと自分がみなしていた即自が、まさしく意識によって定立された外部であるということを認識する。あるいはヘーゲルが表現するように、それは意識にとっての即自なのである。ヘーゲルは大雑把にもこう述べている——意識は二つの対象を、すなわち、「ひとつは最初の即自を、もうひとつはこの即自の〈意識にとっての存在〉を」持つと。[32] 諸対象と言うとおそらく誤解を招くだろう。厳密にとれば、その際問題なのは、私たちがたとえば通常の、そしてまた実証‐科学的経験において目の当たりにするような個別の諸対象でもなければ、そのような諸対象の対象性などでも決してなくて、むしろ、原理的な存在様態であり、その光のうちで諸事物が存立し出会ったりもする存在の思想なのである。「最初の即自」が意味するのは、展開されていない、運動を欠いた——私たちが思考を始めるときにはまずもってすでにその呪縛のなかにいる、まさにそうした——存在理念のことである。そのとき私たちは次のことに対していわば盲目なのである。すなわち、私たちが存在者に認定するこの即自が、認定された、私たち自身によって投企されたものであるということに対して。ところが、私たちが明示的ではない仕方でつねにすでに遂行してきた定立へと立ち返って考えることによって、以前には盲目的に定立されていた即自がまさに定立された即自であるということが私たちに洞察されるようになる。私たちは、いわば投企の忘却態を止揚するわけである。こうして、即自は私たちにとっての即自になる。「即自が私たちにとっての即自になる」というこの表現も、起こりうる誤解から守られなければならない。このことが意味するのは、即自存在の理念が放棄され脇に置かれて、いまや私たちがあきらめつつ、〈私たちは、私たちが知るかぎり、まさしく知られるものしか知ることはないのだ〉と断言するようになるということでもなければ、私たちが自分のなかにとらわれている魔法の循環から決して抜け出ることがなく、たとえば自分の内在 Immanenz のなかに閉じこめられてしまうということでもない。このように考えるとすれば、それは救いがたい誤解であろう。即自は、たとえば知られるものが私たちにとって存在したような以前の仕方で、〈私たちに－とって－存在する－即自 Für-uns-seienden-Ansich〉になるのではない。超越するものが内在的になるのではない。しかし、それは存在了解において定立される超越として把握される。以前は盲目的に定立され、動かずにじっとしている即自が動き出し、この即自の理念が動かされる。だがこれは、ヘーゲルが決然とした態度で強調するように、単に主観的な様態変化を意味するのではないし、単なる表象の変化を意味するのでもない。存在の諸思想は客観についての主観的な表象ではない。「存在」や存在の諸思想はただ主観のなかにのみあるのではないし、〈主観の〉外の木々や星々のもとにあるのでもない。存在の諸思想は世界に即して支配し、表象する自我が表象される諸事物から区別される遊動空間全体を照らし出す。存在の諸思想は、あらゆる主観－客観－分離に先立っている。即自存在が定立されているということが洞察されると、単に主観的な表象が変わるだけではなく、山であろうと海や動物や人間や神々であろうと、すべての事物の即自存在が変わる。存在者が〈存在してあること Seiendsein〉についての新しい理念が輝く。人間の存在了解はいまや即自存在を、存在了解にとっての即自存在とみなす。これによって即自存在が投げ捨てられるわけではないが、変化させられる。存在の思考は「新しい対象」を持つ。この対象についてヘーゲルは次のように述べる。「この新しい対象は最初の対象の無効 Nichtigkeit を含んでおり、最初の対象を超えてなされる経験なのである」[33]。存在論的経験とは存在理念の変化とともにする思考の歩みのことである。この経験は、さしあたりは、否定的なもの das Negative という特質を持つ。存在了解する意識にとっては、自分が長い間世界の足場とみなしてきた、主要な存在の思想がまるで崩れ落ちたかのように思われる。この意識は、どうやら自分が希望もなくそこへと投げ出される無 Nichts が、すでにして新しい主要な根拠であるということを、つまり新しい真の対象が古い対象であり、とはいえ抹消線を引かれたあり方での、すなわち変容させられたあり方での対象であるということを、意識はまだすぐには見て取ってはいない。意識に新しい対象が「生ずる」特有のあり方は、幸運な発見でもなければ、新たな登場でも、すべての事物に以前には知られていなかった輝きをもたらすような新しい「世界の雷光」でもない。それは、本質的に変-形 Umbildung にして変化なのである。ヘーゲルはさらになお自分の経験概念の重要な契機を際立たせる。しかもこの契機は、哲学の学問性の本性にとって重要なのである。ヘーゲルにとって哲学とは、存在論的根本思想の変化を偶然に洞察することではなく、——少なくとも理念からすれば——すべての変化全体を洞察すること、基本的な存在概念の運動可能な遊動空間全体を踏破することなのである。哲学がこのことに成功するかぎりでのみ、哲学は体系であり、学問である。哲学の学問性は、見通すことのできる存在論的変容の全体性のなかに据え置かれるわけだが、このことは、ヘーゲルが存在の歴史を西洋形而上学の有限な運命として理解していることと最も深いところで関連している。彼の哲学的営為はまさしくこの西洋形而上学の完成と体系的全体性を意味するはずだからである。存在概念の変容 Metamorphose

の規模は、即自かつ対自的存在の完成によって限定される。人間の非‐哲学的な存在知は時に存在の理念の変化へと巻き込まれることがありうるし、人間の意のままになる根本諸概念が機能しなくなって、他の変化した諸概念が必然的におのずと思い浮かんでくるという経験をすることもありうる。その時歴史の針が動く、すなわち、政治や公の文化活動の鳴り物入りの大騒ぎよりももっと深くに横たわる、思想のあの音もなく静かな歴史の針が動く。しかし、突然このような変化に襲われる人間存在は、この変化を理解しない。彼は変化させられた存在の諸思想を、人間における存在投企の転倒から生じたものだとは捉えない。このことに対して明確に注意深くあるあり方のことを、ヘーゲルは「私たちの付加物Zutat」〔Suhrkamp Bd.3, S.79.『精神現象学』上巻、九〇頁を参照〕と呼んでいる。存在論的諸理念の変化を、存在投企へと、存在を明確に思考することへと立ち返って考えることこそが哲学者の唯一の寄与である。

学問としての哲学のこの本性について、ヘーゲルがこの本性を存在論的変化の運動全体への認識のなかに置いているかぎりで、なおいくつかのことを述べておかなければならない。それによって私たちは、ヘーゲルの経験概念を――同様にハイデガーによるその経験解釈をも――私たちが求めているものから分け離している境界線をもっとはっきりと浮き彫りにすることになろう。存在の歴史はヘーゲルによって――彼がこれまでの西洋の精神の歩み全体に対する途方もないまなざしを持っているがゆえに――汲み尽くされたものとして捉えられる。ところが、『ツァラトゥストラ』の叙事詩は世界の汲み尽くしえない深さのことを、新しい時代《アイオーン》の曙に告知したのである。

第9章　意識の経験における否定性、学問／ハイデガーのヘーゲル解釈

ヘーゲルにとって哲学の根本問題は、ある特有な経験 Erfahrung の問題として設定されている。この場合の経験とは、通常経験ということで理解されるそれではない。それは事物的経験 Empirie、つまり諸々の事物に関する知見が、それらの事物との交わりや関わり合い、あるいは理論的な観察や研究などといったさまざまなやり方で絶えず蓄積されていくことではない。ヘーゲルはそこに、存在者についての、現に進行しているかぎりでの人間的経験を考えているのでもなければ、またそれと一体となって深められていく生の了解といったものを考えているのでもない。ここで問題になる経験とは存在経験なのである。存在経験というこの呼び名は、仮に人が存在者と存在との区別を扱うすべを習い覚えてしまっていると想定すれば、たやすく理解されるものであるように思われる。この「区別」はすでに広く流通しており、フライブルクでは屋根の雀ですらそれを囀《さえず》っている。しかしこのことによっては、その「裂け目 Riß」に気づき、それを西洋的思考の歴史における思考されざる次元として把握した思想家が、なおもそれを熟考しているという事実が排除されるわけではない。「存在経験」とは、もしもそれが存在者についての経験の大まかな対立項として受け取られるとすれば、存在そのものが〈経験されるもの〉

であるような経験のことであるように思われる。この場合「存在」は経験の対象ということになる。しかしまた、本来的な意味での対象とは私たちが出会い私たちに対して向かい立っている事物なのであって、そうだとすれば存在は、あらゆる主観‐客観‐分離に先行しているかぎりで、もともと「非対象的」なものだということになるが、そのことに思い至るならば、「非対象的なもの」を対象にするという逆説的な本性が存在経験のうちに見出されることになる。もしかしたらまた存在経験の受容的な契機が強調されるかもしれない。「存在」は聴取され、引き受けられるのだ、と。その場合時として、こうした引き受ける態度の謙虚さがことさら自慢されたりもする。ここから存在を神学的に転釈して神とみなすに至るまでは、つまりあのどっちつかずの、哲学でも宗教でもない「哲学的信仰」に至るまでは、ほんのわずかの距離である。存在が呪物にされ、すりへった概念の貨幣にされ、ピントの定まらない未熟な概念とぼんやりした感情とが混じりあって神秘的な薄明をもたらす、そうした符丁名にされる危険が増大してしまう。存在‐経験、それは有限な事物の存在体制という意味で存在を経験することなのだろうか。つまり存在者の存在者性の経験なのだろうか。それともそれはより根源的な意味での存在についての経験なのだろうか。そうだとすれば、そうした経験が経験であることの特徴はどこにあるのだろうか。日常的な経験において存在者が対象的な所与として現れてくるとき、存在者はすでにあらかじめ熟知されたものとしてあり、その存在の仕方において前もってよく知られている。人は存在体制へのこうした先行的親密性を〈アプリオリ〉と名づける。存在のアプリオリ性は存在経験とどんな関係にあるのだろうか。経験は、あらかじめそのつどすでに了解されている存在を明示的に占有するという特性しか持たないのだろうか。経験とはこうして前‐存在論的存在了解を〈概念‐に‐もたらすこと〉、それを明示的に存在論的に固定化すること、すなわち、すでに知られているものに気づくことでしかないのだろうか。ヘーゲルにおいて「経験」という表現は、対象的領域へ知が接近するという意義をまったく持たず、むしろ意識が自分自身となす経験を意味している。ただしあくまでそれは〈自身との mit sich〉経験であって、〈自身についての von sich〉経験ではない。この「経験」においては、経験が関与する領野を描き出すことが決定的なのではない。むしろ次のような洞察こそが肝要である。それは、対象的な領野がそもそもはじめて「意識」に開かれてくるのは、その意識が存在了解として自身となす経験を通じてのことである、ということである。「自身との」経験がはじめて、〈……についての－経験〉に関する領野や領域を開くのである。ヘーゲルの経験の概念は、もしもそれが存在経験として受け取られるべきであるとすれば、なによりもまず〈存在について vom Sein〉の対象的経験ではない。それは〈存在との mit dem Sein〉経験であり、つまり、人間が思考しつつ存在の近みに耐えて屈しまいとすると き、〔存在が〕その人間に関わり働きを及ぼす mit-spielen 様を経験することなのである。存在を思考する人間は〔存在に〕ひどい関わり方をされる。存在の諸思想、つまり世界の屋台骨が彼にとって崩壊してしまう。存在の諸思想のうちに宿っていた矛盾が白日の下に現れる。つまり意識は否定的な経験をすることになる。いまや最も核心的な意味を持つのは、ヘーゲルがこの否定性の本性をいかに見ているかということである。ヘーゲルは否定的なものの傍らに立ちとどまっているのではない。それを端的な終焉と受けとめているのではない。ヘーゲルにとっての《無 nihil》は、《否定的な無 nihil negativum》、つまり空虚な端的な無にとどまりはしない。それはなぜか。妥当している存在の諸思想が無化されたとして、それはその思想の形態転換、メタモルフォーゼにほかならないからである。知の彼岸にあって知に疎遠なものとしての即自、という存在の思想が無化され没落していくことは、同時にすでにある新しい変化した即自の誕生を、つまり、まさに定立されて存在了解のうちで見通しのきくものとなった即自の誕生を意味する。燃え尽きた古い対象の灰のなかから、新たに生まれつつあるものが不死鳥のごとくすぐに身をもたげてくる。しかしさらに正確に言うならば、一方の没落は直ちに他方の誕生なのである。つまり「意識」は、自身にとってこれまで真であったものを失ってから、何らかの幸運によって別の新たな真なるものを見出していくというわけではない。喪失と発見とは同一のことである。意識は失われたものの喪失においてのみ、新しい対象、すなわち自身にとっていまや真であるものについての新たな思想を見出し、獲得していく。だがそうした新たな発見は、失われたものを単に惜しんだり懐古したりすることによって、つまり喪失に安住する悲歌的な態度によって生起してくることはない。むしろそれは思考による〈想起＝内化 Er-Innerung〉をとおして、すなわち、荒涼とした空虚さで私たちの前にぽっかり口を開いている無の苦境に耐え抜くことによって生起してくるのである。思考は想起＝内化する。つまり失われたものを失われたものとして、自身に対し現在的に保持する。思考は抹消線を引かれたものを抹消線を引かれたものとして把捉する。かつて盲目的に定立されていた「即自」を、思考それ自体のうちで定立された即自として、つまり思考に対する即自として把捉する。まさにそうすることで思考は、否定的なものそのものに即してすでに新しい対象を、すでに存在者の新しい理念を持っているのである。かくして想起＝内化する思考にとっては、取るに足りなくなったものが、その取るに足りなさにおいてあらわにされることで、まさしく新たな「真なるもの」、新たな存在者になるわけだが、想起＝内化する思考が、否定的なもののうちに立場を確保しようとするこうした果敢さを、ヘーゲルは「精神の生」と捉えるのである。この生き生きとした精神について、ヘーゲルは「序論」で次のように述べている。「精神が自らの真理を獲得するとすれば、それはひとえに精神が、絶対的に引き裂かれてあるただなかに自分自身を見出すことによってである。しかし精神がこうした力であるとしても、それは、私たちが何ものかを無であり偽りだと言って、それに早々とけりをつけ、それから離れて何か別のものへと移っていく場合のように、否定的なものから目をそらしてしまう肯定的＝定立的なものとしてではない。むしろ精神がこの力であるのはただ、否定を敢然と直視し、いつまでも否定的なもののもとにとどまっていることによってのみである。このようにとどまることこそは、否定的なものを存在へと反転させる魔法の力である」。(34) この命題によってヘーゲルは、自らが意識の経験と名づけるものの原理を表明したのである。この経験とは、無をくぐり抜けていく歩みのなかで生起してくる存在論的思想の変転、理念のメタモルフォーゼのことである。ここでの経験とは、存在との、そして無との経験である。ヘーゲルの視野にある存在論的経験とは本質的に、存在から無への、無から存在への《メタボレー METABOLE》〔転化〕を意味している。もっとも『精神現象学』ではこれらの概念の絶対的な純粋さは達成されていない。それは『論理学』においてはじめてなし遂げられる。そのまさに冒頭で直ちに、存在と無という両基礎概念が取り集められ、生成の思弁的統一へ向けて思考されるのである。一方『精神現象学』は、意識という媒体のうちで動いており、いまだ存在の諸思想の世界遊動という純粋なエーテルのうちで動いてはいない。だからこそ〔存在と無の相互の〕転化は、〔『精神現象学』ではいまだ〕意識にとっての存在の諸思想の変化という特質を持っているわけである。このことがある深刻な問題を投げかけてくる。

いずれは次のように問うことができるし、また問わなければならない。あらゆる変化のなかで不変なものとして保持されているものの恒常的不変性を、ヘーゲルはいったいどこに見出しているのか、と。メタモルフォーゼ、すなわち〈形態－転換 Um-Bildung〉という特質はどこに基づいているのだろうか。存在そのものがその開示の歴史のうちで不変にして恒常的なものであり、持続し続けるものであるがゆえに、存在の諸思想が変化し形態転換できるのだろうか。それとももしかしてヘーゲルの場合には、存在了解する意識自体が、吟味されていない恒常的不変性という特質を持っているのだろうか。存在論的理念の交替が存在するのは、そうした交替のうちで理念‐定立的な意識が維持されているからであろうか。この場合には結局、デカルト主義の残滓がなおも存在論的経験の次元のなかに置き換えられているのだろうか。端的な「《思考するもの res cogitans》」ではないにしても、存在の思想を投企し宣告する意識が、すなわち「《存在論的に思考するもの res ontologice cogitans》」が、それの持つ理念の変化のさなかにあっても持続し続けるものとして、はじめに設定されているのではないだろうか。確かなのは次のことである。ヘーゲルにおいて一貫してそうであるように、一般に変化 Wandel の本性が〈転‐化 Um-Wandlung〉の本性として受け取られるときには、変化の根底に存続し続ける恒常不変なものが一体何であり、その恒常不変なものの恒常不変性がどこから規定可能になるのか、という問題が立ち現れてくるのである。また同様に、「無」についての理解が一体どれほどの射程を持つのかという問いも立てられることになる。それは無を端的に取るに足りないままにはしておかず、「規定された無」として、すなわち定立に抹消線を引くこととして捉えるのであるが、その際その定立は、抹消線を引かれたものとしては、すでにして再び新たに定立されていることになる。これらの問いと懸念を述べることによって私たちがさしあたり申し立てているのは、明確に輪郭づけられるというよりも感じ取られるところの、存在論的経験に関するヘーゲル的問題構制の限界である。仮に存在経験が必然的に基礎的存在概念の形態転換であり、必然的にそのメタモルフォーゼなのだとしよう。だからといってそれによって、「存在そのもの」もしくは「存在了解」が、変化がそれに即して生起するような、根底に横たわっているものと考えられなくてはならない、などということはいまだ決定されているわけではないのである。ヘーゲルがこうした問題含みの二者択一から免れていることを私たちは知っている。それというのも、ヘーゲルにとって存在と存在了解は最終的にひとつに落ち合うからであり、つまり、存在了解する意識が矛盾する存在の諸思想を思考し、その矛盾によって引き裂かれ、さらにその引き裂かれてある状態から自身の統一を再び打ち立てようとするときになす経験とは、根本においては存在が存在としての自身となす経験であるからである。そしてこうしたことは、知の営みが、即自存在から対自存在へと進んでいく傾向であればこそのことなのである。ヘーゲルにとっては、この傾向のうちでこそ存在の歴史は生起する。それにしてもこうした歴史は必然的に何ものかに即した生起なのだろうか。つまりその歴史は必ず基体を持ち、あるいはそれを必要とするのだろうか。すべての変化の根底に横たわっているものについての表象、それによって変化とはまさに転‐化であることになるわけだが、そのような表象は結局のところ、それとは明かされぬままに、事物の変化に定位してしまっているのではあるまいか。言いかえれば、存在論の運動に関するヘーゲルの根本的理解は、いまだ十分思考されないままの運動の存在論というものに基づいているのではないだろうか。これは決して非難として言っているのではない。非難するなどということはこの巨匠を前にしてはどのみち笑止なことでしかありえないだろう。それが示そうとするのはおそらくはもっぱら、ヘーゲルにあって存在の歴史を精神の歴史として、精神の現象学として導き方向づけている運動了解を明示的に考え抜くという課題なのである。

意識が自身となす経験は否定的経験である。この否定的経験の否定性は「形態転換」として特徴づけられる。つまり、無を通り抜けることのうちに生起する変化として、そして無‐化された対象を、新たな、つまり新たに‐成立した対象として生み出していく変化として特徴づけられる。無化されたものを前に思考しつつ耐え抜くということは、無を存在へと反転させる魔法の力をもってとどまることなのである。だがこうしたことすべては、厳密に存在論的に把握されなくてはならないのであって、それによって私たちが通俗的な言い回しのありきたりの理解に落ち込むようなことがあってはならない。死者は私たちがその死を耐え忍ぶからといって息を吹き返してくるわけではない。凝視しつつとどまることによって死者が呼び戻されるわけではない。もっとも死者に対する心よりの追憶であれば、生けるものにとっての生命力をその死から汲みだすことはできる。しかしヘーゲルの言葉の意味では、死は「規定された無」を意味していない。死についてのヘーゲルの独自な解釈は、死ということで自分自身の解体消滅を恐れる諸個人が持つような、死についての知から出発するのではない。ヘーゲルは死を思弁的に思考し、それを凝固した有限性として、つまり定立され個別化された存在者が万有の生の全体へ参入しえない無力として捉えている。個別者がその個別性においてなす無力な自己主張こそがまさにすでに否定的なものであり、すでにして死なのであり、その個別者が抹消され無化されてはじめて死となるわけではない。ヘーゲルにおいて死と生とは思弁的に思考された概念であり、そしてこれらの概念は必然的に互いに貫入しあっている。それはちょうど存在と無、万有一切と区別といった概念が互いに貫入しあっているのと同じことである。

意識の経験の否定性のうちに、ヘーゲルはまさに経験の運動の原理を見出す。さまざまな変化は必然的に生起してくる。これはなにも、存在論の領域では因果法則が効力を持っていると言っているわけではない。必然的なもののすべてが因果的なわけではない。むしろいわゆる自然的事象における因果的なもの、存在者レベルの出来事の因果関係の方こそが、必然的なものの派生的で基づけられた形式なのである。〈困窮 Not〉をもたらすもののみがその困窮を〈方向転換する wenden〉ことができるというかぎりにおいて、存在論的な変化は〈必然的に notwendig〉生起する。困窮は、今まで妥当してきた存在表象が矛盾したり、維持できなくなったり、無価値になったりしてあらわになる無によってもたらされる。

しかしヘーゲルの見方によれば、存在論的な無価値化としての無が支配しうるのはただ、無がその無価値化の仕事をある存在の理念に即して成就し、またかく成就することにおいて、取るに足りない無的なものの特質を定立し、そしてまさにそれをもって、直ちにはそれとは知ることも見抜くこともないまま、ある新たな肯定的なものを定立しているときだけなのである。無価値化 Entwertung とは、それがただ何ものかに即してのみ可能であるかぎりでは、常にすでに価値転換 Umwertung である。存在の了解作用は、まさに「転‐倒する um-steht」という仕方でのみ変化へと引き込まれうる。シュヴァーベン‐アレマン方言では、私たちは「Umstand」〔通常は「状況」というほどの意味〕という語をまさしくこうした意味において使っている。「Umstand」とは外的な諸関係の一般的なあり様のことではなく、あるものが転倒するあり方のことなのである。〈孕んだ牝牛が駄目になる steht um〉とはすなわち孕んだ仔を流産してしまうという意味であり、〈天気が崩れる steht um〉とはつまり天気ががらりと一変するということである。こうした語の意味合いがヘーゲルの次の命題からも聞き取られなくてはならないと私にはどうしても思われるのである。「この Umstand〔状況＝転倒〕こそが、意識の諸形態の全系列をその Notwendigkeit〔必然性＝困窮反転性〕において導いているのである」。[35] 意識の存在概念的諸形態は転換する。それらは互いに入り組んで転換しあう。それらはある形態から別の形態への可能的な転換の軌道のなかで、最終的にひとつの全体を、つまり体系を形づくる。「序論」のなかに私たちはまたも次のような根本的なテーゼを見出す。「真なるものは全体である。だが全体とはひとえに、自らの展開発展を通じて自分を完成していく本質のことである」。[36] またそれに先立つ部分でもすでに次のように言われていた。「真理が宿る真なる形態は、真理の学問的な体系でしかありえない」。[37] 意識の経験とは、その可能的な転換と転倒の全体から見るならば、単に「学問」へと至る道程にすぎないのではない。その経験は学問そのものである。もっともそれは、意識の経験のなす純粋な自己産出、自己実現というあり方において、すなわち意識の経験の現象学というあり方においてそうなのである。ところがしかしこのことは、ヘーゲルはいわば現象学の終末、その結末を見越した上でこそ意識の経験は学問であると言うことができるが、他方そうした性格づけは最初の諸段階には当てはまらないはずだ、ということを意味するわけではない。存在の意識のあらゆる変化においてすでに学問そのものが作動している。学問は、知のあらゆる有限な諸形態においてでさえすでに無限な、または絶対的な知なのである。ただしその無限で絶対的な知は、有限な諸形態そのものにとって自覚されているわけではない。有限で暫定的な諸形態は、すでにして本質的なものについての本質的な知であれという要求、つまり、すでにして即自の知であれという要求のうちで硬直化しているのであって、自ら没落することによってこのような硬直化と固定化の償いをしなければならないのである。しかしそれら知の有限な諸形態にとっては、自らを没落へと追い立てるものが、あたかも外部から生起してくるように思われている。それらは自分たちのうちで知と即自との矛盾、本質と現象との矛盾に火をつけているのが――その矛盾をきっかけに自分たちは没落していくわけだが――、ほかならぬ自分たち自身のうちで息づいている存在の予感そのものであるということをわかっていない。それらは、自分たちのうちに、あるいはより適切に言えば、自分たちの後方で、ヘーゲルの言い方では「それらの知らないところで hinter ihrem Rücken」絶対的な知が作動しているということを理解していない。有限な知、現象しつつある知は、それ自身にとってすでにして絶対的な知であるのではない。有限で現象しつつある知は、自己疎外の形態をそのものとして見抜いてはいない。有限な知はある立場＝肯定 Position に失望して、また別の立場＝肯定へと駆り立てられて、そこからもさらにまた追い立てられる。はじめ有限な知にとっては、本質とは即自である。それから有限な知は、そのように本質と思われた即自が取るに足りないものであることを経験する。なぜならそのような即自は、あくまで有限な知にとっての即自を現しているからである。しかし思考しつつそこに踏みとどまるならば、有限な知は即自存在に関する思想の変化を余儀なくされる。以前には自分にとってあらゆる即自存在の没落と思われたものが、いまや新たな立場として明示的に定立される、という形でそれは起こる。有限な知は転倒する steht um が、しかし転倒しつつそれは、そのつど再びある新しい立脚地 Stand に到達する。しかしその新しい立脚地がたちまちまたそのむなしさをあらわにする。存在の意識は、ある立脚地から他の立脚地へとずらし動かされる verrücken。それは自らの変化を「突き動かす Rucken」なかで遂行する。そのように突き動かされ ruckartig 転換していくなかで、存在の意識は前方へとずれ動き verrücken、ある立脚地から底なしの無へと転落し、そしてある新しい立脚地においてふたたび自らを捕まえる。この新たな立脚地に至っては、以前の存在の諸思想の虚しさが、その新しい立脚地 Stand の構成成分 Bestand として属しており、つまり否定が立場＝肯定へと転換されているのである。意識がこのように突き動かされ、ずれ動くのは、新しい対象の成立が「意識の知らないところで」[38]起こるかぎりでのことである。そして意識のこうした事態が起こるのは、存在者、つまり事物へと向かう視線によって意識がとらわれたままであり、変化する存在の諸思想のなかで徐々に己を展開してあらわになる存在を、意識が特にそれとして先見してはいないからである。ある固有の先見によって、そうした変化の全体がある最終目標に向けて取り集められるときに、はじめて次のことが起こる。すなわちそうした先見する者に対しては、個々の突き動かしとは、貫通する運動によってひとつに取り集められ消え去っていくような、ただの停留した諸契機として見えてくるのである。諸変化の体系の全体を先見する者にとって、すべての突き動かしは、流動するひとつの全体的運動、つまりひとつの生成へと統合される。意識の経験は、存在との経験をなす意識にとってはそのつど唐突に生起するのであるが、先見する者に対してそれは、その絶対的な特質をあらわにする。先見する者は、意識の経験を目標の方から把握することができる。こうして彼にとって有限な知とは、無限な知、絶対的な知の自己隠蔽でしかないことになる。ただしこれはあくまで先見する者にとってのことであり、〔経験の〕歩みのなかで把握される意識それ自身に対してそうであるわけではない。そしてヘーゲルはいまやこの関係そのものに対しまたもや、吟味のただなかにある存在論的カテゴリーを適用するのである。〈彼〉にとって、すなわち先見する者にとっては、経験の道程は学問への往‐路 Hin-Weg ではなく、学問そのものである。しかし〈それ〉、すなわち意識にとってはいまだそうではない。意識は転倒しつつ、そのつどまた新しい別の立脚地にとらわれたままである。しかしいまや先見する者にとっては、経験の歴史、存在の理念の諸変化の歴史は、目標へと向かう統一的な運動として現れてくるわけだから、ヘーゲルの言葉によれば、この歴史は「即自存在、あるいは我々にとっての存在という契機」[39]を保持することになる。眺めやる観察者にとって、歴史、運動、変化は即自的に成り立っている。しかしヘーゲルはここでは即自 Ansich を、〈我々に‐とって Für-uns〉と対立して定立するのではない。彼はむしろ即自存在という理念をその最初の変化の段階において、つまり即自が〈我々にとっての即自 Ansich für uns〉としてあらわにされる段階において取り上げ、この〔我々にとっての即自としてあらわになった〕即自そのものを、歴史全体に向けて適用しているのである。ただしこの即自＝〈我々に‐とっての‐即自〉という概念もまた、さらに根本から考え直されなければならないのではないかという問題が残る。そして私たちは確かに、存在意識の諸変化を目撃する観察者は結局は存在論的な歴史の本来的な主体ではないということも知っているのである。ここで言う目撃者とは、転覆的な変化の体系的全体を先見するかぎりでの哲学者、思想家のことである。目標への彼らの先見と、すべての突き動かしを統合する存在理念の運動を眺めやる彼らの視線を通じて意識がなす経験は、ある意味では確かに「現前するもの」、即自的に存在するものという特質を獲得する。絶対的な知は、あらゆる現象する知のうちなる本質として思想家に対し現象する。だとすれば結局は人間に対しそのように現象する。絶対的な知は、所与のもの、持続的に存立しているものという見かけを持つことになる。だがこのことは『精神現象学』の学問たる特質を著しく制限してしまうことを意味する。なるほど絶対的な知は現象学の道程において実現される。ただし〔現象する知の〕外部からではなく、むしろ現象する知が本質へ向けて反転することとしてそれは実現されるのである。だがここでは絶対的な知は、いまだその絶対性というあり方においてあるわけではない。それは思考する人間にとって「絶対的」である。そうすると、絶対的な知は即自的に絶対的ではあっても、いまだ自分自身にとって絶対的ではないことになる。『精神現象学』は知を「即自的に－存在する」境位 Element として準備し、そして『論理学』によってはじめて本来的な学問が、自分自身にとって絶対的であるものの真実の〈即－かつ－対自存在〉として実現される。言いかえると、現象学の学問性格は根本的にはいまだ予備的な形態なのである。現象学は「意識の経験の学問」[40]である。現象学は存在それ自体そのもの、真実にして本質的なものそのもの、すなわち、存在に宿る光の威力 Lichtmacht そのものには関わっていない。現象学はこうしたすべてに対してある制約された観点から関わっている。つまりこれら諸契機と、「それらは意識にとってどのように存在しているのか、また意識そのものがそれらとの関わりにおいてどのように立ち現れてくるのか」[41]という観点でもって関わっているのである。経験とは、知と即自との対立、本質と現象との対立によって意識がいかにして消耗し尽くし、いかにして諸矛盾を通過して運動していくのかという、絶望した－絶望していく歴史のことである。そしてそれは最終的には、ヘーゲルの表現によれば、意識が自身の真なる実存へと駆り立てられていくためなのであり、そこに至れば「意識は、異種のもの、すなわち、ただ意識にとってのみ存在し、したがって他なるものとして存在しているものにつきまとわれているという自身の仮象を脱ぎ捨てることになる。もしくはそこでは、現象は本質と等しいものとなる……」[42]。対向して立つ異質な対象という仮象がこうして脱ぎ捨てられ、存在と知との、また現象と本質との差異がこうして没落していくが、しかしこれは、意識が再びいやされてまったく無傷となるような意識の楽園のことではない。それはまさしく意識の死、意識の犠牲であり、有限な精神が死滅して世界精神の無限なる生に帰入していくことなのである。『精神現象学』は、意識の自己止揚において、思弁的な聖金曜日において、つまり、すべての有限な形態が《ロゴス》の永遠の生のなかへ没落し、そしてそこに復活を遂げることにおいて完結する。

ここには重大かつ真の諸困難が横たわっている。ヘーゲルの哲学は、人がその哲学に反対する立場をとったからといって片づけてしまえるものではない。「実存する思考」のあらゆる情熱をもって自身の個別的現存在の反復不可能な一回性や唯一性を守り抜く準備が私たちにはいつでもできているのか、と、自身をたかだか世界精神の操り人形としかみなそうとしない脱人間化や脱人格化に対し私たちは抵抗しているのか、といったこと、またたとえどのようなこの種の任意の反ヘーゲル的な異議申し立てであろうと、ここではそもそも問題にはならない。実存的パトスを持ち出しても、ヘーゲル哲学の厳密で仮借のない真剣さには太刀打ちできない。ここでは肝要なのはただひとつ、思考することである。ただしそれも単なる機知や賢しらをもってしては駄目であり、ましてや神秘的な沈思などに訴えても駄目なのである。ヘーゲルは哲学の問題、すなわち存在の問題を、存在論的経験を解明し展開することとして提起する。この存在論的経験は、さしあたり与えられている存在の諸思想を思考しつつ徹底的に吟味し、そこから生じてくる成果を繰り返し吟味し直すこととして把握される。ただし根本的にこうした吟味の道程は有限なものとして、つまり終わりに到達するべきものとして規定されるのである。このことは、人間をその生起の場とするこの存在の諸思想の吟味が、根本的に存在の自己運動へと差し戻されるところに基づく。人間による吟味のうちでは、非明示的にはまさに存在そのものの決定的な根本運動であるものがただ明示的に遂行されているだけである。それこそまさしく即自存在から即かつ対自存在へと至る道程なのである。〔存在の諸思想の〕吟味とは存在による自己吟味であり、自己解明であり、自己の明け開けである。思想家たちの思考のうちには存在の歴史が映し出されている。こうした歴史は、形而上学の軌道に沿って考えるとすれば、存在者のその存在者性における変化であり、実体の全質変化であり、つまり実体から自己への道程である。この道程は、真なるものを実体としてとまったく同様に主体＝主観としても把握することにおいて絶頂に達する。(43) だから、つまるところヘーゲルにおいて存在論的経験は、なお完遂 Vollbringen という特質を持っているわけである。ちょうど『現象学』が自らを『論理学』において止揚するように、存在論的経験は自分自身を止揚するのであるが、そうすることで存在論的経験はその完璧な充実へともたらされる。だがこうしたヘーゲルの根本的立場を私たちは疑ってかかろうとしている。とはいっても、この偉大な思想のまわりをうろついて瑣末にあら捜しをするような、厚かましい独創癖に基づいてそうしようというのではない。おそらく私たちはみなすでに根本的には存在の新たな問題性に襲われている。だからといってヘーゲルが時代遅れで片づいてしまったものであるわけではない。彼はかつてよりもっと時代にかなった者となっている。なぜならヘーゲルと対決するなかでこそ私たちは、私たちの思考の乗り物を開かれた大海原へと駆り立てていく流れと風のなかに到達するからである。

ハイデガーは『杣道』の真ん中に、『精神現象学』の「緒論」についての自分の解釈を据えている。それは「ヘーゲルの経験の概念」を食い入るように詳細に論じたものであり、その様子はとてもここで伝えられるものではない。ありきたりのヘーゲル解釈を鋭く退けつつ、思想を導く本質的なものへと何としても立ち戻ろうとする解釈の勢いは、ハイデガーの場合いつもそうであるように、ヘーゲルの語らざるものにまで突き進んでいく。解釈はここでは単なる後追い作業ではなく、最高の意味においてこの二人の思想家の間の対決であり闘いである。あるいはハイデガー自身がここで定式化しているように、それは、「自らの運命から生い育ってきた思考の言葉は、それにもかかわらず、他なる思考において思考されているものを自らの思考の明るみのうちへと呼び出し、そうすることで、他なる思考をそれ本来の本質のなかへと解き放つ」[44]といった事態である。解釈は疎遠な哲学を解釈し直すために暴力 Gewalt を行使しようとはしない。解釈はむしろただ、自身の思考と疎遠な思考とのこの闘争のうちにより深い根拠を探るべく、それぞれの思考の力 Gewalt を経験しようとするだけである。ハイデガーは自分の解釈が〔ヘーゲルとは〕異なる根本経験に由来することをはっきりと認めている。ハイデガーのヘーゲル解釈そのものを再び追遂行すること、つまりそれをその困難な歩み行きにおいて追思考するということはここでいま問題にはなりえない。私たちはそれに関する示唆を与えるだけにとどめておく。なぜならハイデガーのヘーゲル解釈は、ヘーゲルおよびヘーゲルにおいて完成に達する西洋形而上学に対する今日の最も根本的な問いかけを提示しているからである。しかしその示唆は、単に文献を挙げて指示するだけのことであってはならないし、ましてや評価評定することであってはならない。評価評定は、仮にそれが最高の賞賛に満ちているものであったとしても不適切なことである。実際の哲学の営みというのは、賞賛や非難によって決して達成されるものではない。『杣道』は外見上は六篇の論文ないし講演を集めたものだが、決して寄せ集めなどではないし、単なる論文集といったものではない。それらはある同じ森のなかの六本の道である。つまりそれらはみなあるひとつの大きな根本主題、ひとつの「問題」を共有している。それが形而上学の問題である。しかし形而上学とはこれまでの思考の歴史的全体のことである。ハイデガーの言うところによると、形而上学はプラトンによる感性的世界と叡智的世界とのあいだの区別によって、つまり単なる仮象と本来的に存在するものとの区別によって始まったわけではない。プラトンによって始まったのはあくまで形而上学の〈非‐本質態＝無秩序状態 Un-Wesen〉なのである。他方で形而上学そのものがその根源を持っているところは、現前するものを現前するものとして考察しはするが、その際に現前そのものには注意を払わないような思考なのだとハイデガーは言う。形而上学は存在者、すなわち現前するものを考察するが、現前そのもの、存在そのものに注意を払うことを忘れている。形而上学はまさにこうした存在忘却として現れて出てくる。形而上学の運命、その歴史の歩みは、本質的にそうした忘却により形づくられ導かれている、というわけである。ハイデガーはヘーゲルのうちに形而上学の完成を見ている。とはいえ一般的で漠然とした意味での完成ではなく、存在忘却の完成としてである。ハイデガーによれば、存在忘却はここヘーゲルにおいてまさしく最終的で究極の自己閉鎖の可能性を呈示しているからである。いまやハイデガーはヘーゲル哲学を、思考の全歴史のこうした世界史的連関のなかへ据えている。しかしハイデガーにとってヘーゲル哲学は、なによりもまず近代形而上学の完成となる。古代のあらゆるモチーフがヘーゲル哲学においてその最終的変化を遂げているのだが、しかしヘーゲル哲学そのものは、その中心的な根本経験に即して見るならば、決して古代的ではないというのがハイデガーの見方である。つまりハイデガーにとってヘーゲルは、すでに自己を知る主観の自己確信という地盤の上に、つまりデカルトによって席巻され基礎を築かれた形而上学の根本姿勢の地盤の上に立っており、そこでは存在者は表象する主観にとっての対象的なもの、つまり主観にとっての客観的なものとみなされるのである。こうした着想を基にしてハイデガーのヘーゲル解釈の全体は進められている。しかしこの着想が私にはかなり異様なものに見えることを隠しておくことはできない。さらに言えばハイデガーにとっては、存在論的経験を存在の自己運動へと差し戻すヘーゲルの捉え方は、自分も承認している思想モチーフなのである。ハイデガーはこのモチーフを、ヘーゲルの経験の概念は存在者の存在を規定する新たなやり方以外の何ものでもない、と定式化するわけである。存在は経験である。つまり存在は単に経験の偶然的対象なのではなく、むしろ経験とは、形而上学的伝承の呪縛のもとへーゲルが思考しうる範囲内においてであるが、存在そのものを表すヘーゲルの思弁的な定式なのである。

以下のテーゼは、ハイデガーのヘーゲル解釈の限界を粗描したものである。

一　ヘーゲルは存在の問題を近代の地盤の上に、つまり、《存在者 ens》が《確実な存在者 ens certum》＝《知覚された存在者 ens perceptum》へと変化するという存在論的基礎の上に設定している。

二　ヘーゲルは存在を精神として解釈することがある。経験とは存在者の存在である。

三　本質か現象かという古代的な問題構制は、存在と知という問題構制によっていっそうの高みにもたらされる。

ハイデガーにとってヘーゲルの『精神現象学』は本来的な根本作品である。現象学はすでにして学問なのであって、それは単なる即自という境位における学問ではない。

第10章

ハイデガーによる形而上学の解釈、ヘーゲルの経験概念の還元／ハイデガーとヘーゲルに対する異論／ヘーゲルによる世界問題の非明示的な展開

「ヘーゲルの経験の概念」に関するハイデガーの論文は、私たちの同時代の指導的思想家が、ものにした自分の精神の力を試したり証明したりするために任意に哲学のテキストを選び取り、それを解釈してみせたというものではない。しかしまた、流通するどんな解釈よりもすぐれた、これまで覆い隠されてきた深い意味を白日の下に引き出してみせるような高度な解釈－術による逸品を披露することが問題なのでもない。つまり手段においては限りなく精妙で、しかし解釈意欲においては仮借のない変造の名人芸が問題なのではない。『杣道』におけるハイデガーのヘーゲル論は、高度な意味での精神的な闘いなのである。ドゥンス・スコトゥス論への序言で述べて以来、ハイデガーはヘーゲルとの対決を不可避の課題だと理解していた。彼固有の哲学の思索がいよいよ深化するにつれて、この課題の緊急性は一段と先鋭化し、その意義は高まっていく。ハイデガーにとってヘーゲルは決定的な敵手になる。この敵手における敵対性とは、境界を単純に区切ってしかるべき端的に異質なものを意味するのではなく、むしろ本質的には親縁性なのである。敵対性は、同一の根本問題に関して対立した形で決着をつけるところに成立する。ハイデガーにおいて重要なのが、哲学的思索において自身に固有の現存在の取り除きえな

い有限性に耐え、それをことさら引き受けることだとすれば、ヘーゲルにおいては、人間存在が絶対精神へと経過していくなかでその有限性を捨て去ることが重要になる。別の場面でもまた、ハイデガーが現存在の本来性を非 - 公開的な実存のうちに定立するとすれば、ヘーゲルはまさに国家の公開性のうちに定立する。より根底的な言い方をするならば、ヘーゲルが存在の時間性を概念ないし絶対的理念の自己運動から把握するとすれば、ハイデガーは論理的なるものや概念的なものや理念的なものをすべて時間性から把握する。とはいえ両思想家はともに存在の問いを自分の哲学の中心に据えており、ともに存在と時間の連関を問い、ともに運動や生成や歴史性についての根源的了解をめぐって格闘している。そして西洋哲学の全伝統から思考の源泉を汲み取り、この伝統と対話するというかぎりにおいては、彼らはともに歴史的に思考している。もっともハイデガーによるヘーゲルとの対決は、個別の敵手との闘いというのではない。ハイデガーにとっては、ヘーゲルにおいて西洋形而上学の歴史の歩みが完結しているのである。つまりハイデガーによるヘーゲルとの闘いは、形而上学の思考の軌道から抜け出てより根源的な問題次元を切り開こうとする試みの範例となるものである。では一体ハイデガーは形而上学一般の固有性をどこに見ているのであろうか。形而上学、あるいはこの誤解を与える名を後になって受け取ったところのもの、つまりアリストテレスの「第一哲学」、《PROTE PHILOSOPHIA》とは、存在者としての存在者への問い、つまり《オン・ヘー・オン ON HE ON》への問いである。しかしながら、「存在者」を意味するギリシア語の《ト・オン TO ON》という表現は、本質的にある奇妙な二義性に包まれている。それは存在する事物とともに、事物の〈存在者であること Seiendsein〉をも意味している。この二義性が形而上学的思考の遊動空間となっている。存在する事物は、思考のうちで、その存在者性を目途にして取り集められる。「集める sammeln」という語は、根源的には《レゲイン LEGEIN》、つまり「選り取って集めるlesen」という意味での集めることを指している（ぶどうの収穫Weinleseとか、たきぎを拾うHolz lesenなどの言い方のように）。《レゲイン》が言うことや語ることを意味している場合でも、ある特有な意味合いで集めることや選り取って集めることが含意されている。それは存在者をその存在者たるあり方を目途にして選り取ってひとつに集め上げることである。収穫Leseとはいまや《オン》の《レゲイン》なのであり、つまりはオントロギー＝存在論Ontologieなのである。ハイデガーによると、形而上学はその当初から、すでにプラトン以前のギリシア人の思考において存在者の存在論的解釈であった。その解釈は事物から出発して事物の存在者性へと目を向けており、その際それは、薄暗く不透明な存在の了解のうちに身を置きつつも、まさにその存在そのものはもはや考慮することはないのである。形而上学は存在を忘却している。この忘却の持つ忘却傾向は、徹底的に熟慮すれば修正がきくような方法上の素朴さといったものではない。むしろそれは二五〇〇年来の思考の運命である。仮に忘却というその事態をそれとして名指したところで、その事態が片づけられるわけではない。存在そのものはこの時空間のなかで、さしあたりまずは存在者として、また事物の〈存在者であること〉として、つまりは存在者に即した存在として現出するというようにして、己を露現し開示してきたのである。ハイデガーの解釈の視点からすると、形而上学の本質固有性にはさらに次のような事態も含まれている。確かに形而上学は常にまた存在者を全体としても問うわけだが、しかし形而上学はこの全体の持つ全体性格を思考すべく、あらゆる事物がそこへと関連づけられるような、したがって集摂し取り集める中心となるような最高存在者に基づくのである。この最高存在者が〈神的なものTheion〉である。かくして形而上学は常にまた同時に神学Theologieでもあるのである。ただしその神的なものは、実定的宗教で言う意味での神や、人格を備えた《神THEOS》等々を意味する必要はない。したがってハイデガーは形而上学を〈神的なものの学 Theiologie〉として、《神的なもの THEION》の教説として語る。神的なものの学に基づく存在論としての形而上学は、パルメニデスからヘーゲルに至るまで、ある統一的な本質を持っている。それは存在者をその存在において考察し、ひいては、すべてをまさに統合するような最高序列に位置する存在者に基づいて、諸事物の統合態を考察する。けれども形而上学的思考は存在忘却している。なぜならそれは存在者の存在者性を考察するにあたり、存在を考えないからである。それでも形而上学的思考は、存在者性や存在者を語る場合にはいつも存在を使用してはいる。人間は思考しつつ存在のうちに滞在し、思考しつつ隠れなさの明るみのうちに立つ。しかし人間はたいていのところは、事物を見やる自分の思考がこうした滞在というあり方をしていることを考えていない。他の諸事物と一緒に人間もまた自分自身にとって現出してくる、そのような明るみそのもののことを人間は考慮するのを忘れる。しかしいま私たちがこうした形而上学の存在忘却を、自らの思考をいっそう徹底化することによって、つまり、いわばさらに努力し、もっと決然と注意深くなることによって取り除こうとするならば、それはあまりに短絡的な考え方というものである。存在忘却は形而上学の歴史的な道程の運命であり、形而上学を－生業とする思想家の怠慢ではない。だとすれば、形而上学が何かしら人間的な活動 Aktion によって従来の不完全さから抜け出せるということはありえない。存在の真理を開示して、たかだか存在者に即した存在としてしか提示されないというところに成り立っていた〔存在の〕あの閉鎖性を打ち破ることは、存在そのものの次第なのである。しかし存在そのものの側からするこうした存在の真理の開示は、私たちが世界史的にその面前に立たされているところの、前もって準備された運命なのである。ということは、私たちはある新しい存在経験の待降節 Advent に生きているということである。

ハイデガーによるヘーゲルの経験の概念との対決をその根底で駆り立てている動機は、存在経験の問題そのものであるように私には思われる。ハイデガーはヘーゲルを形而上学に数え入れる。そうすることができるためにも、ハイデガーはヘーゲルの経験概念を存在の真正なる自己開示からまさしく遠ざけておかねばならないし、またヘーゲルの経験概念をして、存在者をそのものとして考察するという軌道に根づいたものとして解釈しなければならない。しかし私が思うには、解釈を通じたヘーゲルの経験概念との闘いにおいては、そしてまたその闘いによる形而上学の問題構制ならびに存在忘却という状況への押し戻しにおいては、ヘーゲルがその同じ閉じた門をたたいているのだという、それとは明かされない洞察がやはり表されているのである。これはなにも心理学的な詮索を意図して言っているのではない。ここで私たちにとって問題なのは、ある思想家の内面の伝記に属する動機ではなく、思考された思想である。聞く耳を持つ者にはわかるはずだが、ハイデガーはヘーゲルの概念を破壊することのうちに、存在経験をめぐる自らの問いかけを定式化しているわけである。ハイデガーはヘーゲルにおけるあらゆる伝統的要素を強調し、それに即して新しい問題を取り上げるための背景を獲得し感じ取らせようとしているのだと、どうしても私には映る。ヘーゲルはそのスフィンクス的な謎めいた移行性格、つまりもはや形而上学には属しておらず、さりとていまだ思考の歴史の新たな時代 Aeon にも属していないという移行性格を失うことになる。ハイデガーはヘーゲルを形而上学の絶対的な頂点にし、その完成にしてしまう。このことは、ヘーゲルの思考しつつ問うところが存在者の存在者性であり最高の存在者であるということを意味している。つまりヘーゲルの哲学は〈存在–神学 Onto-Theologie〉であり、ヘーゲルもまた彼以前のすべての思想家と同じく形而上学の存在忘却にとらわれている、と言いたいのである。いまやハイデガーは「存在」とか「存在者」といったすり切れて空虚になってしまった概念にもっと根源的な内容を与えるべく、それらを「現前 Anwesen」と「現前するもの das Anwesende」と規定することになる。これは新しがり屋がひねりだした用語法をわざと気取って押し通そうなどというものではなく、ある深い洞察によるものである。ハイデガーがこのように名づけ、思い起こそうとしているのは、存在の覆い隠された時間性格である。形而上学は存在者を時間の地平の〈うちで in〉理解するが、しかし明示的に時間の地平〈から aus〉理解するわけではない。時間こそが形而上学の存在忘却において忘却されているものである。したがってそこへと立ち向かうべき問いかけは、『存在と時間』への問いとして規定される。西洋形而上学へのハイデガーの総体的解釈を主導する構想とは、哲学が開始して以来存在了解は時間の地平のうちで動いてきたものの、この存在の時間地平を自ら思考することができなかった、というテーゼである。形而上学は存在を現在するもの das Gegenwärtige と受け取る。形而上学の全体としてのスタイルは現在時称的 präsentisch なのである。〔以下ハイデガーの主張するところによれば〕パルメニデスからプロティノスに至る古代の存在論は、存在者の存在者性を《ウーシア OUSIA》〔本質〕として規定し、そしてこれを《パルーシア PAROUSIA》〔臨在〕の地平から、つまり現在の地平から規定している。ギリシア的な《アレーテイア ALETHEIA》〔真理〕は、「隠れなさからの、そして隠れなさへの現前」(45)として考えられている。現前性 Anwesenheit、《パルーシア》〔臨在〕、現在 Präsenz は、形而上学のあらゆる変化にもかかわらず形而上学的な存在解釈の基調であり続ける。近代において存在者そのものの現在 Präsenz が、表象主観による「《表象＝再現在化 repraesentatio》」の現在へと変化してしまった。しかし両者、すなわちギリシア人たちにおける臨在性と近代における表象＝再現在化とは実は、存在の時間性が感じられていながらも明示的には考察されないという事態の、それぞれ異なるあり方を示しているにすぎない。「しかし意識による……表象＝再現在化において生起する現在は、現前性のひとつのあり方であり、それはギリシア人の言う《ウーシア》と同様に、隠された時間のいまだ思考されざる本質から現成するのである。存在者の存在者性は、ギリシア人の思考の開始からニーチェの等しいものの永遠回帰の教説に至るまで、存在者の真理として生起してきたわけであるが、この存在者性は私たちにとっては、決定的ではあるが、やはりたかだか存在のひとつのあり方でしかない。存在は必ずしも現前するものの現前性としてのみ現象するわけでは断じてない」。(46) この命題によってハイデガーはその根本的な省察のうちで、形而上学の限界を確定している。形而上学は存在を存在者や存在者性としてしか思考しない、それは現在の地平、つまり時間の地平のうちで動いてはいるものの、存在と時間の連関を思考されざるものの暗闇に放置している、というわけである。

存在が明示的に時間の地平から把握されるとき一体どんな問題構制が言及されているのか、そしてまた、ヘーゲルがその問題構制に対して盲目であるというのは当を得た指摘かどうか、こうした問いはさしあたり脇によけておこう。ハイデガーが形而上学の完成者としてのヘーゲルに割り当てた役割を理解するために、私たちはハイデガーの解釈のうちに現れてくる形而上学の全体としてのスタイルの特性を、ともあれ一度前置きしておかねばならなかったのである。ハイデガーの見立てによると、ヘーゲルは存在忘却を、つまりその最深層では時間忘却であるものを極端にまで推し進め、もっぱら現前するものをその現前性において考察するかぎりで、形而上学を完成させている。しかもヘーゲルはそうしたすべてをまた、近代的に変容された形而上学をその究極にまで先鋭化し極端化するという形でなしている、というのである。ハイデガーは根本的にヘーゲルを近代的に規定された思想家とみなす。そのことは、ヘーゲルがすでに近代の彼岸に立っていて、古代的思考と近代的思考のそれぞれの根本モチーフを〔近代形而上学の〕極限状態から総合把握しようとしているのではないのか、と問う余地をハイデガーが認めないということを意味する。ハイデガーにとってヘーゲルは、形而上学の歴史的終末の局面にあって近代的な主観主義の地盤に立っているかぎりで、形而上学を完成しているのである。デカルト、ライプニッツ、カントと次第に昂進していく変化、つまり実体の実体性を、表象する主観と主観によって表象された対象性として解釈するようになっていく変化が、ヘーゲルにおいて最終的に決着するに至っている、というわけである。あからさまにかつ無条件でハイデガーは次のようなテーゼを掲げる。ヘーゲル哲学は変化していく形而上学のある歴史的状況のなかで、つまり、「真に存在するもの」としては、自己意識において自己を知っている者、自分自身を確信した精神がすでに存在しているような状況で始まるのだ、と。ハイデガーはヘーゲルにある存在論的な予断をなすりつけようとしている。もとよりそれは私的な思想家が陥る独断と見てそうするのではない。明らかにヘーゲルは、存在者がそれ自身に即して哲学の長い歴史の歩みのなかで自らを規定してしまっている、まさにそのとおりにしか存在者としての存在者を評定することができないのである。ハイデガーによれば、ヘーゲルの開始点はすでにデカルトにより発見された自己意識という領土のうちにある。ハイデガーはヘーゲルをデカルト主義者とみなす。存在の思考は思考そのものから出発し、思考のうちにその根拠を求めなければならない。なぜなら思考そのものが己を本来的で真実の存在者として証示するからである。思考とはつねにまた思考の思考であり、つまり自己意識であり自己確信である。ライプニッツ以来、根本的にあらゆる存在者、《存在である限りでの存在者 ens qua ens》のすべては、《思考するもの res cogitans》とされてきた。たとえば、自分自身を知る人間と意識を持たない石ころとのあいだの区別は、目覚めている「モナド」と眠っている「モナド」のあいだの区別でしかない。存在者はそのものとして主観であり、つまり表象しつつ自らを諸対象へと関係させることなのである。こうして存在の全体が主観‐客観という関係の全体によって包含されることになる。ハイデガーはこうした全体のことをいまや主観性と名づける。存在者を存在者として存在論的に解釈することは、近代においては主観性という地盤の上で遂行される。表象の関係、すなわち再現在化が、存在と存在の問いのための固有な次元を形づくる。ヘーゲルにおいてはその主観性がまさに絶対的なものという特質を帯びることになった、とハイデガーは言うのである。「無制約な自己知は、主観の主観性としては、絶対的なものの絶対性なのである」。(47) ヘーゲルを近代形而上学へと数え入れるにしても、これ以上にすげない決然たる態度でなされることはもはやおよそありえない。こうした観点が可能であることは疑いないが、しかしヘーゲルの思想作品に関しそうした視点がかくも断定的に貫徹されうるかどうかは、少なくとも私には疑わしく思われる。ハイデガーがヘーゲルを全面的に位置づけるのは、実体が主体＝主観となった状況、つまり存在者が表象と表象されたもの、自我と対象との超越論的関係として示されるようになった状況のなかなのである。だがそうした事態は、ヘーゲルにおいては単に一面的な契機にすぎないのではないだろうか。すでにしばしば名指しされた命題、つまり、〈真なるものを実体としてではなく、まったく同様に主体＝主観としても思考することにすべてはかかっている〉という命題を、私たちは一方向にだけ読んでもよいのだろうか。(48) 主体＝主観が実体の真理なのだろうか。自己意識は端的に本来的な存在なのだろうか。ヘーゲルは、あらゆる即自存在が単に暫定的で非本来的でしかないものへとおとしめられるほどに知の契機を徹底的につり上げ、それを存在の本来的な様態と緊密に同一視してしまったのだろうか。しかしハイデガーはヘーゲルの言葉遣いをこうした意味で解釈するのである。ハイデガーが言うには、ヘーゲルにとって「存在」とは制限された何ものか、つまり、自己を知る主観にとっての対象でありながら、いまだ主観の対象としては把握されていないまさしく単純な存立態 Bestehen のことを意味している。したがって即自存在とは、存在者が主観にとってあるあり方の、いまだ処理されていないむき出しの様態だということになるのである。しかしヘーゲルは先に引用した命題において、真なるものを実体としてとまったく同様に主体＝主観としても考えなければならないと述べている。ハイデガーによるヘーゲル解釈は、この「まったく同様にebensosehr」という語を正しく評価していないと私には思われる。即自存在は対自存在より劣るわけではない。両契機は等しく根源的である。ヘーゲルが即自から対自へと至る道程として着手する運動は、実在の諸事物のあらゆる実在性を己のうちに呑み込んでしまった自我の無制約な自己確信のうちで完結するのではなく、むしろヘーゲルが精神について与えている、「あらゆる実在であるという意識」という思弁的な規定においてこそ完結するのである。これをもってあらゆる事物が自我になるわけでもなければ、単なる対象として自我の契機になるわけでもない。むしろまさしくその自我と対象の対立こそがヘーゲルによって終局まで考え抜かれ、「生」の概念において解消されるに至るのである。

私は次に述べる課題を、ヘーゲル-解釈の本質的な、しかし今日に至るまでいまだ実現されていない課題と考えている。それは、すでに青年期の神学論文における根源的-かつ中心的-直観をなしているヘーゲルの生の概念を、主観主義的に受け取られた「精神」の概念から出発して解釈するのではなく、むしろまったく逆に、その生概念から出発してはじめて精神の生を明るみにもたらすというものである。しかしこのことはおそらくは、ヘーゲルを、完成にしてすでに解体であり克服であるという移行状態にある謎めいた人物として、近代形而上学の閉鎖的な連関のなかから引き出して、その限界線上に位置づけ直すことを意味することになるだろう。〔そうなれば〕ヘーゲルは、フリードリッヒ・ニーチェの最も近くに来ていることになるだろう。

ハイデガーによるヘーゲル解釈はこの思想家を自己意識の領土に住まわせ、彼の言い方では、そこの気候風土にならったふるまい方をさせており、そうであるかぎりでハイデガーの解釈というのは、その厳密で遠大なものの見方にもかかわらず、やはり一面的なのである。ハイデガーにとってこうした一面的な観点が必然的なものとなるのは、ハイデガーが、意識の存在論的吟味として生起する〔ヘーゲルの言う〕「経験」を、主観性の地平において解釈された存在そのものが現成するひとつのあり方として第一義的に解釈するからである。ヘーゲルその人にとってと同様にハイデガーにとっても、経験は単に存在に対する人間の関係の一種にすぎないのではない。経験とは存在がそれ自身と取り結ぶ純粋なる自己関係のことである。しかしヘーゲルがこの関係を、仲介者にして媒介者たる人間を貫通しながら、存在が即自から対自へ向かって自己運動することとして理解するのに対して、ハイデガーは経験を自分自身を知る主観の知の運動と解釈する。〔このハイデガーの解釈によると〕存在が経験であるのは、存在が前もってすでに自己意識として考えられていたからである。つまり存在が経験として現成するというテーゼは、存在が前もってすでに主観性として解釈されてしまっているときにのみ理解できる、というわけである。その際ハイデガーは「経験」という語を三つの互いに関連する意味方向に分節化する。無論それはそうすることで、通常押し寄せてくる語の意味を取り除いておこうというのである。ハイデガーにとって経験とは（ヘーゲルとの関わりから考えるならば）、第一義的には知によって事柄を知的に周知するあり方のひとつなどではない。経験するとはまずは、〈手を伸ばすこと ein Auslangen〉、〈出掛けていくこと ein Hinausfahren〉である。次にそれは、〈あるものをつかもうと手を届かせること ein Langen nach etwas〉であり、そして最後に、〈無事に同伴しつつ到達すること ein geleitendes Gelangen〉である（羊飼いが羊の群れを操って山へと進ませつつ山に到達するといった意味において）[49]。経験とは「手を伸ばして摑もうと手を届かせながら到達すること das auslangende erlangende Gelangen」である。これは何を言わんとしているのだろうか。ほかでもない、存在者がその存在者性において思考されるとき、存在者は単純に安らって存立しているのではなく、己のうちに運動を備えているということである。存在者は自身に向かって、つまり自身の存在可能の全体に向かって手を伸ばす。存在者は自身を知りつつ自身をわがものとするかぎりで、自分自身へと手を届かせる。そして存在者は外部へと道を開くのでなく、むしろ己自身のうちで運動するかぎりで、自身のもとへと到達する。それゆえ経験とは、存在者が第一義的に自己意識として、つまり主観性として理解される場合の、存在者の存在するあり方のことになる。経験とは単に存在へと向けられた人間のまなざしではなく存在の運動そのものである、というヘーゲルの捉え方に対する自分の同意を、要するにハイデガーは自ら制限して、ヘーゲルの思想をまさしく転倒させるに至る。経験が存在の活動態であるのはもっぱらただひとえに、存在が「精神」であるということ、つまりあらゆる現実的なものの現実性が主観の主観性のうちに基づいているということがすでにして確定している場合だけのことなのである。けれどもこうしたヘーゲルの前提に対してハイデガーは批判を加える。ハイデガーはここでヘーゲルと近代から距離をとる。そしてこのようにヘーゲルを全面的に近代形而上学のなかに数え入れるがゆえにハイデガーは、ヘーゲルにおいて「経験」という呼び名は「存在者の存在の名」(50)になる、と言うことができるのである。「経験とは現前するものの現前性のあり方であり、この現前するものは、自分を－前に立てること Sich-vorstellen において現成してくる」(51)。そしてさらに言うには、「経験は存在として現成するのだが、その存在には現出の特質として、現在化 Präsentieren という意味での表象することが属している」(52)。これらすべてがいわんとしているのは、存在者の存在 Sein が、自分自身を知る知のうちであらゆる事物が知られてあること Gewußtsein として運動し、こうしていまやこの自分自身を知る知こそが本来的に現実的なものとして、つまり、その本質を絶対的な主観性のうちに持つところの、絶対的な実体として妥当するということである。したがって私たちは、ヘーゲルにおける経験の概念についてのハイデガーの解釈が、ヘーゲルを「自己意識の領土」[53]へと指示するハイデガーの根本的な着想といかに密接に関連しているかを見て取るのである。ここでもまた私たちは原理的な疑念を申し立てる。私たちは次のように問うことができる。はじめから存在論的経験を絶対的に定立された「精神」の活動態として解釈するとき、またそれを存在者の存在者性への問いに対する形而上学のひとつの答えとして、しかも究極の答えとして規定するとき、ハイデガーは結局のところこの存在論的経験の問題を自身に対して覆い隠してしまったのではないのか。存在を思考する者としての人間が存在となす経験は、一番の存在者とみなされるものの運動とどこかしら同形なものでなければならないのだろうか。確かに思考は存在そのものから決して抜け出すことはできない。思考が生起するとき、それは常に同時に「存在して」もおり、したがって思考は、思考みずからがはじめて仕上げることになる存在論的な特徴づけに支配されているのである。だがこのことは、存在の根本運動、つまり存在の歴史が、人間の存在投企になる思考の歴史と全面的に一体になるということを意味してはいない。存在論的経験は、すでにして存在そのものであるというわけでもなければ、存在者の存在なのでもない。存在論的経験とは存在への人間の開放性である。だからといって、絶対的精神哲学の空想的観念論においてそうであるように、存在と人間とを単純に同一視することは間違いである。それはちょうど、人間を拘束し保持しているところの関わり、つまり人間を万有のうちに住まわしめている関わりを緩めようとすることや、ましてやそれを否定しようとすることが間違いであるのと同様である。ここではまだ決着をつけられないこうした問題が私たちに指し示している方向をたどっていくと、ヘーゲル自身による哲学史と世界史の同一視ばかりか、ハイデガーによるヘーゲルに対する批判的転釈もまた疑わしいものになってくる。

さらにハイデガーによるヘーゲル解釈の三つ目の契機を際立たせてみたい。それは他の二つと密接に関連している。ハイデガーはヘーゲルを近代形而上学の根本姿勢から解釈しようとし、その際に「経験」を主観性という地盤上で理解されるかぎりでの存在者の存在として評定するのだが、まさにそれゆえに、ヘーゲルの問題構制の本質的な契機がかすんでしまわざるをえなかったのである。ヘーゲルにとって経験、つまり存在論的吟味とは、どのようにして知が即自存在に相応するのか、という問いであるばかりではない。それは同時に、そして同様に重大かつ根源的に、どのようにして本質は現象に相応するといえるのか、という問いでもある。すでに述べたように、後者の問いによってヘーゲルは、古代の存在解釈を思考の視線のなかに取り入れたのである。本質とは、それ自身に即した存在者、つまり純粋に自分のうちに存立し、自分自身に安らった存在者のことである。それに対して現象とは、存在者の立ち現れと自己描出のことである。本質が思考されるかぎりで、自身のうちへと閉じこもった独立のものが思考されるわけだが、ただしそれは、表象する主観の対象となるときにはじめて「明け開かれる gelichtet」ものとしてではなく、むしろ自身のうちにすでに《ロゴス》の明るみをはらんだものとしてである。そうなるとき存在者の把握可能性とは、あらゆる事物を人間の支配下に置くこと、つまり人間のなす現在化の単なる対象へと事物を転釈することのうちに成り立つのではないことになる。人間が存在者を把握できるのはむしろ、人間が存在者そのもののうちで支配している世界－《ロゴス》によって触れられ、人間起源ではない火のなかで燃え上がる場合だけなのである。古代的着手点と近代的着手点の独特な交差、つまり西洋形而上学における古代と近代という二つの存在論的根本姿勢の見通しがたい絡み合いは、なるほど『精神現象学』でヘーゲルが実際にたどり、展開し、繰り広げている弁証法的な歩みのなかで、ヘーゲル固有の意味深長なやり方で一緒に思考されるわけだが、しかし「緒論」ではこの問題構制は著しく後退している。なるほどそれは名指されはするが、明示的に展開されることはない。

〔「緒論」において〕ヘーゲルは出発点として、知と即自との「弁証法的矛盾」を優先する。それに即してヘーゲルは、存在の諸思想の転換という「経験」の固有の特質や、そうした経験に内属する否定性などを明らかにしていく。問題とされている経験を吟味の経験として最初に指示する際には、知と即自存在の相応関係を問うという吟味の一面の契機のみが使用される。同じく本質的な対向的契機である本質と現象との関係は背後にとどめおかれたままであり、それはまた他方の契機のように単純にきっぱりと言い表されるわけにはいかないのである。

私の見るところ、ハイデガーによるヘーゲルの経験概念の解釈はいま述べた「緒論」のこの一面性に基づいているのである。ヘーゲル自身が古代の形而上学をまったく近代的‐主観主義的な形而上学の視角から解釈し、つまり本質と現象を主観に相関的な意味で受け取り、さしあたりそうは見えない場合でも、やはり知を出発点にしている、などと当然のことのように言うことができるとは私は考えない。そうしたテーゼによることはあまりにも安易なやり方であろうし、〔古代と近代の〕相互に拮抗した存在論的根本姿勢どうしの途方もない緊張関係を飛び越えてしまうことになる。ヘーゲルはこの両者を一緒に思考しようと試みることで、それらを根本から組み替えようとしているのである。ヘーゲル哲学における絶対的なものとは、全的に自己を実現し保持している自己意識としての、無制約に自分を知っている主観などではない。しかしそれはまた、ごつごつした岩塊のように自身のうちに安んじてじっとしている、端的な単純なる存在者でもない。それは安らいなき精神でもないし、また自身のうちに安らう自然でもない。《思考するもの res cogitans》でもなければ《延長するもの res extensa》でもない。実体でもなければ主体＝主観でもない。あるいはヘーゲル哲学の絶対的なものとは、むしろこれらすべてなのである。そうした区別はすべて絶対的なものに備わるものである。とはいってもその絶対的なものは、諸区別の空虚な彼岸だというのではない。むしろそれは〈自分‐自身の‐うちで‐自身を‐区別するもの das Sich-in-sich-selbst-unterscheidende〉であり、生であるがゆえに死をうちに備え持つところの存在であり、同時に単純な見通しある安らいでもあるところのバッカス信者の興奮状態である。要するにヘーゲルの絶対的なものとは、〈即‐かつ‐対自存在 An-und-Fürsichsein〉なのである。ヘーゲルによって引き受けられ取り上げられたと称される先行決定、つまり、真なる存在者を「精神」とみなす先行決定からではなく、この〈即‐かつ‐対自存在〉からこそ「経験」の問題は究明されねばならない。ヘーゲルの「存在経験」とは、即自存在と対自存在という基礎的な思想をもってする思考の経験なのである。ヘーゲルはそれら両者の長く続きかつ和解しがたく見える「矛盾」に耐え抜く。ヘーゲル哲学の息は長い。ヘーゲル哲学はすべての追‐思考者に歩むことを要求する。ヘーゲル哲学は出来上がった成果となって放出されてくるのでは決してない。存在を思考する人間による、即自‐存在と対自‐存在という思想をめぐる経験、つまり、これらの思想を考えることで人間が存在となす経験は、そこで思考される存在そのものの運動と必ずしもひとつに落ち合わなければならないわけではない。これはヘーゲルによる経験の説明に対する、さらにはハイデガーによるその解釈に対する私たちの決定的な留保である。即自と対自の経験は、それ自体が即自から対自へと進んでいかなければならないわけではない。この留保により私たちは批判的な距離を保持するのである。

だがこのことは、自分の固有の態度決定を固定化することとは何の関係もない。哲学の領野において自分自身で考えるということは、確かに最小限のことである。しかし自分でする思案というものは、もしもそれがオリジナリティや、自分の固有の立場を目指すというのならば、まったく何の値打ちもない。自身で考えるとは、何ものかを自分自身の意にかなうように整えたり、都合よくねじ曲げたりすることではなく、むしろ、すべてを失うかもしれないという不断の覚悟をもって、真理へと身をさらけ出すことである。自身で考えるということを習い覚えるには、偉大な思想、偉大ではあるがなじみのない思想を追思考する以上のすぐれたやり方はおそらくないだろう。私たちがヘーゲルによる経験概念の展開を通り抜けることを選び、またそれに対するハイデガーの解釈に目を向けることを選んだのは、偉大な思想のあとを歩むことによって、私たちが踏み込まねばならない疑わしさに対してあらかじめ心構えをするためである。私たちに立ちはだかってくるのは、世界と事物の謎めいた不分明な区別の問題である。諸事物、いわゆる存在者はどのようにして万有のなかで自立的であるのだろうか。しかし自立的なものの自立性は古来、事柄の自立性や、あるいは自我の自立に即して説明される。形而上学はその歴史の歩みにおいて、有限な事物の自己性を実体として解釈し、そしてその歴史的運動の進展のなかでこの実体を主体（主観性という意味での）として解釈する。だが実体性は即自存在を意味し、主観性は対自存在を意味する。私たちは両者を一体として思考しようという試みをヘーゲルにおいて見出し、そしてそこでまさに、存在論的吟味、すなわち存在経験として捉えるべき問題の経験概念に到達したのである。その際に言明されないまま問題であり続けていたのは、経験の構造というよりもむしろ経験の変化である。この経験の変化こそが、即自と対自というきわめて空虚に見える両概念と、それらに組み込まれた極構造の根本的な緊張関係でもってヘーゲルが本来的に思考していたものを、ヘーゲルにとって可能であったよりももっと根源的に私たちに経験させてくれるのである。いまだ世界内部的な事物に拘束された視線軌道のうちにとどまっていて、その軌道から身をほどこうと苦闘していた最中であったがため、ヘーゲルが必然的に語らずにおくほかなかったことがある。それは〈即‐かつ‐対自存在〉、すなわち絶対的なものということでヘーゲルは、明示もせず言明もしないが、存在の統一的な全体のことを、つまり存在の明け開けと覆い隠しのことを考えているということ、すなわちヘーゲルは世界を、大地という閉じられたものと天という開かれたものとして考えているということである。

第11章　言語と存在概念、思弁的概念／形而上学の自己根拠づけ／存在経験の否定性、絶対的なもの

私たちがともにしてきた思考の道程はますます道なき道へと迷い込むかのようである。私たちはついに道に迷ってしまったのではないのか。諸概念をあちこちへと向け変えた結果、それらがますます空虚なものになってしまい、形象性や直観の最後のひとかけらまでがそこから失われてしまったのではないのか。そこでは私たちにとって生き生きとした現実性は消え失せ、環境世界における経験の充実や経験の豊かさは思弁的な煙となって消え失せてしまったのではないのか。諸事物の果てしなく充満した多様性、その具体的で生に満ちあふれた雰囲気、その輝きや匂いは、即自存在と対自存在などといった「干からびた抽象性」によってそもそも捉えられるというのだろうか。そうしたものは、つまらないことをあれこれ考える貧血質の頭から紡ぎだされた空虚な妄想ではないだろうか。取るに足りない一片の土くれですら、すでに哲学者たちの紡いだ概念の蜘蛛の巣よりも現実的である。海藻に覆われてぬらぬらした浜辺の小石、灰色の冬空の下で裸の木の枝に凍えてうずくまっているカラス、轟音を立てて突進してくる技術的精巧をこらした蒸気機関車。こうしたものはみな、私たちが「概念」と名づけるもの、つまり私たちが気ままにもてあそび、機知や機転の練習台とするあの空気のように軽薄な産物よりも限りな

く重い。なによりも私たちの誰もがすでにしばしば経験してきたことであるが、自分が意のままに操る言語による言葉では、具体的な体験における一回的なもの、〔たとえば〕雰囲気のもたらす魔法や、季節の移り変わりの名状しがたい輝きや、事物が持つ柔らかできめ細かな桃色の表面などを表現するには十分ではない。そのとき言語による形象化、言語による酩酊したメタファーさえ役に立たないのに、醒めた悟性の無味乾燥な概念ならばなおさらそうなのである。そしてあらゆる概念のなかでも、存在概念ほど空虚でまた退屈なものも見当たらないように思われる。即自存在や対自存在などといったもので、人は何ごとも始めることはできない。これが哲学の要求に出会ったときの、いわゆる「健全な人間悟性」による典型的な反応である。健全な人間悟性は概念について何ごとも知ろうとは思わない。健全な人間悟性がそっけなく哲学に背を向けるとき、つまり己の業務に精を出し、仕事や楽しみのなかで現実的なものに関わって過ごすとき、それはまったくもってもっともなふるまいである。しかしもしも健全な人間悟性が、哲学を向こうにまわして議論を吹きかけるとするならば、もしもそれが、いわばその意に反して、またお粗末なやり方でもって、哲学に対抗して自分独自の健全な人間悟性の哲学とやらを論拠として持ち出すとすれば、つまりもしもそれが、どれが本来的で正しい現実性であるかを規定しようと自ら乗り出し、「灰色の理論」に反対して「生の黄金の樹木」を擁護することになるならば、その健全な人間悟性は不正を犯すことになるのである。私たちがそのような場合に目の当たりにするのは、現実的なものが現実的なものとして存在するという事態を十分に考え抜くことのないまま、現実性について野蛮なやり方で語るというグロテスクな見世物である。そこでは感知できるものや色鮮やかなものや手で摑むことができるものや嗅いだり味わったりできるものに、現実性という無制約な特質が認められていく。しかもいかなる吟味も経ないただの盲目の断定としてそれはなされるのである。人は感知できるもの側に立つ決断をすることができる。そして現存在はその感知できるものにひたすら没頭することになる。そうした決断は、理性的存在としては選択することもできればまた間違うこともありうるという現存在の卓越したあり方から生じてくる。しかしそのような決断にあたっていわゆる「現実性」と称するものを引き合いに出すというのは、すなわち存在論的概念を考えもせずに使用するというのは不条理である。もっとも人間的生の平均的なあり方は、まさしく存在論的概念の盲目で思慮を欠いた使用のうちにこそ成り立っている。そして概念に反対して語られる場合でも、つまり無媒介な生への賞賛がとなえられる場合でも、たいていそれは未解明の曖昧なままの存在概念に頼って行われているのである。しかしこれは単に一貫性がないということではなく、むしろ人間本性が根源的に概念と親和性を持っていることに基づいている。分別のない者でも議論をするし、概念に敵愾心を燃やす者でも概念を操る。しかもこのことは単に、そんな彼らでも言葉を話さねばならないのだから、という一般的な理由によるのではない。むしろそれは、人間が本質的に存在了解として実存するからなのであり、感性的なものもまた〔たとえば〕ことのほか柔らかな綿毛として、あるいはたちまち疾走して過ぎ去る様子で「存在する」からなのである。存在はなにも単に持続的な事物にのみ帰属するわけではない。それは「瞬間」にも、つまりニーチェが「蛇の腹部で誘惑的に黄金色に輝いている生」(54)と名づけた、感性的に－奥深い sinnlich-tiefen「瞬間」にも帰属する。そして最も感性的なものもまた存在するのだから、感性的なもののあらゆる経験のうちには、すでに思考が存在している。存在概念とは、私たちが感性的な具象態を蒸発させたり空虚にしたりすることで獲得する、あとづけの「抽象態」では断じてない。それはあらゆる感性的な所与に先立ってあらかじめあるものなのである。

存在概念は最も根源的なアプリオリである。感性的なものであれ精神的なものであれ、そもそも私たちが何かを経験するときには、私たちはすでに存在概念の明るみのうちに立っている。しかし存在概念がまさに私たちの認識能力の最も根源的な光であるがために、私たちはまたそれを意のままにできないのである。あらゆる認識や理解をそもそもはじめて可能にしているものそれ自身が、真っ先に理解されるものや全面的に理解されるものであるわけではない。私たちがそれによって、そしてそのうちで理解をなすところのいわゆる媒体は、無媒介的な了解からは引き退いている。存在概念による根源的な明るみは、それ自身にとっては薄暗がりなのである。私たちは自分自身のなす根源的な把握作用そのものを把握することはない。私たちは事物のもとに立ちとどまり、生命なき素材や、植物、動物、人間同胞といった生命あるものたちとつき合う。私たちは死や誕生、自然と歴史、日常と学問について知っている。私たちは事物をその領域や種や類に従って分節してきたし、それらに自由に名を与えている。私たちは事物の本質‐存在、様相‐存在、事実‐存在、真理存在について語り、またその現実性と可能性、偶然と必然性、認識可能性と認識不可能性について語り、そしてそうした事物を総じて「存在者」と名づけている。しかし私たちは通常は、存在概念のさまざまな区別づけのこのような不透明な使用法に満足している。そうした区別づけは私たちが古来持っているものであり、それらは言語のうちに伝承されてきた。私たちは言語のうちで生い育つかぎりで、存在論的な語用法のうちへと、太古の時代からの伝承のただなかへと育っていく。そしてその伝承の流れのうちへ思想家たちの仕事から、存在概念の反省が絶えず繰り返し新たに流れ込み混合していった。もっともそれは、当初思考の高度な努力によって「設立」されたものがしだいに手ごろな使いやすさへと硬直化し、流通する思考法や語り口へと下落していくという具合にであった。私たちはたいていは、とにもかくにも言語‐使用のうちに生きている。このことは、言語が技術的な手段やコミュニケーションの道具におとしめられるという、あの現代的な退廃のことを必ずしも意味しているわけではない。しかし他方でそれはまた、言語のうちに住まうという真正で根源的なあり方、根源の近みにあるあり方でもないのである。私たちは言語を使用しながら、そのうちに立っている。私たちは言語による表現や言い回しや語形や概念やイメージと関わっている。私たちは言語そのものがどこから自分たちのもとにやって来たのかを問わない。ましてや誰がそれを送り届けてくれたのかを問うたりはしない。私たちにとって言語は何かしら人間的なもの、人間を他の諸動物から区別するある際立った人間的能力とみなされている。私たちは言語をひとつの所有物として理解しているが、この自称所有の権限を明らかにすることはない。私たちは確かに言語を話すことができるし、そしてまた事物を名づけることができ、事物をさまざまな関係づけに応じて言明することができる。だから私たちは言葉を持つと言える、というわけである。言語そのものに対する私たちのふるまい方は、存在概念に対する場合と同じである。私たちはどちらに対しても無思慮なやり方で関わっている。言語と存在概念には本質的な親縁関係がある。しかし人間の現存在において思考が生を規定する力となる場合には、また哲学の営みのうちで思考が力業を発揮する場合には、思考はつねに言語と連帯しかつそれとの闘いのうちにある。つまりそのような場合には、思考とは言語のうちで生きている偉大な存在の諸思想を追−思考することなのであり、そしてまた新たな深化を求める格闘なのである。実際の思考の営みにおいて私たちは、自分たちが言語も存在概念も確固とした所有物として持つことがないことを経験して、つまりは私たちの所有という思惑が無思慮という偽りの地盤の上に成り立っていたことを経験して、狼狽する。言語と存在概念が運動し始める。そして私たちにとってこの運動はさしあたりどうしようもない混乱という特質を持つことになる。私たちはこれまで私たちを支えてきた地盤を失い底なしの奈落へ転落するかに見える。哲学の思考は否定的な経験であることが判明する。しかし人間を支配している妄想がたいていは次のように直ちに再びその大きな力を証明することになる。その妄想は、閃き出た哲学的問いのもたらす動揺を作動停止に追い込み、開口した裂け目を塞ぎたて、そして哲学に対しては最も強硬に、それは「生」から、つまり「現実性」から離脱させて幽界めいた影の国へと誘うものだという嫌疑で報いる。その妄想は擬似哲学的に議論を吹きかけつつ、「生」の代弁者の姿へと、つまり抽象癖の貧血質を憂慮する警告者へと自らを偽装する。私たちの誰もが各人こうした声を聞き知っている。そして誰もがすでに一度はこの蛇のとりこになったことがある。だからこそ私たちは思弁的なものを抽象的で生を欠いたものとして、つまり、しっかりと手応えがあり、みずみずしく、そしてがっちりとしている現実の諸事物と対比して、単なる思想上のものや影のようなものとして誤って解釈することがないよう用心しなければならないのである。思弁的思想とは考えられた樹木ではないし、（カントの有名な例にならえば）現実のターラー銀貨と対比された単なる考えられたターラー銀貨ではない。思弁的思想は現実性そのものの存在の思想であり、現実のターラー銀貨における現実的なものである。考えることで人間は、その思想が気ままに漂うことになるただの空想のユートピア的領土へと上昇するわけではなく、最も醒めた事実探求の営みによっていずれの日にか可能になるよりも、よりいっそう断固としたきびしい態度で、物が互いに激しくぶつかり合う空間内に、彼はとどまり続けるのである。哲学の思考とは現実的なものの思考である。したがって思弁的なものが空虚で非現実的に見えるとしたら、それはたいてい私たちの側に原因がある。問題となるのは、存在の思考の厳密さのうちに踏みとどまる力と勇気である。そうした厳密さのなかでは、なるほど存在者の感性的な豊饒さは枯渇して、わずかばかりの根本概念に成り下がってしまったかに見えるほどだからである。咲き乱れる春の花々、樅の木の鬱蒼とした山並み、巡回する天の火球たち、快楽と苦悩、技術と文化に彩られた人間の都市、このほとんど見渡しがたいまでに満ちあふれ繁茂した生のすべてが、概念のうちになおも一緒に現存しているというのだろうか。もちろんそうなのである。これらの思弁的な概念たちがあらゆる存在者における存在を思考するのである。思弁的な諸概念は抽象的ではない。なぜならそれらは何ものも省略しないし、空虚な普遍的なものだけに目をとめて、特殊なもの、一回的なもの、事実的なものを度外視したりはしないからである。思弁的な諸概念は普遍的なものをめぐる通俗の表象の基準に従っては判定されえない。存在とは、生物であるということが植物や動物や人間という種に帰属するような具合に、存在する事物に帰属する普遍的な特質のことではない。存在と存在する事物との根本関係は、その根本関係に基づいている類、種、個別性などといった特殊な関係によっては全面的には解明されえないのであって、むしろ類－種－〔個別〕事実－関係の方こそが、あらゆる存在者において存在が「作動＝実現 wirken」するあり方、またこのように作動＝実現することによって事物の現実性 Wirklichkeit をなしているあり方を洞察することに基づく、存在論的な根本解明を必要とするのである。ヘーゲルの用語を用いるならば、思弁的概念は「具体－普遍的 konkret-allgemein」である。普遍的なものは、特殊で個別現実的なもののすべてをなおも己のうちに含んでおり、生と生の全体的な豊饒さで満たされている。したがって普遍的なものはまた、固定化され標準化された外延の上に、つまりは諸特徴の総和の上に確定されうるような概念でもない。思弁的概念は通常の論理学的な類概念の見渡しの良さを備えてはいないわけである。だが他方でそれはまた、何らかの仕方で一ヶ所に集められた諸契機の寄せ集め、つまり新たな契機がいつでもそこに付け加わりうるような寄せ集めでもない。思弁的概念が事物の多を含み持つといっても、それは実的な多数として含み持つというのではなく、むしろ思弁的概念が多なるものの存在を思考するという意味で、つまり現実的なものの現実性、本質的なものの本質性、偶然的なものの偶然性などを思考するという意味でそう言えるのである。

ヘーゲルの思想の歩みを一瞥することで、私たちは思弁的概念というものについて最初の暫定的な知識を得ることになった。まずもって即自存在と対自存在という概念がそれであった。そして私たちがそれらの概念を考察しようとすればするほど、ますますそれらの迷宮めいた特質が増大した。これらの概念はその極構造の緊張関係と対立関係において、ヘーゲルの存在論の問題空間を形づくっている。それらの概念が本来的に思考されるのはひとり『精神現象学』においてばかりではない。ヘーゲルの主著である『論理学』において、それらは同様にもしくはもっと本質的に思考される。だが私たちは『精神現象学』を出発点とすることを選んだ。それというのも、そこでは中心的諸概念の存在論的展開がある特有の形式で、つまり「意識の経験」として遂行されているからである。ここで言う経験とは、意識が諸事物や諸対象についてなすような経験でも、また意識が体験の中心にして体験流である自分自身についてなす経験でもなくて、むしろ、存在を思考する意識が、自分の固有の存在の諸思想となす経験であることを私たちは知っている。意識は自分の根本思想に固執することができずに、根本思想どうしが互いに矛盾していき、そしてこの矛盾によって真なる相応関係を求めるべく余儀なくされるという苦しく否定的な経験をすることになる。そしてその際に決定的なことは、ヘーゲルによれば、新しい存在の思想は意識に対して単純に外部から転がりこんでくるわけでもなければ、意識が新しいものを自分で考案できるわけでもなく、むしろ意識はただ古い存在の諸思想を転化させることによってのみ新しい存在の思想に到達することができる、ということである。耐えられ耐え抜かれた否定的な経験が自ら肯定的なものになる。抹消線を引かれた古い対象はすでに新しい対象であり、抹消線を引くことやむなしくすることはすでにして新しい発見、新しい定立なのである。存在了解する人間がただ傍観するだけの存在論的根本諸概念のこの固有の運動に、ヘーゲルは最初の思考者としてまなざしを向けたのであった。これによりヘーゲルは、形而上学の内奥の前提に深い洞察を投げかけたわけである。事物の存在者たるあり方を問い、かつまたすべてを包摂する最高存在者を問うという、伝承された形態における存在解釈としての形而上学は、そうした解釈の基底にある経験へとヘーゲルが回帰するにつれて、その根本において問題となってくる。ヘーゲルは「形而上学の根本への遡上」を遂行する。もっともこの遡上には奇妙な二義性が備わっている。哲学の近代的本質には、思考の方法的な確保に関する配慮が属している。それは折々に見られるような様式、つまり、実証的な諸学問、ことに数学の方法論的な模倣を持つ必要もなければ、また学校哲学における定理と証明を備えた教授法上の特徴を持つ必要もない。決定的なのは、形而上学が自らの可能性への明示的な問いのなかで自己の根拠づけをしようとする意志である。存在者の純粋な理性的認識は一般にいかにして可能か、という問いによって突き動かされたのは、形而上学の批判的な基礎づけというカントの試みがはじめてではない。デカルトの懐疑の試みも、あるいはライプニッツの「予定調和」の教説も同じようにその問いによってすでに突き動かされていた。しかし形而上学的思考の進展を確保せんがためのこうした問いかけのすべてが、ヘーゲルが存在経験する意識へと回帰する際にそうしているように、形而上学が根づいている根底を天才的力量をもって掘り返しているというわけではない。ヘーゲルは、あらゆる形而上学の思考がそこに由来して生きている、そのような湧出する源泉へ接近しようと試みている。形而上学とは、存在の思想を明示的に考え抜きかつ形成していくことであり、存在者をその接合のうちに保持する存在論的な骨組みを持った構造物のことなのである。構築し構想する思考は、しかしながら、自身に固有の力に基づいて事物の構造を組み立てるのではない。つまりそのような思考が実体の実体性を「つくる」わけではない。だが他方で形而上学は、たまたま道にころがっている拾得物のようにこの実体性を見出すというわけでは決してない。思考による構想は、ある特異な種類の「経験」への、つまり存在経験という「経験」への応答なのである。ヘーゲルはこの注目すべき経験の本性を隈なく明らかにしていくことで、それが「否定的な」経験であることを示したのであった。その意味するところは、存在がその新しい形態を開示する場合、人間に対し単純にそれを送付して、人間はただそれを受け取り把握しさえすればいいという具合にはなっておらず、むしろ存在は、まさしく引き退くことにおいてこそ自らを提示するものだということである。つまり存在は思考している人間を無へと直面させる。こうしてむなしいものとなった存在の思想は、見かけ上の空虚であり、それに耐えることが肝要となる。リルケの詩[55]の一節になぞらえて言わせてもらえば、空虚とは「永遠なる遊び相手」のボールとして人間が受けとめなければならない被投物であり、それは人間が存在変容という冒険のなかで「認められて」一緒に遊ぶためなのである。そして受けとめられたそのボールは光り輝く流星として、すなわち新たな存在論的解釈として、彼の手から再び出ていくことができるというわけである。

しかしヘーゲルによる形而上学の根底への回帰は、明暗相半ばする曖昧模糊たる薄暗がりのうちに置かれたままである。なぜならヘーゲルは自分の存在者解釈が全体としてよって立つとする存在論的経験を、それ自身自らに固有の形而上学の主題のうちに入れ込んでいるからであり、いわば〔存在という〕源泉を〔存在者の〕接合構造そのもののうちに組み込もうとするからである。ヘーゲルの本来的な存在経験は、即自存在と対自存在という緊張関係のまわりをめぐっている。この緊張して対立し矛盾する存在の本質を経験する人間は、ヘーゲルによれば、まさにそうした経験において自らこれらの対立の根本運動に巻き込まれ疲弊させられることになる。人間もまた即自から対自へと運動するのであり、つまり存在者の全体と同様に歴史的なのである。私たちはこの地点にヘーゲルからの離脱を求めている。もっともその離脱は、ヘーゲル哲学において隠されて－思考されているもの das Verborgen-Gedachte の本質のただなかへと私たちを連れ込むはずである。こうしたことは直接的かつ無媒介的に生起することはできない。まして何ほどか安全を保証されて生起しうるはずもない。偉大な思想家の隠されて－思考されているものを追思考することは、いつでも危険に満ちた大胆な企てなのである。

私たちはごく一般的かつまったく暫定的に始める。即自存在と対自存在というヘーゲルの二つの思弁的存在概念は単純に並置されてあるものではない。それらは存在者の二つの根本領域のもとに分かたれて、たとえばそれぞれ「自然」と「歴史」に分かたれて立ち現れるのではない。それらは互いに「補完しあう」のではない。それらは互いに食い込み、貫入しあっている。私たちは先にそれらを、あらゆる存在者に見られる世界浸透的 weltdurchgängig な存在の仕方として特徴づけておいた。およそ存在するものはすべてが即自的であり、そして対自的である。すべてが実体であり、そしてすべてが主体＝主観である。かといってまた、有限な諸事物がそのようにいわばそれぞれの即自存在と対自存在とに固執して、それぞれの独自性や固有性を主張する、というようなものでもない。むしろ有限な事物は総じて即自存在と対自存在の相互貫入の運動に巻き込まれ疲弊しており、この運動のなかでまさに「自立」を失うのである。これはヘーゲル哲学の容易には把握しがたい側面である。さしあたって比較的理解しやすいのは、いかにして事物が即自的に存在するかということである。諸事物はそれらの意味が知によって触れられることのないままに、そのあるところのものとして存在し、またそのあるがままに存在している。事物は知に非依存的なものとして即自的に存在している。さらに事物は、それぞれの本質のうちに保持されていて現出において失われたりしないかぎりでもまた、即自的に存在している。事物の即自存在は知に依存しない本質をよりどころにしている。こうした存在の仕方は、石ころであれ、樹木であれ、鷲であれ、人間であれ、そして神であれ、あらゆるものに帰属する。この種のものはすべて自分自身から存在する。しかし人間は単に「即自的」に存在するだけではなく、対自的にも存在する。神もまたきっとより高度にそうであるだろう。動物もすでに人間に劣った仕方でそうであろうし、植物だってさらにいっそう劣った仕方でそうであるだろうが、しかしおそらく石ころはまったくそうではない、と人は言うことだろう。現象的特質としては、対自存在は石ころにおいて確証することはできない。しかしそうしたことはそもそもまったく問題ではないのである。近代の形而上学は、ことにライプニッツのもとでは、実体一般を一性として、つまりモナドとして解釈し、さらにこのモナドを自己定立と解釈する。存在はただ単純に存在者のうちにあるのではないし、存在者のうちに「在庫品 Bestand」のように見出されるのでもない。存在とは本質的には自己関係、自分自身への関係であり、自分自身の定立である。だがそれは無制約な自己定立ではなく、むしろ、すでに即自的に存在しているものを自ら占取すること Selbstbemächtigung としての定立である。ヘーゲルはライプニッツのモナド論の存在論的成果を取り上げるわけだが、しかしその際それを決定的な仕方でまったく変化させてしまうことになる。ヘーゲルにとって宇宙 Universum は即自であり対自であるモナドたちが寄り集まった領域でもなければ、精神化された実体たちが宇宙的な調和をなすような王国でもない。ヘーゲルにとって全体は生起 geschehen するのであり、つまり歴史 Geschichte なのである。そしてこの歴史は本質的に、〔即自と対自という〕二つの存在論的根本様態が前進的に相互に貫入しあい、相互に作用しあっていく歴史である。それらが互いに作用しあうただなかで、個別的で - 有限なものはおのれの固有存在をますます失っていき、精神の無限なる生のなかに還帰していく。要するに即自と対自の最高度の相互貫入は、有限なもの、すなわち存在者の廃棄に至ってはじめて遂行され、無‐限なる存在の作動的‐現実的なもの das Wirkende-Wirkliche として純粋に姿を現すわけである。これは当初はまったく予見しえない帰結である。事物の自立性を考察することは、たとえ実体としてであろうと主体＝主観としてであろうと、まさにその考察に固有な歩みのうちで一切の事物を超え出るところまで進んでいく。絶対的実体にして絶対的主体＝主観なのは唯一、あらゆる事物を存在せしめる存在そのものだけなのである。

ここにあるのは、ヘーゲルをして単に存在者を存在者として扱うにとどまらせず、それをはるかに越えて導いていく偉大な洞察である。ヘーゲルは「生」を思考する。すなわち、それ自身において即自存在と対自存在の闘争であり、またこうした内的な闘争のなかで現実的なものの織物 Gewirk を形づくっている、まさに支配する存在のことを思考する。しかしながら、ヘーゲルをしてディオニュソス的存在経験の先駆者たらしめているこの思弁的着想の高みは、私の考えでは、ヘーゲルが存在の生起のことを方向性を持った発展と解していることによって損なわれている。発展という思想は通例ではヘーゲルの最大の功績としておそらくは賞賛されるものであろう。それによってヘーゲルは「歴史的世界」の発見者、歴史的意味の創造者となったというのである。しかし発展とは多義的である。それはまず一方ではある計画を包みから取り出すこと、芽が開くこと、かくして、たとえば植物ならば花から果実へ、人間ならば誕生から死へ、文化ならばその創造的衝動からその動機の最終の完成された描出へという具合に、生の全体性を踏破することを意味している。そのとき発展はつねに有限な歴史であり、そのすべての相はそれぞれ固有な権限を持っている。しかし発展はまた、だんだんと高さを増し乗り越えていくこと、上昇していくこと、絶えず凌駕していくこと、あらゆる段階が後続の段階によって制圧されていくこと、などともみなされうる。その場合に発展は、ある最高の目標、ある最終状態へと向かって進んでいき、それは終末論的な歴史となる。いまや私たちの問いは次のようになる。ヘーゲルは即自存在と対自存在の相互貫入の歴史を一体どのように把握しているのか。ヘーゲルにとって歴史とは、包みから取り出すこととしての、つまり彼の両基礎概念のあいだの緊張的対立関係に決着をつけることとしての発展なのだろうか。それともそれはある目標、ある最終状態へと向かっていく発展として考えられているのだろうか。実際は後者である。存在は自らの純粋な即自かつ対自存在において、自分をあらゆる存在者の現実性であると知るときにこそ、真に即自であり真に対自である。そのかぎりではこの目標とはつまり存在の最終的で徹底的な自己貫入のことなのであり、確かにそうした目標ならば、あの外的ないわゆる世界史における一時代なのではない。この目標は日付も日も時も持たないし、通常の出来事や事件の時間のうちにある出来事ではない。世界精神がヘーゲル先生の頭の中でついに己自身へと全面的に帰り着き、それどころかその帰郷が一冊の書物のうちに書かれているからには、その世界精神にはもはや何もなすべきことが残っていないなどといったような、世界の発展の終末を時間的な出来事の上に固定しようとする考え方のばからしさを人は何度も指摘してきた。そうした異論をもってしてはヘーゲルに到達するわけにはいかない。この種のたわごとはヘーゲルを扱った学術書にも書かれているのだが、それらは出来事における時間と存在そのものの時間性の区別をそもそもいまだまったく把握していない。ヘーゲル以後も事は進展し続けるということをもってしてヘーゲルが反駁されるわけではない。そしてそれと同様に誤っているのは、ヘーゲルの発展の思想をいわば文化史的に解釈した上で、その際に、ヨーロッパ的人間はドイツ古典時代の終焉以来その精神的任務を見失ってしまい、どれほど技術的な完璧さを尽くそうとも、たかだか西洋の瓦礫の上で露命をつないでいるにすぎない、などと断定を下すことである。いやしくもここでヘーゲルに異論をとなえたいというのであれば、その異論はヘーゲルの思考が活動している次元には少なくとも到達していなくてはならない。ヘーゲルが彼の根本概念の二元論でもって考えているのは、存在がそれ自身のうちでなす闘争のことである。だがこの闘争は和解へとねらいを定められている。つまり闘争を燃え上がらせる存在の威力はまた、その闘争を最終的に調停する威力でもある。これこそが知である。それは何者かの知ではないし、人間の知では決してない。むしろそれは存在そのものに住まうロゴスの威力としての知であり、存在の内的な安らいのなさとしての知であり、明け開けへと向かう、存在に内在する衝動としての知である。即自存在はいわば、光へと高められたい、そして自分自身へ還帰したいという憧憬のうちで身を焦がす。そして光の威力は、明け開かれず暗がりにとどまるものが、この威力からなおも引き退いているあいだは安らうことはない。即自存在が最終的に限なく貫入されたとき、つまり即自存在が精神的な「変容 Verklärung」を遂げたときに、光の威力は目標に到達する。だからこそヘーゲルは絶対的なものを「精神」という名で、そしてまた「理念」という名で呼ぶわけである。精神における主要契機が（有限な個別性というあり方での主観性でなく）まさしく自己所有であるように、理念における主要契機は光的なものである。絶対的なものとは〈全面的に－光と－なった存在 das ganz-Licht-gewordene Sein〉のことであり、これはあらゆる暗がりを己のうちへ呑み込み尽くしており、即自をその深みの全体にわたって対自へともたらしてしまっている。ヘーゲルはこうしてプラトンの後裔に位置し、つまりは、存在を自体的な明るみ、光的なもの、理性的なものと把握するような、プラトンに発する光の形而上学の後裔に位置することになる。したがってヘーゲルが闘争を最終的に和解のうちに終わらせ、しかもそれを知、光、理性の優位のもとで遂行するかぎりでは、ヘーゲルは自らが幕を引くことになるひとつの世界時代に属しているわけである。

ところで私たちは一体自分自身を出発点にして、何によっても正当化されることのない単純な不信の念をこの巨人的な思想作品に対してぶつけて「和解」を問い質すことができるのだろうか。私たちがただ自分の不信仰を表明したり、自分の体験、すなわちこの数十年の喧騒のうちに取り集められた自分の実存経験を引き合いに出したりするだけでは、いずれにせよ十分ではない。人類が渋面の獣へと退化しつつあるからといって、それがとうてい存在そのものの理性を疑う根拠にならないのは、ちょうど人間が互いに大量殺戮しあうことが、宗教的には神の善性を疑う根拠にならないのと同じである。もし私たちが自身の疑念に深みと権限を持たせたいというのであれば、たとえ現代風のニヒリストであるにせよ、あるいはいまだ敬虔なキリスト教徒であるにせよ、自分のまわりを遊動している存在経験そのもののうちに入り込んでいかねばならない。それにしても、私たちは一体どうすれば己を担い支えている根本経験の領野に到達するのだろうか。それは自らの体験をじっくり観察することによってではない。自らの隠れた衝動に深く思いをこらしたり、自らを容赦なく暴きたてることによってではない。現代心理学による生体解剖は、せいぜいのところ実存不安におののく骸骨や、欲動のまま動く卑小な獣を白日のもとにさらけ出す。しかしそれは存在の呼びかけを聴取している聴従者を明らかにすることもなければ、また人間存在による〔その呼びかけへの〕応答としてあらゆる根本概念の投企を新たに敢行する思考者をあらわにするわけでもない。私たちが歴史を自身から脱落させて、かつて思考され把握されていたもののすべてを飛び越えてしまおうとするならば、私たちはそうした経験の領域に到達することはない。それとは逆に、私たちは何度も何度も古来の思想を考え抜き、それらに思いをこらし、その隠されてあるものへと注意を払う必要がある。ヘーゲルが即自存在と対自存在という思弁的思想を思考するとき、ヘーゲルにおいて語られずに隠されたままにとどまっているものとは何であろうか。私が先に示したように、ヘーゲルは存在者の自立性から出発しながら、しかしその存在者の自立性を思考によって克服していく経過を経て、まさに有限な事物の止揚へと至りつく。果たしてこれはただ逆説的な迷走にすぎないのであろうか。あるいはまたヘーゲルの予期できなかった場所に到着したということでもあるのだろうか。それともそれは、内的な闘争の状態にある存在こそが存在する事物の領野よりももっと根源的であることの印ではないのだろうか。実際そのとおりなのである。

しかしいま問題なのは、事物の存在論から存在そのものの存在論への移行ではなく、闘争の空間と根源的対立の時間とを、天と大地とが糾合された全体として把握するような思考への移行である。これはさしあたりは神話的に聞こえる語り口である。もしもこの語り方が不明瞭な表象しか呼び起こさないならば、そうした発言には何の価値もない。私たちはこの発言を根源的にかつ同時に鋭敏に思考しなければならない。しかしあるひとつのことが問いとして私たちの関心を引くかもしれない。ヘーゲルの存在論的根本概念、すなわち即自存在における語られざるものが、閉鎖性とほの暗い根底との存在の威力として、つまり、そこからしてすべての存在者が明るい天の開けを目指して立ち現れてくる、そのような根底の存在の威力として考えられねばならないというのが本当ならば、そのときはおそらくまたすでに、闘争の究極の和解しがたさ、すなわち存在の悲劇的特質が、そしてそれとともに、存在論的経験のある新たな可能性が浮かび上がっていることであろう。

第Ⅱ部

ヘーゲルからの離脱／存在論的経験の変化、存在論から宇宙論へ

第12章

存在問題、根源的‐闘争としての存在の矛盾／ヘーゲルの存在了解、ヘーゲルの存在概念において語られず‐隠されているもの、世界／天と大地の世界‐闘争とヘーゲルによる「存在の歴史」の構築

私たちがヘーゲルの根本概念における隠された思考内容へと立ち返っていくとき、いつもなら私たちのあれこれの精神的なふるまいにはふさわしいかもしれないような、無制限の自由を発揮してそれを行うことはできない。そこではまた、信頼できる検証済みの確かな方法ならば約束してくれる確実性も期待できない。そもそもこの問題に触発されてはいても、私たちの思考はここでは完全に「なすすべのない」状態に置かれている。それというのも、思考のすべてである伝承されてきた存在論的根本表象が、いまや疑わしいものとなっているからである。それらの根本表象については、そのうちで何が現れ出て、しかし同時に何が覆い隠されているのかという観点から問い質されねばならない。つまりそれらはその隠れた背後の意味に向けて調査されなければならない。これはプログラムとして表明されているわけではないし、ヘーゲルを「彼が自分自身を理解する以上によりよく理解する」解釈が要求されているわけではない。問題とされているのは哲学的な探偵‐物語ではなく、人間が自らの本質をなおも存在の思考のうちに保持しようとするかぎりでの、私たちの現存在の必然性 Notwendigkeit なのである。私たちを取り囲んでいるその「困窮 Not」は、広く喧伝されているニヒリズム、つまり「最高の諸価値が価値を

失い」、宗教と道徳がその拘束力を喪失し、聖なるものの寺院が荒廃し、規律や畏敬の念が消失しているといったことではない。神々やミューズたちの逃亡は、自らの存在の思考をもって絶対的な結末に到達してしまったかに見える人間性の変化の結果なのであって、その原因ではない。そしてヘーゲルの「絶対的なもの」の概念こそはこの結末なのである。人間が存在の思考者としてなおも将来を持つべきだとするならば、真なる〈困窮 Not〉は〈転換 wenden〉されなければならない。ただ新たなより根源的な存在の経験だけが「必然的＝困窮転換的 Notwendend」である。そのような経験を私たちは自身に基づいてつくり出したり引き起こしたりすることはできない。しかし私たちはその困窮を知と意志をもって耐え抜くことで、否定的なものを存在へ反転させる魔法の力とヘーゲルが名づけた、あの「とどまること」の冷静な忍耐を習い覚えることができる。そのようにして私たちは、思考する魂が世界の静けさにじっと耳を澄まし聴き入る際の注意深い気配りや、張りつめた覚醒のあり方を習い覚えることができる。なぜなら「用意は万端整っている」からである。そのときこそ私たちはおそらく、いまはただ空虚として私たちを不安にさせているこの世界の静けさを、純粋な到来として経験することであろう。

存在問題はヘーゲルの場合、単なる人間学的な問題－特質を超えて突き進めるような形態をとっている。それは単に私たち人間にとってのみ問題となるのではなく、即自的に、そして対自的に問題となる。これは重要な根本特徴である。問題の形態と問題の解決がそれ自体すでにともに、問題設定の「主題」をなしている根本諸概念の相対立する意味によって形成されているのである。私たち人間にとってある事柄が問題になりうるとして、そのときその事柄自体が脅かされたりすることはない。まったく乱暴な言い方をしてみよう。私たちのうち物理学に従事する者たちにとって電気はひとつの問題である。私たちはこの自然力が現れるたくさんの現象を知っているし、その規則や法則を知っている。私たちは場の理論や測定法を持ち、またこの力を確実に見通し統御することを可能にする諸公式の複雑な数学的道具を持っている。しかし全体として見るならば、電気というこの自然力は私たちにとって依然として不可解なままである。私たちはそれを経験的に全面的に探求し尽くしたわけではないし、その存在様式についての十分な了解を持っているわけでもない。それは私たちに部分的に知られているだけである。しかしそうした部分的な認知性は、それよりもっと強力な未知性という基層の上に載っている。多くの事物や力についても事態は同様である。しかしながら電気はそれ自身にとって「問題」だというのではない。確かに電気は、自身において対立した、自らをそれ自体で二重に展開するような極性的緊張状態をはらんだ自然力である。だからといって電気は自らの極性を自分自身にとっての問題とすることはない。電気の把握不可能性や知から見たその不可解性は、ただ私たちにとってのみ存在する。電気はその本質とその様態に関してはあるがままに単純に「存在している」。電気はただ人間学的な意味で「問題」なのであって、電気的な意味で「問題」なのではない。ドイツ観念論における思弁的物理学、すなわち、実証主義的な時代にあって哲学の評判を大いに損なうことになった、存在者レベルの知見と存在論的な思想とのかの奇妙な混交物においては、電気（また重力、光、等々）の自然力はシェリングそしてまたヘーゲルのもとで、存在そのものの極性の比喩になる。しかしヘーゲルが存在の問いを即自存在と対自存在の極性的な緊張関係として展開するかぎりでは、そこで問われているのは、単に自身の内部に対立を持つ存在についての人間の知の問題性格だけではない。むしろ存在の対立性そのものが人間の問題にとっての根拠である。存在はそれ自身にとって「問題」なのである。存在の把握不可能性はただ私たちにとってのみ存在しているのではなく、はるかに決定的に、存在そのものにとって存在しているのである。概念の力は存在のうちに宿り、存在をすみかとし、いうならば存在の本来的な本質をなしている。そしてこの本質は存在のうちで働き、存在の生起と歴史を駆り立て、ついには存在がその覆い隠された概念的本性においてそれ自身にとって全面的に透明になるに至る。要するに存在が自分自身に対して自らを理念としてあらわにするまでに、すなわち自らの問題を解決するまでになる。こうしてヘーゲルの着想によれば、存在問題はまずもって存在それ自身にとって成り立つのであり、思考する人間はただそこに参与するだけなのである。存在者の全体を貫き支配している根本動向が哲学において実現される。つまり思想家が宇宙的な代表者になるというわけである。人間の思考にとっての存在問題とは、存在がそれ自身にとって問題であることの一形態でしかない。存在は概念を欠いた把握不可能性から概念の明るみへと突き進んでいく。存在は自らをよりいっそう「明け開く」という仕方で「存在している」。存在はその「全面的な明け開け」において自らを理念として把握するのであるが、この理念においては、自身に備わるあらゆる外面性が削ぎ落とされ、あらゆる異質性の見かけが自身から取り除かれ、あらゆる自己疎外が打ち砕かれてしまっている。そのとき自然は理念の外面性が自己定立したものとして把握される。この定立された外面性から理念は自身へと返っていく。「しかし、純粋理念が続いてすぐ次に下す、自らを外面的な理念として規定するというこうした決断によって、ほかでもなく媒介が定立されているのであり、まさしくこの媒介に基づくからこそ概念は、〔理念の〕外面性〔である自然〕から自身へと帰還した自由な現実存在へと自らを高めていき、精神の学問のうちで自分による自分の解放を成就し、そして自己を把握する純粋な概念である論理学のうちで自分自身の最高概念を見出すのである」[56]。存在をすみかとする即自と対自という対立は、こうしてある最終目標に関係づけられる。そこに至っては、成就された明け開けにおいて、互いに逆向きの存在の両威力の相互貫入が終末‐を迎え be-enden、つまり存在の歴史が「完了」しているのである。存在問題のこの結末を目指してヘーゲルの哲学は方向づけられている。ヘーゲルの考えでは、この結末は存在の運動の結末であると同時に、人間による形而上学的存在思考の結末でもある。存在の運動は二重の観点で「終了 enden」する。すなわちひとつは、あらゆる即自存在が対自へともたらされ、あらゆる疎外が根絶され、あらゆる暗闇が光へともたらされるかぎりにおいて。もうひとつは、あらゆる有限な-存在者、すなわちあらゆる事物、対象、そして個別主観が、全体的-生命 All-Leben へと「止揚される」かぎりにおいて。ヘーゲルは無限なもの das Unendliche を、有限なものの終わり Enden des Endlichen として、つまり自立的存在者の没落として、さらにより徹底した意味では、存在の対立的なあり方の根絶として考えている。光、つまり理性の最終的優位の立場から存在における対立を抹消し、その闘争に和解をもたらそうとするこうしたプラトン以来の形而上学の根源モチーフは、私たちにとっての「躓きの石」となっている。

しかしもしもヘーゲルの立場を、現存在の闇の部分や現実的なものの「非合理性」などに盲目な「汎ロゴス的楽観主義 ein panlogischer Optimismus」と特徴づけたところで、いまだまったくヘーゲルに抗弁したことにはならないし、ましてやその存在の思考の法外な真摯さのかすかな痕跡すら把握したことにはならない。しかしまた精神史的な動機-分析を施して、ヘーゲルにキリスト教的救済モチーフなどがあることを証明しようとしても同じことである。思考が根源的であるところでは、思考は思考動機によって生きている。哲学は宗教の「啓蒙」でもなければ、芸術の意識化でもない。しかし哲学は挫折に終わった詩作ではないのと同じく、隠され世俗化された宗教でもない。思考することと詩作することと祈ることは、もしそれらが自らに固有な本質を保持しているならば、それぞれが根源において共通の故郷を経験する。つまりそれらは、同じ山嶺に源を発しながら、それぞれ固有の流れ道を求めなければならない河流にたとえることができる。

ヘーゲルは存在の本質を思考するのだが、しかもまずもって闘争として思考する。こうした物言いにはある重要な限定と説明が必要である。闘争や対立について私たちはさまざまな意味で、そしてまた多くの領域において語る。言葉や武器をもってただ人間だけが闘争するのではない。諸事物でさえそれらが存在しているかぎり「闘争のうちに」ある。有限な‐存在者として限界のうちにあるものは、何であれ闘争のうちに立っている。境界それ自身がすでにそうした闘争である。ある事物が始まるところでは、別の事物が時間的にも空間的にも終わる。境界は互いを結びつけ、同時に互いを区別する。それは結びつけることで分離し、分離することで互いをつなぎ合わせる。あらゆる事物はそれぞれの境界で闘っている。自立性とはつねに自己主張である。しかし存在者は単に激しく争われている共通の境界で相互に互いに交差し合うばかりでなく、つねにまた「対照的なもの」の闘争を通じて運動のうちに置かれている。「対照的なもの」、すなわち光は暗闇と、湿気は乾燥と、重さは軽さと、暖かさは冷たさと闘争している等々。私たちが「状態 Zustand」と呼ぶものは、相対立するものたちのそうした闘いの一局面であって、あらゆる事物がそこへと滅びていくべく定めおかれているのである。対照的な力による闘争はあらゆる領域で演じられている。生命なき物質においてばかりでなく、植物‐動物的領域においてもそうだし、人間界においてもまた両性の対立として、善と悪として、社会的な権力関係や支配関係の形式などとして演じられている。これに関し私たちは詳論する必要はないだろう。人間の現実性としての戦争のことなら私たちはいやというほど知っている。あらゆる存在者に見られる対立性 Gegenteiligkeit という事実、つまり己の根源的根拠から切り離されているあらゆる有限な事物が、部分と対立‐部分 Teil und Gegen-Teil へと分裂しているという事実に接するとき、思考の火は何度でも燃え上がることができる。もっともヘーゲルはこうした事物の「対立性」、あらゆるものがそれに従って「その二つの側面を持ち」、いわば存在するかぎりでそれに従ってあっちこっちに引きずられるという意味での対立性のことを考えているのではない。ヘーゲルが考えているのは、有限な‐存在者の存在体制としての争点ではなく、それよりはるかに根源的な意味で、存在そのものの内的対立としてのそれである。存在は矛盾のうちにある、あるいは矛盾としてある。即自存在は対自存在と矛盾し、対自存在は即自存在と矛盾する。こうした矛盾において、存在は自分自身にとって「問題」なのである。したがって、矛盾はただ単に思考する人間に対する存在の関係のうちに成り立つのではないし、人間の無能力、すなわち有限な概念でもって無限なものを、対象的概念でもって対象にならないものを、硬直し固定された概念でもって生きと‐流動するものを「捉える fassen」ことができないという人間の無能力に基づいているのでもない。矛盾は存在に内在的である。すなわち存在が矛盾的なのである。これは決して論理的誤謬のことを意味するのではないし、また「非合理的契機」というのでもない。むしろこの存在の矛盾のうちにこそ、すべての論理とあらゆる合理 Ratio が根拠を置いている。矛盾 Widerspruch とは根源的対話 Urgespräch である。ヘーゲル哲学の基本的にすぐれている点は、それが存在の内的矛盾から出発しているというところにある。ここに「弁証法」もその最深の基礎を置いているのである。

弁証法とはひとつの「方法」以上のものであり、人間の存在概念的思考の困窮や「窮境 Verlegenheit」以上のものである。弁証法とはすなわち、存在のうちで支配し、存在の対立を裂開させるとともにそれをつなぎ合わせもしている《ロゴス》のなす根源的対話である。即自と対自の根源的対立から、ヘーゲルにとっては自分の全思考を支配する「媒介」という主導的問題が生じてくる。媒介とは、闘争的な存在様式同士の相互貫入と、それらが作動 Wirken して実現する織物 Gewirk を表すヘーゲルの根本語である。こうした織物として「ある」のが現実性 Wirklichkeit である。媒介は闘いの火を消すのではない。

媒介はむしろその火を究極にまで先鋭化して燃え上がらせる。媒介とは即自存在と対自存在の普遍的な対立遊動のことであり、そこからすべての事物が立ち上がってきて、そこですべての事物は自ら生成消滅し、また成長し衰退するのである。現実的に存在する事物のあらゆる段階において、即自存在と対自存在との「間 zwischen」が媒介されている。すべての事物が存在のこれら二つの根本威力に与っている。すなわちすべての事物の有限な対立性においては、〔存在の二つの根本威力のあいだの〕根源的‐闘争が反復され反映されている。〔この意味で〕事物の領域は〈間の領域 Zwischenreich〉だということになる。

しかしヘーゲルは、存在における根源的分裂についてのこうした着想をどこから手に入れたのだろうか。私たちはいまこれを哲学的な伝承の意味で言っているのではない。もしそう受け取るのであれば、その着想は哲学そのものと同じくらい古いからである。その着想はギリシア人たちの最も早い時期の思考を動かし、プラトンの形而上学のうちで「光」が偏重されることによって問題的な仕方で強調され、そしてその形態のまま何世紀をも通して作動し続けている。私たちはわかったような問い方はせず、あくまで単純に問うことにしよう。だからといって日常的に月並みに問うというのではない。

日常的なものは決して単純なものではない。日常的なものはむしろ複雑で込み入っているものだが、ともかくそれがお決まりの手順へとならされ、習慣化され、無思慮となるまで空虚化されているだけなのである。電灯のスイッチをひねるのと同じ滞りない当たり前の態度で、私たちは日常的に仲間について話しあったり、仲間の名誉を傷つけたり、はたまた互いに愛想を言い合ったりする。日常において、私たちはどこで生や死、雲や星、パンと葡萄酒といった単純なものに対してなおも心を開いているだろうか。死んでいった祖先たちの不在、生まれていない将来の者たち、地下なるものの威力、神々への近さ、私たちがそのうちに現前しつつ諸事物にまみえるところの日の輝き。そうしたもののたちのことを私たちは一体日常においてなおも感じるのだろうか。広く知られ一般に流通するものとは、単純なものをその下に包み隠し埋め込んでいるいわば灰色の塵埃の層である。しかしもしも私たちがただ日常に逆らうべく努めようと考えて、わざとらしいロマン主義的な牧歌的雰囲気を気取るはめに陥るならば、私たちはいまだ単純なものを見出すことはないだろう。私たちは思考しつつ単純なものに関わらなければならない。つまり、思考しつつ単純なものの根源的な威力を経験しなければならないのである。

私たちの問いを繰り返そう。ヘーゲルはどこから存在の内的闘争という彼の構想を得ているのだろうか。天才のみが与える炯眼からヘーゲルはそれを汲みとるのであろうか。それとも彼の直観は私たち凡人にも追遂行できるものなのだろうか。大雑把に解すれば、存在はやはり端的に一にして単純なものとみなされている。事物は多であり多様である。その数量は私たちには見極めがたいし、その類と種、その領域は多様である。しかし事物がそのつどいかにさまざまに異なっていようと、たとえば野原の石ころとジェット戦闘機、犬と銀行の頭取、子供と恒星シリウスなどのようにさまざまであろうと、そうしたものはすべてある一点で、すなわち現実存在という点で一致している。確かにそれらはなおもさまざまに異なったあり方をして現実的なのであろうが、しかしそうであるにしても、それらはやはりある共通性によって統一されており、そこから決して脱落するわけにはいかないのである。現実存在の統一性と一性があるからこそはじめて、途方もない数の可能的な異なるあり方のための遊動空間が開かれるのだ、と言うこともできるだろう。すべてはこの統一性のうちであらかじめ統一され取り集められている。つまりひとつの包括的な構造のなかへ接合されているのである。したがって存在とは、すべての区別の先回りをしている単純なものである。存在は、場合によって他のものと単純性の性格を分かち合えるような「何かある一つの」単純なものなのではない。それは端的に単純なもの、最も単純なものである、と人は言うだろう。とはいえそれは程度の高まった頂点ではなく、むしろ「より多く」ないし「より少なく」単純であるような一切のものを追い越している。まさしく「存在」より以上に単純に思考されうるものは何もない。存在の根源的な和合 Eintracht のうちにこそ、相対立する存在者の反目 Zwietracht もようやく居場所を持つことができるのである。確かにこうした議論はすべてまことに正当である。しかしヘーゲルはまさに存在の根源的な反目のことを思考しているのである。たとえその反目がヘーゲル哲学が発展し彫琢されていく歩みのなかで「和解」に至りつくことになるにしても、である。そしてこの存在の反目は、事物の対立の場合のように、一体としてつかまれたり包括されたりはしない。即自存在と対自存在の矛盾は、両者のうちにともに現前する即自的でも対自的でもないようないわば「中性的な」存在によって和らげられるわけではない。問題となるのは、一元的に思考される存在のなかにそれ自身がなおも組み込まれているような、存在の原理の二元論ではない。むしろヘーゲルの構想の困難な点は、それが離反を存在論的思弁の端緒に置いていることにある。このことは存在の統一性に対する、つまり《オン ON》〔存在〕と《ヘン HEN》〔一〕の超越論的問題構制に対するヘーゲルの盲目を意味するのだろうか。決してそうではない。ヘーゲルの存在了解はなによりも、存在をあらゆる存在する事物の共通の一なるものとして固定してしまうよりも、さらに遠くにまで届いている。すべての存在者、すなわちすべての有限なものが、多なるものすべてに属するひとつの存在に何らかの仕方で与るのは、有限な事物が総じてひとつの〈間の領域〉に、すなわちあの〔存在の〕根源的二元性による極構造の緊張をはらんだ領野を形成しているところに、属しているからである。なおもしつこく私たちの問いを繰り返そう。一体どこからヘーゲルは存在の反目という思想、つまり即自存在と対自存在の対立遊動の思想を得ているのか。ヘーゲルの思考はその際根源の近くに立ち至っているのではないのか。ヘーゲルの着想には単純なものの隠れた深みが備わっている。すでに幾度も強調してきたことだが、即自存在と対自存在は存在の世界浸透的な根本様態として思考されているのであり、たとえば自然だとか歴史だとかいった「領域」として思考されているのではない。ヘーゲルの存在概念における語られず－隠されているものとは、その存在概念によってまさに世界が天と大地との闘争として追想されているという事実のうちにあるのである。

この闘争は力を誇る事物どうしの闘いではない。この闘争がそもそもはじめて事物たちの空間と時間を開く。すべての有限なものはこの闘争のうちで闘い取られ（erstreiten され）、賄われ（bestreiten され）ている。天と大地との世界－闘争が源－泉 Ur-Sprung である。源－泉はすべての存在するものをそこから湧出させる。私たちの頭上には明るい天が丸天井をなし、足下にはすべてのものを担う大地が横たわる。大地の根底から山嶺が聳え立つ。あらゆるものは大地の胎内からやってきて、光のうちに生き、そこで一時の滞在を楽しむ。産み出すその母胎はまた、生あるものがそこへと帰り行く墓所でもある。「上りの道も下りの道もひとつの同じ道である」。(57) そしてすべての事物を自分のもとから解き放ち、また再び自分のうちへと引き取る大地それ自体は「事物」ではない。それは何か途方もなく大きな事物、巨大な物質の塊ではない。大地は無碍なものであり、閉じられているものである。大地は事物を「外へさらけ出し」ながら、それでもなおいつまでも自身のもとにとどめおき、まさにそうすることで事物を〈条件づける＝事物たらしめる be-dingen〉。大地は露開するとともに覆い隠す。すべての事物は大地からつくられる。しかしまさにそれゆえ大地は物在している塊などではなく、どうにか混ぜ合わせさえすればよいわずかばかりの基礎物質からなる物在的集積物ではない。大地の概念はまた「《第一質料 materia prima》」の概念をもってしても到達されない。確かに私たちは事物を眺めながら、それが何から成り立っているかを問うことができる。家はレンガやセメントや木材やガラスから出来ている。しかしその建築材料はさらにまた他の材料から出来ている。こうしてさかのぼって問うていくことで、私たちはついには「第一の質料」という限界点に至る。それはいわばいまだ顔を持っておらず、つまり《エイドス EIDOS》〔形相・外観〕を持っていない。そうしたものは、そのつどさまざまな外観を引き受けることのできる根源的材料として受け取られねばならないことだろう。しかし「第一質料」とは、「あるものから成り立っている」という事物の構造から出発する思考法がたどり着く、還元の結論である。しかしながら、《第一質料 materia prima》、《第一質料 PROTE HYLE》というこの事物存在論の限界概念は、決して大地を示唆し指示するものではない。その概念はむしろ根本的な世界盲目性の表現なのである。まさに大地より形成された有限な個別的事物の真なる《アルケー ARCHE》〔原初〕が大地なのである。存在者は大地より成り立ち bestehen aus Erde、大地を耐え抜く bestehen die Erde。有限なものはすべて大地の無碍なる広がりのうちに自らの場所を持つ。大地はすべての事物に在所を差し出す。大地はすべての生あるものにそのすみかを与える。大地は担い支える trägen。大地はその閉じられた胎内に事物をはらみ austrägen、それを光のもとに生み出す。そして大地はすべてのわが子供たちを己の広い胸へと引き取る。立ち止まっているにしろ運動しているにしろ、存在者は依然として大地によって支えられている。大地はまさに地面のようなものであり、つまり明け開けのうちに現前しつつ、しかし同時に現前するものの限界でもある。すなわち大地は、己のうちに閉じたものとして自らを示すというようにそこにあるのである。これらすべては規定性を欠いた漠然とした物言いであり、中途半端な思想であり、詩的な表象だと思われるだろう。しかし真実はこうである。私たちはたいてい「大地」を見過ごしている。つまりそこに生育したものや形成されたものの方に目を奪われて、まさにそれらを生み出し育むもののことを忘れている。私たちは事物の方に固定されて、その際根源的な〈条件づけるもの＝事物たらしめるもの das Bedingende〉のことを見失っている。そしてヨーロッパの思考もその長い歴史のうちで、大地における単純なものを素直に聴取しそれを言葉に表すことを忘れ果ててしまった。こうして実際に私たちは窮境にあるわけである。しかしこの窮境に耐え抜くことが大切である。「大地 Erde」とは太陽系のなかの小さな惑星〔＝地球 Erde〕のことではない。物在する根源的材料ではない。それでもって私たちは、閉鎖性という世界における存在の威力のことを考えている。しかしその際に決定的に重要なことは、私にはどうしてもそう思われるが、私たちにとってこの存在の威力が概念語の形式的なものへと消散してしまわないこと、つまり私たちがその存在の威力をまさにその根源的な生き生きしたあり様で「経験し」、その現在を感じ取るということである。大地という存在の威力は近くにありながら、ヘルダーリンがパトモス賛歌で語る神のように捉えがたい。というよりその存在の威力は、すべての把捉を超えたこの神なのである。それはいまだ把捉されざる把捉不可能なものである。なぜならそれは「把捉され」限界づけられた有限な存在者の一切を包括し担い支えるものだからである。しかしだからといってそれは事物の彼岸に遠ざけられているのではなく、むしろ事物がそうでありうるよりももっと近くにある。同じことは「天」に関しても妥当する。それによって考えられているのは蒼穹 Firmament や星のドームではないし、いわんやキリスト教の信仰的表象としての天国ではない。私たちがそれによって考えているのは、明け開かれた開けの広がりであり、そこに向かってすべての大地の事物はそびえ立ち、そこで「外観」、「形態」、「見え様」（《エイドス》、《モルフェー》、《イデア》）を獲得する。天は存在の明け開けであり、それはちょうど大地が存在の根源的な覆い隠しであるのに対応する。明け開けは覆い隠しと並存しているのではない。二つの分離された領域がここでの問題なのではない。明け開けは覆い隠しと闘争しており、覆い隠しもまた明け開けと闘争している。明け開けと覆い隠しの闘争とは存在の根源的反目のことであり、世界による支配のことである。「光」と「闇」との闘いにおいて、つまりこの根源的-離反において、世界の統合が生起している。これは、たとえばまず二つの存在原理がどうにかあてがわれて、それからそれらが闘争するなかで事後的にひとつの全体を形成する、という話ではない。大地はひとえに光に対し闘争するものとしてあるのだし、天もひとえに覆い隠しに対し闘争するものとしてある。闘争はあとからやってくるものや事後的なものではまったくない。闘争はその闘争を闘っている当のものたちと同じく根源的である。しかし天と大地との相対立する関係には、人間の争いにつきものの悪意というものがない。この場合はむしろヘルダーリンの次の言葉がふさわしい。「さながら愛し合う者らのいさかいのように、世界の不協和音は存在する……」。[58]そしてエンペドクレスが存在の動態を《ピリア PHILIA》〔愛〕と《ネイコス NEIKOS》〔争い〕によって統御されるがままにするのは、有限なものは有限な仕方で《ネイコス》に、つまり天と大地の闘争に参与しており、しかもその闘争はまさしくそれ自体として《ピリア》、すなわち愛であるから、というのがその終局の理由である。存在の諸威力の反目とは、世界の和合のことなのである。

しかしそうした和合的な反目としての世界闘争が生起するのは、そもそも「存在」が与えられているかぎりでのことである。このような命題はその言表内容において逆説的である。私たちはせいぜい存在している事物に関して「それは与えられている」と言うことができる。いわゆる「存在者」とは時間内存在者である。それは持続的な現前性という仕方で、またはただの一時的な現前性という仕方でも時間のうちで存在することができる。持続的な-現前者、つねに存在しているもの、すなわち《常に-在るもの AEI-ON》のことを私たちは通常永遠なものとも名づける。しかし世界そのものは、一時的でもなければ「永遠」でもない。それは過ぎ去るものでもなければ、過ぎ去らないものでもない。世界のうちなる存在者だけが一時的に存在するのかそれとも常に存在するのかという二者択一の前に立たされうる。いわゆる古代的に考えられた世界の永遠性に与するか、それともキリスト教的に考えられた、創造の日から終末の日に至るまでの世界の一時性の方に与するか決断しなければならない、と思い込むとすれば、それは思考としてあまりにも短絡的である。明け開けと覆い隠しの世界闘争がはじめて空間と時間を開く。その世界闘争が存在するすべてのものにとっての時‐空を、つまり到来と退去、上昇と沈降、開花と枯死、要するに存在者の隆盛と没落のための軌道を創設する。逆説であることを明確にした上でなら、私たちは次のように言うことができる。すなわち、世界の闘争は時間内部的なすべての「始まり」よりももっと先立っており、もっと原初的であり、それはまた時間の内部に存するすべての終わりさえも超えたところに存している、と。この闘争は決して闘い尽くされることはないし、決して決着がつけられることがない。大地は決してその閉鎖性を全面的に開けのうちに引きずり出させたり、そこでこじ開けさせたりはしない。また天は決してその光を、飽くことを知らない大地の暗闇のなかで全面的に失うことはできない。天と大地とは、存在の解かれることのない「矛盾」を形成している。

仮に私たちが即自存在と対自存在というヘーゲルの根本概念を、そこに語られていないが隠されて思考されているものを目指して首尾よく聴取したとする。即自存在のうちに大地の閉鎖性を、対自存在のうちに天の光の威力を予感し、世界に貫流する存在のあり方から根源的な世界‐契機へ立ち返って考えるとする。そのとき私たちはヘーゲルの「存在の歴史」の構成に対して、深い不信と疑念に襲われることになるだろう。ヘーゲルにとっては、存在が自分自身と最終的に「和解」することで、世界の闘争は終結する。光の威力はその闘争で優越を勝ち取り、あらゆる暗闇を己のうちに呑み込んでしまう。つまりそれは即自を「変容 verklären」させる。大地は「外的に定立された理念」として現れ出ることになり、この理念の外面性は自己疎外として廃棄 aufheben され根絶されねばならなくなる。存在の歴史は、大地が天へと〈持ち上げられること＝止揚されること Aufhebung〉で終わりを迎える。しかしじっくりと腰をすえ熟考するに値することがあるだろう。それは世界闘争のそのような調停、つまりは調停と考えられているものがともかくも思考可能かどうか、また思考されねばならないかどうかを吟味することである。なぜならいまだ形而上学の視線、つまり存在者の存在へ向かう視線が支配的だからである。形而上学的思考は天と大地の根源的な闘争のなかにまで立ち返って思考することができないし、その闘争そのものを世界の反目的な和合として把握することもできない。形而上学的思考は「和解」を求めざるをえず、それもプラトンによって創設された伝統にかなう形で、全面的な精神化において、つまり一方の世界契機〔天〕を絶対的なものに定立するという形で「和解」を求めるのである。プラトン以降に大地は質料へと格下げされてしまった。すなわち「唯物論」は「観念論」の影にすぎないというわけである。つまり感性的なものは、「克服」されねばならない暫定的なものとして宣言される。このプラトン的な光の形而上学の根本姿勢が、ヘーゲルに至るまで西洋の哲学を支配している。それはまた、古代哲学を通じて神学化された宗教であるキリスト教をも、さらにはそれに依拠した道徳をも支配している。ニーチェにおいて転換が始まる。もっともそれはさしあたりは反動的なものでしかない。ニーチェは光の形而上学の価値体系を、その存在表象をひっくり返す。彼は「大地」を、生の底知れなさを、秘密を誉めたたえる。彼は仮面、韜晦、現存在の謎めいた性格、美や芸術の欺き騙す仮象の輝き、本能、女性的なものを賞賛する。「世界は深い。昼が考えたよりももっと深い」。[59] しかしニーチェの反動は再帰‐感情的 re-sentimental である。つまり、おし隠されたルサンチマン＝怨恨感情 Ressentiment を栄養にしている。

ニーチェは形而上学をひっくり返し、それを逆さにする。先駆的な若干の部分を度外視すれば、ニーチェにおいてはいまだ、天と大地の闘争を予断を持たずに耐えぬき、天と大地の「矛盾」のなかに存在の声を聴取するような、世界の自由な追想にまでは到達していない。

天と大地という語り口は神話的な響きを持っている。しかし私たちは現代世界に生きており、そこでは「より新しい歴史の刺すような空気の流れ」は、人間による事物の合理的‐道具的な支配と、私たちの世界像のますますの脱神話化とをもたらしてしまったのである。なるほど私たちは、ギリシア人たちの創造性豊かな空想力や彼らの思弁的な夢想や彼らの形象および造形の豊饒さを、大きな美的喜びとともに讃嘆する。しかしもはや私たちは、それらを信頼してはいない。私たちは啓蒙を通過してきた。それどころか私たちは「啓蒙される」あまり、啓蒙を超えて啓蒙されている。私たちは啓蒙の理性信仰に懐疑的である。しかしだからといって、古代的な素朴さに舞い戻る準備が再び整っているというわけではない。私たちは極端なまでに疑い深く、批判的で、不信仰である。しかしながら、人に好まれ繰り返し受け売りされるこうした態度が、思考することの何たるかをそもそもなおも知っているのかどうかは、はなはだ疑問である。ギリシア人たちの神話のなかには、私たちの時代の知ったかぶりの賢しらにおけるよりももっと多くの生き生きした思考や、世界を明け開く象徴がもたらす、もっと強い照明力が存在していた。その私たちの時代はといえば、何も知らないということを知っているという理由で自らを「ソクラテス的」だと思い込み、練達したニヒリズムのまがい物のパトスでもって、この無知のなかに居心地よく住居をしつらえている。後期シェリングの場合のように、思考が自らに対して徹底的な不信感を抱き、消極的な論弁であるとして自らの価値を下落させ、代わりに「神話と啓示」を解釈することで「積極哲学」を築き上げようとするのであれば、思考はミュートス Mythos、およびそのより深い真理へと還帰することはない。シェリングにおいて思考はついには、意味ありげで判じ物めいた占い術へと行き着くことになる。それは異教的なものとキリスト教的なものを混ぜ合わせた代物であり、神秘的な知恵による失敗した試みとみなすしかないものである。なぜならそこでは直観は思考の厳密さを欠いているからである。

私たちの学校知 Schulweisheit が夢にも思わないほどの多くの事物が、天と大地のあいだには存在するのだとしても、しかしこの事物の〈間の領域〉よりもさらに根源的なのは、天と大地による世界の闘争である。この闘争を追想することで、純正で真なる世界知 Weltweisheit が言葉に到来する。

第13章

ミュートスとロゴス／伝統的な形而上学の思考軌道としての事物存在論／事物存在論と世界概念／ヤヌス像としてのヘーゲル／天と大地の根源的区別としての否定性

根源的な語りの可能性としてのミュートス〔神話〕は、私たち遅れてきたものには拒まれている。人間精神は長い歴史のなかで神話的な自然の見方から抜け出して、かつては感性的象徴の無媒介で包み隠された「理性」であったものを、反省的合理性へと転換しようと試みてきた。人間にはかつては、美しいもののきらめきにおいて、あるいはまた崇高なものへの慄きにおいても全体の「意味 Sinn」が開かれていた。その意味はまた人間の生をも包みこんで隈なく支配し、彼らの「仕事と日々」を世界の律動のなかに、つまり星辰のめぐりや、昼と夜の交替や、風土に特有の風雨のなかに、また生と死、平和と戦争、天上のものが示す恩寵と怒りのなかに置き入れていた。ミュートスは、かつて死すべきものの種族に訪れた最古の啓示であり、それは記憶も及ばない太古の時代に起源を持つ。人間が人間となったのは、ある全体的意味に基づいて人間が神話的に生きるようになって以来であり、人間が自分自身と出会い、また現存在の大きな暴威の数々と出会って以来のことである。人間が諸威力へと関係するのは祭式や儀式においてばかりではない。つまり地下の神々や地上の神々のために祭りを祝うにあたっての慣習や父祖伝来の慣例においてばかりではない。家畜の群れを駆り、畑を耕し、またパンをちぎるといった目立たない日々の仕事のうちにもつねに全体が現前している。当時人間はいまだ一切を包括する全体と生き生きと交流していたし、存在するあらゆるものと交際していた。そのために無理やり己の近傍を離れて、遠方はるかにほのかに明るんでいる全体の開けへとわざわざ出掛けていく必要はなかった。全体は至るところにあった。遠さと近さとが不思議にもひとつに落ち合い、また目立たないものと重要なものとがひとつに落ち合う。このようにひとつに落ち合う《SYMBALLEIN》という点であらゆる事物は「象徴 Symbol」だったのである。ここで象徴というのは、他のものを指示する記号のことでもなければ、非感性的な意味のための感性的な手がかりのことでもない。すべての事物が象徴だった。なぜなら世界はなおもすべての事物をとおして振動していたし、すべての事物のうちに到来していたからである。至るところに神々がいた。ここに人間の呪術的な先史時代の原始的アニミズムについて云々することは、我らが現代の心理学や民族学に任せておく。ただ、どちらがここで「原始的」かは問うてもよいだろう。いわゆる無意識の投影なるものは外面的な現実だと考える者の方か、それとも神のかすかな足音を聴き取るにはあまりに鈍感になってしまい、神ということで単なる人間の集団心性の排泄物のことしか思い浮かべることのできない者の方か。ミュートスの根源的時代とは偉大な啓示の時代だったのであり、その遺産のうちに人間という種の歴史の歩みの全体もまたなおも立っているのである。その根源的時代はいかなる想起によっても到達されない。むしろすでに想起の方こそがすべて神話的な世界開示がもたらす意味の明るみからやってくるのである。しかしながら、私たちにもよく知られ、また歴史的にも見渡しのきく諸民族の神話が、神話的なものそれ自体をはじめて創設するわけではない。民族の神話とは、人間をあらかじめすでに包括し大地の上のその住まいを明るませている光を、あらためて鋳型に入れ、造型をほどこし、仕上げを加えたもののことでしかない。エジプトの祭司たちが「イシスの詩」を守るにせよ、イスラエルの預言者たちが神の怒りと裁きを宣告するにせよ、シビュラたちの声が数千年をわたりゆくにせよ、ミュートスを告知する者らはいつもすでに神話的に開かれた空間のうちで語っているのである。

根源的時代は過ぎ去った。私たちはそこから何千年と隔たっている。それは悲歌的な追憶をもってリルケとともに次のように嘆いたとて取り戻されることはない。「あのトビーアスの日々はどこへ行ってしまったのか。最も光り輝く者たちのひとりが、つつましい戸口に立っていたあの日々は……」(60)しかしミュートスは単純に沈みこんでいってしまったわけではない。それはただ単に《ロゴス》の歴史的な日にとって代わられたのではない。むしろ《ロゴス》はその歴史の道程において、根源的な神話的実体を糧にして生きており、《ロゴス》はこの神話的実体を貫いて進もうとしている。反省や論理的究明や規定などへの情熱、区別や限界づけなどへの情熱は、それ自身が根源的に神話的な任務なのである。だからこそプラトンはもっとも明晰でもっとも鋭敏なる覚醒状態である哲学を、人間に襲いかかる神の威力として、《エロース EROS》の威力として把握するのである。したがってミュートスとロゴスとは、あたかも水と火のように相容れない単純なる対立物ではない。論証的なものがその真正な力を持つところでは、それは依然ミュートスに根を下ろしている。しかしロゴスが神話的なものを解体し破壊するただの「啓蒙」としてあるときには、それは真正なものではない。その際ロゴスはそれと知らないままで、啓蒙がよって立つ地盤を自分自身で掘り崩している。啓蒙というものは、たとえそれが古代的に詭弁論と名づけられようと、あるいは近代的に人間の成年宣言と名づけられようと、勝ち誇るようになればその分だけ平板化していくものである。それは現存在の緊張を解消し、秘密を根絶してしまう。しかし極端な合理主義でさえもが、もしもそれが創造的である場合には、ただこの秘密によってしかその生を営みえないのである。

もっとも、ロゴスの道程が余儀もなくただひたすら「啓蒙」でしかなく、それに伴う現存在の実体喪失でしかないというのではない。逆にヨーロッパの人間は、古代哲学とそこから生じた「学問」の創設にあたって、緊密きわまる現存在の途方もない衝撃を経験している。事物の範疇的構造を投企して徹底的に考え抜くこと、また存在者全体を領域的に分類することに思想の長きにわたる労苦が費やされてきた。こうした作業を撤回するわけにはいかないし、それを省いて飛び越えることなどできはしない。私たちは神話的な根源的時代に舞い戻ることはできないし、また私たちの世界了解の可能性を、古代の神話の解釈を通して、つまり「神話と啓示の哲学」を通して本質的に拡張することもできない。現存在の新しい「根源性」を獲得しようとするのであれば、私たちは思考しつつ耐え抜かねばならない。かくして私たちが「天」と「大地」について語るときには、確かにそれらはミュートスが知る最古の神々なのである。《ウーラノス OURANOS》と《ガイア GAIA》の抱擁のなかであらゆる事物が生まれる。開けは個別化された有限なものすべてを、閉じられたものの闇なす胎内から引きずり出し、それを己の明みのうちで輝き出させる。しかし母なる暗がりはすべてのものを自分のもとに引きとめ、自分のうちに所蔵しようとする。これら二つの世界神性の愛は絶えざる闘争である。しかしながら、宇宙的な根源的威力である男性的なものと女性的なものとの愛の闘争、というこの原初的でギリシア的なヴィジョンの形象化力を、私たちはもはや持っていない。私たちはあくまで骨の折れるまわりくどいやり方によって、世界を存在の内的な矛盾として思考しようと試みなくてはならない。そしてこのような思考は同時に伝統との対決である。私たちがそのうちに立っている形而上学的伝統は特有の狭さでもって世界の問題を認知している。その伝統は第一義的には――アリストテレス以来――事物の存在論である。つまり存在が存在者の存在として、つまり有限なもの、個別化されたものの存在として、思弁的な問いと規定の主題になっていく。伝統的な形而上学は、たとえそれが見かけ上はまったく別種の問題を扱う場合でも、たとえば無限なもの、神、自由、世界などを扱う場合でも、やはり事物存在論なのである。無 - 限なもの Das Un-Endliche は有限なものからの離脱という形で考えるよう試みられ、それによってついには「《無限な存在者 ens infinitum》」として、また「絶対的実体」として評定される。有限なものを嵩上げするという方法も、有限なものに対して否定的に境界線を引くという方法も、どちらも事物存在論的な可能性の空間内にとどまっている。事物存在論的な概念性の領野は、事物をそれとして扱うただの範疇論的構造分析よりもはるかに大きい。この事物存在論的な概念性は、見かけ上それが事物の事物存在を超えて問うているところでも、つまり事物へと向かう視線を捨てて、たとえばあらゆる事物の全体という方向へと踏み越えているところでも、なおも力を発揮しており、またその支配をつなぎとめている。このことはたとえばカントが世界、自由、神といった問題に着手する際のやり方に即せばまったく明瞭になる。要するにカントはそれらの問題を純粋理性の理念的な表象の問題とみなすのである。理念のうちにアプリオリに表象されたものはいかなる「客観的妥当性」も持ってはいない。なるほど世界全体を現象の系列の全体性として思考することは必然的なことである。しかしそのように思考された全体は、純粋理性がつねにすでにあらかじめ開いてある地平ではあるが、しかし現に存立している全体ではない。世界を統制的理念へと格下げすることによって、つまり経験の使用にとっての規則として機能するような、必然的に思考される主観的な全体性表象へと格下げすることによって、あらゆる現象は全体的統一性に帰属するものと考えられることになる。しかしまたそうであるかぎりで、こうした世界の存在の格下げは、その際の「存在」の基準を「事物」から、カント的にいえば、客観的妥当性を持った範疇から見て取っている。なぜならこの客観的妥当性を持った範疇において考えられたものが経験の対象としての事物だからである。このようにして、カントは大いに力点を置いて、事物を主題とした存在論を世界や自由や神などを主題とした存在論から切り離そうとするわけだが、それにもかかわらずそのように隔絶された非事物的なものが、やはり事物存在論的な根本表象に呪縛されて論じられているのである。私たちはいま「事物存在論」という表現をある根本的な意味で使用しているのだが、それは有限な事物に即するにせよあるいはそこから離脱するにせよ、いずれにせよ有限な事物へ向けられた視線のなかで思考しつつ存在を規定しようとする存在の問題構制の形態を意味している。ところで事物存在論とは、人間が選び取ったり逸らしたりすることができるような理論的な可能性ではない。それは伝統的な形而上学における思考の軌道であり、私たちのあらゆる存在概念的思考がそこに由来するところの歴史である。かくして私たちはすでにその事物存在論のうちにいるわけであるが、それにもかかわらずそれはそれ自体問うに値する何ものかとしては、決して私たちの目にとまることがない。存在がまさにそれであるところのものが新たなより根源的な次元において立ち現れてくるとき、事物存在論ははじめて私たちにとって疑わしいものになりうる。

すべての事物は天と大地のあいだにある。その「間」がそれら事物の領域である。伝統の存在概念的思考は事物の〈間の領域〉をその住処としてきた。しかしこの〈間の領域〉をそのものとして考察することはない。伝統の存在概念的思考はその理解において、天へと手を伸ばすことがない。つまりその光のうちでこそ存在者は存立し、型押しされ、輪郭を与えられている天へと手を伸ばすことはない。その思考はまた、一切がそこから形づくられている大地へと手を伸ばすこともない。要するに伝統の存在概念的思考は、存在の根源的闘争にまで手を伸ばすことがないのである。これは、その思考がそれ自身事物をあまりにもそっけなく受け取っているということを意味している。なぜなら事物は大地や天と並び立って存在するのではなく、それらのあいだに、つまりそれらの闘争のただなかに存在するのだからである。天と大地による世界の闘争はあらゆる事物のうちで、つまり最も目立たず最も取るに足りない事物のうちでも闘われている。そして樹木から木の葉が落ちることも、私たちの頭から毛が抜け落ちることも、事物のうちに大いなる闘いが生起していなければ起こらないことなのである。事物は上昇しそして沈降する。事物には盛と衰、増加と減少、変化と場所の移動がある。事物はつねに何らかの形で運動のうちにある。しかし存在者の運動性は、結局は事物そのものに即した形で事物に帰属するに至るような、つまり事物が自分自身から持つに至る何ものかではない。事物がそれだけで単純には存在しないのと同様に、運動もそれだけで単純に存在しない。運動と事物とが何らかの仕方で、何らかの時と場所においてひとつに落ち合うのではない。事物は全体として堆積ではないし、そして事物の運動はこの堆積における単なる一般的な混雑ではない。事物は天と大地のあいだに存在し、事物の運動はすべてこの天と大地の対抗的運動に基づいている。両者の闘争こそはすべての運動一般の第一の動者なのである。そして同様に空間と時間もまた根源的には天と大地との〈間〉－空間 Zwischen-Raum として、またその〈間〉－時間 Zwischen-Zeit としてある。事物存在論の軌道をたどりその軌道上にとどまる思考は、事物そのものと同じく空間や時間や運動をもあまりに短絡的に受け取る。そうした事柄についての形而上学的な了解があまりに狭隘であるとすれば、それはその了解が空間をして〈間〉の開け放ち、空間的なものの一般の裂開、空間をあけ渡すこととして把握するのではなくて、逆に諸事物のあいだに成り立つ間の現象として、つまり場所、配置、位置、平面、線、点などの秩序として把握するからである。そこではまた時間も似たようにして、天と大地のあいだにある〈間〉時間の純粋な立ち現れとしてではなく、流れるいまの「連続体」として、事件や出来事の間‐媒体として理解される。形而上学は何度も繰り返し空間‐解釈と時間‐解釈の困難と格闘するわけだが、それはその解釈が本来的には空間のひとつの場所と、時間の流れにとってのひとつの時間点とを定めざるをえないためである。形而上学は空間を空間‐内部的な契機すなわち延長によって説明し、同様に時間を時間内部的な契機すなわち継起や推移によって説明する。そして形而上学はまた同様に空間と時間の共同を解釈するにあたっても当惑することになる。それは空間と時間の共同による緊張を、あるときは事物の固有の形式として、あるときはさながら出来合いの容器として、つまり「《個体化の原理 principia individuationis》」として、またあるときは純粋直観の主観的形式などとしてさまざまに受け取る。空間には洞察可能な〈いつ〉が備わっておらず、時間には了解可能な〈どこ〉が備わっていない。空間と時間は、互いに離しおくことや互いに外的であることの「根源的現象」として、相互並列と相互継起の形式として目にとめられる。しかしそのようにして見られた空間は〈空け渡された空間 der eingeräumte Raum〉であり、そのようにして把捉可能となる時間は〈時熟した時間 die gezeitigte Zeit〉であり、つまりそれぞれ事物に即しての空間、事物のうちなる時間なのである。事物存在論はまた切りつめられた空間‐解釈や時間‐解釈や運動‐解釈においてもその支配を示している。それらの解釈は事物の〈間の領域〉にとどまったままであり、それゆえに空間や時間や運動を何らか空虚な状態に放置している。形而上学的な空間了解や時間了解や運動了解を、空間の諸全体や時間の諸全体や運動の諸全体を世界の方から問題にしていくような世界思考によって明示的に解体精査することは、哲学のいまだ果たしていない課題である。空間と時間は根源的な世界契機である。そしてあらゆるものを貫き支配する運動とは、天と大地との対抗遊動である。これではあまりにも単刀直入な主張でしかない。確かにそのとおりだが、しかしここでまずもって重要なのは、事物存在論的な形而上学の「限界」について予感を目覚めさせることなのであり、その限界そのものを明白に見て取ったり、ましてや早速にそれを乗り越えたりすることではない。それにしても事物存在論的な形而上学は、全面的な仕方で「世界盲 weltblind」であるわけではないし、偏狭な視野狭窄に陥って世界に対して閉ざされているわけではない。それはさまざまな仕方でもってある潜在的な世界了解を用いている。とはいえそれは事物存在論的形而上学がまさに全体性への問いを立て、事物の全体秩序、すなわち「宇宙 Kosmos」を探求したり、あるいはあらゆる事物の意味連関、すなわち事物の「体系」を探求したりする場面でというよりも、むしろ間接的な仕方においてである。すなわち事物存在論的な形而上学がその主導的諸概念を使用する仕方においてのことである。たとえばプラトンの形而上学は、存在者における存在をイデアとして規定し、そしてこのイデアをまた有限な移ろいゆく個別事物に比べて本来的に存在するものとして規定する。しかしプラトンのイデアは、よりすぐれて存在する「事物」や精神的な実体なのではなくて、むしろなによりも光の威力として型押ししつつ世界を貫き支配して、個別事物に外観 Aussehen の「型押し」を与えるものなのである。個別事物は「本質」によって規定されている。個別事物には〈何〉が備わっており、個別事物がそれであるところのその〈何〉は見え様 Anblick を提示する。「家」という見え様は多くの家に備わっているが、それでもひとつの見え様である。「家」というひとつのイデア、あらゆる家の持つ家らしさはすべての家に現前しながらも、そのどれにも拘束されていない。すべての家においてありながら、どれにもない。「家」のイデアは光の威力であり、それは特定の事物に家‐存在〔家であること〕の型押しを与えるが、しかしそれによって自分自身をこま切れにするわけではない。個別事物はイデアに与る。家々は時の流れのなかで朽ちていくが、家のイデアはそうではない。しかしそれは単に、イデアはたかだかいわば「思想」であり「普遍表象」にすぎないという理由からばかりではない。建立されそして壊されていく家々よりもイデアの方がより存在の度合いが高いからである。イデアには持続性や恒常存在という特質がある。いま問われねばならないことがあるとすれば、プラトンは一体どこからイデアのこれら特筆すべき本質特徴、つまりその光としての特徴と持続性という特徴を受け取ってくるのかということである。結局のところそこにはやはり天と大地が想起されているのではないだろうか。他方アリストテレスにおいては、あらゆる存在者は《全体的にまとめ上げられたもの SYNHOLON》として、つまり質料（《ヒュレー》）と見え様（《エイドス》）の取りまとめられた全体として把握される。この《エイドス》は規定可能な質料にとっての規定するものであり、つまり質料の形（《モルフェー》）である。しかし結局のところ質料と形というのは、あたかも粘土とレンガ職人が与えられるように与えられてあるのだろうか。そうであるならば、それらは究極的には自然によってそこにあるという言明で十分だということだろうか。そうすることによって、自然事物をその現にあることに関して説明するはずのものが、それ自身再び自然事物の水準に差し戻されるのだろうか。そこでは存在者の存在論的な根が、存在者そのものと等しいあり方となり、そうして平均化されるのではないか。それともつまるところは、《ヒュレー》と《エイデー EIDE》〔諸エイドス〕がいかにあるのかという解明されざる問題のなかに、より根源的な世界契機をめぐる非明示的な知が潜み隠れているのであろうか。

いずれ形而上学の歴史はその非明示的な「諸前提」を目指して徹底的に考究されねばならず、それが取り扱う根本諸概念において問題とされねばならない。形而上学をそのように解体精査し反復検討することは、形而上学の根底に横たわる存在経験を吟味するためのおそらく本来的な道筋であろう。しかしそれは巨人的規模の課題であり、幾世代にもわたる思想家たちを要する企てである。西洋形而上学の建築物はローマと同じく一日にしてなったものではない。それはまた一日で取り崩されるものでもない。新たな存在経験を、あたかも特許つき発明品や幸運な思いつきや天才のひらめきででもあるかのように一挙に布告しようとする思い上がった「ラディカリズム」は、そうした企てにはもっともふさわしくない。形而上学との対決が開始されるのに先立って、つまり形而上学の事物存在論としての狭隘さが根本的に目撃されうるのに先だって、従来からの思考の軌道がそれに照らして「制限されたもの」また「狭隘化されたもの」と見えてくる次元、そうした次元についての一定の先行了解があらかじめ目覚めていなければならない。形而上学における問題点は、より根源的な次元への洞察と同時に立ち現れてくる。形而上学はまずそれが疑わしくかつむなしいものになり、そしてその没落によって、あらためて思考する人間存在の新たな中心を模索させる動機を手渡すというのではない。むしろ暫定的な先行把握としてのある予感が、新たに思考されるべきものへとあらかじめすでに導いている場合にこそ、形而上学に対する真正なる疑念もはじめてひらめき出ることができる。つまりこの新たに－思考－されるべきものを私たちは世界と呼んでいるのである。

大方の人にとってこうした物言いは端的に笑止なものと聞こえることだろう。そもそも哲学がいつの時代に世界について思考しなかったというのか。最もありふれた日常にあってすら、私たちは一体かつて世界を忘却したことがあっただろうか。世界が成立して以来、あらゆる言語でもって人は世界についてあれこれ語りしゃべりちらかしてきた。時に小賢しく、時に愚鈍に。しかしともかく、人はいまや世界をあらためて発見するには及ばない、というわけである。このような反論は何がここで問題にされているかを見損なっている。確かに世界とは、それなくしては私たちが一度たりとも存在しない、そういったアプリオリな概念である。存在するすべてをまとめ上げている包括的全体について、私たちは常に知っている。同じようにして、私たちは存在についてもまた常に知っているわけであるが、しかしその存在はといえば、本来的な思考がなされるようになって以来問題とされているのである。もっとも存在がヨーロッパ哲学の歴史的道程において思考すべきものとなっていった根本のあり方は、世界内部的に己を提示する存在者へと、つまり現われ出る事物へと視線を向けていくというものであった。存在は主導的には事物から発して思考されかつ存在論的に規定されていた。世界概念もまた事物存在論的なパースペクティブの主導のうちにとどまっていた。したがって先の主張とは、哲学がこれまで存在をいまだいかなる世界概念にももたらしていないということではなくて、哲学はその世界概念をもって世界を短絡的にしか思考してこなかったということなのである。宇宙論はついには「《特殊形而上学 metaphysica specialis》」の一部門となるに至ったのである。しかし新たに思考すべきこととは次のことである。それは世界が「存在の真の地平」として、天と大地の対抗遊動として、存在の明け開けと存在の覆い隠しの闘争として、まさしく哲学の思考すべき最初で最後のものとなるまでに、形而上学的存在論の総体を解体精査し反復検討しなければならないということである。思考は宇宙論にならなければならない。これは命令や研究指針として言っているのではない。また幾冊かすぐれた書物をものすれば実現できるようなプログラムとして言っているのでもない。問題とされているのは、誰かあるひとりが自分に課す課題ではなく、思考する場合には私たちの誰もがそこへと向け置かれているところの任務である。ここでは「捕捉できるということは、(現実的には) あなたの、ではなく、世界の能力である」[61]。形而上学的存在論は根本的には事物の存在論であったわけだが、それがいまや世界の時－空 Zeit-Raum のなかに取り戻されねばならず、そこに立ち戻って思考されねばならないのである。一方、天と大地のあいだにある事物の〈間の領域〉は、〈間〉というその位置づけにおいて明示的に考察されねばならない。公平に眺めるならば、必然となったこの思考の道程をあるひとりの人物があらゆる同時代人に先んじて歩んでいる。彼は今日のドイツ哲学の存在論的な問題構制を、その「存在と時間」への問いによって決定的に目覚めさせたのである。存在の意味、あるいは別の言い方では存在の真理がそこで時間から思考されるとき、一体何が生起しているのだろうか。その作品を知る者みなが承知しているとおり、それは存在する事物の時間関係性の単なる分析、つまりその時間内存在の分析ではなく、端的に時間へと差し向けた存在の根本的解釈なのである。存在は時間以外の何らの意味も持たない。存在は時間である。存在は生起する。時間とは存在の根源的な本質であり、かつその根源的な支配のことである。

ハイデガーはもしかしたら、その仮借ない厳密さでもって遂行される時間の地平に向けた存在解釈において、世界の追想の途上にあるのではないのか。この思考はその際に第一義的に一方の世界契機、すなわち時間、明け開け、天へと方向づけられていて、もう一方の世界契機である空間、存在の覆い隠し、大地をさしあたりなおも背後へと押しやっているのではあるまいか。こうした問いを私たちはここでは措いておくことにする。私たちの読み取ったところでは、世界を思考するという課題は、ヘーゲルの「経験」理論の語られざる、しかし隠されて思考されているものであった。事物の〈間の領域〉へと制限されてきた西洋形而上学の克服および〈反復検討＝取り－戻し Wieder-Holung〉をいずれはなし遂げるべき将来的な宇宙論の世界思考は、もっと根源的な世界経験からしか生じえない。そうした方向へ突き進んでいく問題設定の基本線が、ごく大まかな、まったく暫定的な仕方で素描されねばならない。私たちはヘーゲルの思弁的な経験概念のなかに、問題の迷宮のなかへと私たちを導いてくれるある種の「アリアドネの糸」を見出した。存在論的経験についてのヘーゲルの理論はきわめて原理的なものであるため、それはヘーゲル自身によって遂行された経験、つまり即自から即かつ対自存在へと至って、即自がそこで最終的に徹底的に精神化され変容されるという経験にばかりではなく、おそらく私たちがそのことをまだしっかりと思考できてはいないながら、それでも私たちをすでに深く揺さぶっているところの経験にも妥当する。そのようになるもっと本質的な理由は、形而上学の歴史におけるヘーゲルの注目すべき位置に求められる。ヘーゲルはヤヌス‐像であり、二つの方向に目を向けている。つまりヘーゲルは形而上学を完成させ、そして（おそらくは）すでにその克服を開始している。一体どんな点でヘーゲルはもはや形而上学に全面的には帰属していないのだろうか。ヘーゲルは存在を有限な事物の存在者性としてではなく、あらゆる個別事物を貫流しているところの支配する生として考える。ヘーゲルは存在を世界浸透性のあり方において捉えている。確かにいまだ世界内部的にではあるが、しかしやはりすでに世界の広がりの遊動領野において捉えている。さらに言うと、ヘーゲルは形而上学的「体系」を一直線に構築し構想するわけではない。彼はそれをむしろ存在経験の源泉の上に根拠づける。そしてヘーゲルはこの経験を、普遍的 universal で世界浸透的な二つの存在様態のあいだの根源的な闘争へと人間が巻き込まれてあることと解釈する。人間は分裂性として実存しており、人間のうちでは存在者全体の対立がミクロコスモス的に反復されて見出される。人間は存在そのものの構造を代表する模範的存在者であり、かくして人間は存在への不思議な親近性と近さを備えているのである。存在論的経験の運動はヘーゲルによって、即自と対自、実体と主体＝主観、事柄の自己性と自我の自己性といった存在の諸思想同士の矛盾として設定される。この矛盾は単に提示されたり耐え忍ばれたりするのではない。この矛盾は、矛盾するもの das Widersprechende の真なる相応関係 Entsprechung を求めるなかで、多くの変化をくぐり抜け運ばれるのである。こうした歩みの上に真理が形成される。ただし存在者の隠れなさとしてではなく、存在そのものの脱去‐的 weg-haft な露呈として、存在の純粋な自己開明としてである。このように、真理とは、何かが「発見されること」ではない。事物や事物的なものが開示されてあることではない。真理は「性起 Ereignis」としてあるのである。しかし他方で、ヘーゲルが世界を貫き支配する生を考えようと企てるにあたって、事物を終末へ‐向けて‐思考する Zu-Ende-Denken というやり方をとるかぎりでは、彼はやはり形而上学の思考スタイルおよびその伝統のなかに属している。ヘーゲルはまずは主観‐客観という対立を問題の出発点となる所与の基礎として引き受け、そしてその対立をいわば死にまで駆り立てていく。そしてついには「無限なる対象」を生として、すなわち、あらゆる区別を定立すると同様に再び廃棄する――したがって主観と客観の区別そのものも廃棄する――生として思考するまでになる。生の概念は事物の概念を離脱するところで、有限な存在者を弁証法的に解体していくところで獲得される。ヘーゲルが生をまさに「精神」として第一義的に解釈し、根源的闘争の最終的「和解」の思想によってプラトン的な光の形而上学の後継にとどまっているかぎりでは、彼はやはり形而上学に属している。

　私たちが自らのアリアドネの糸としてヘーゲルを呼び出すときに、問いのいかなる根本方向が明らかになるのだろうか。その問いは何らかの仕方でヘーゲルの思想を変化させていくものであり、つまりそれはヘーゲルの通ったあとを歩むが、しかし同じ考え方で進むのではない。ごく一般的に言えば、問題となるのは否定的なものや矛盾の本性へのより深められた洞察なのである。ヘーゲルによる矛盾の理解は確かに対立と拮抗の厳しさを要求するものであるのだが、しかし結局のところその区別は再び生の統一のうちで解消する。ヘーゲルにとって区別とは、区別なき一様なものの気の抜けた単調さを打ち破り、存在をその諸形態の多様性へと駆り出しながら、しかしまたそれを再び取り集めて存在の一性と統一性のうちに止揚するような、活性化し刺激を与える契機にすぎない。それに対して私たちは、区別と対立の本質を「より非和解的に」考えるべく努めねばならない。つまりその本質をひとつの存在と多くの存在する事物のあいだに支配する区別に基づいて解釈しないように努めなくてはならない。なぜならこうした区別は、ヘーゲルのそれのように、定立されうるのと同じく廃棄もされうるからである。存在は存在者に並列してあるのではなく、存在者のうちに現前している。それゆえ存在する事物は、それらが〈存在者として〉存在しているという理由によって存在から脱落してしまうわけではない。存在は事物の「リアルな述語」ではない。[62] 存在が事物に帰属するとしても、それは事物がさまざまな状況下で、たとえば色鮮やかであり、硬質であり、重くあるという具合にではない。事物に〈おいて in〉というより、よりふさわしくは事物〈として als〉見出される存在は、事物に帰属しうるいかなる述語よりもっと根源的である。事物が「述語」を持つべきならば、そもそもそれはすでに存在していなければならない。ヘーゲルは定立されうるのと同じく廃棄もされうるという区別の概念でもって、ハイデガーの「存在論的差異」の次元にとどまっている。しかし結局のところ区別は、まさしくただ存在と事物の関係の領野においてだけよりも、もっと深く探求されねばならない。区別とは天と大地との和解不可能な反目のことではないのか。だとすれば区別は、世界に即して思考される存在そのもののなかにそのありかを持つのではないのか。あらゆるものを所蔵し－閉じ込める大地と、あらゆるものを開示する天とのあいだの区別は、世界と事物との区別よりももっと根源的ではあるまいか。ことに大地と天の区別が、世界そのものを区別づける支配の働きなのであってみれば、それによって世界全体の純粋な包括のうちに、存在者が現出するための空間と時間がはじめて開かれるのではないだろうか。もしもそのとおりなのだとしたら、世界についての思考もまた、より先鋭により踏み込んで矛盾を受け取らねばならず、さらには存在論的根本概念を使用するにあたってもそうでなければならない。そしてそのときには、明け開かれて覆い隠しのないところに人間が滞在するあり方だとされる真理の状況を、より批判的に、より不信感を持ちながら、より疑い深く見ることもやはり同様に必要になるように思われる。そのとき私たちは、いずれ次のような問いを投げかけなくてはならないのではないのか。つまり、総じて私たちの真理の意志はその根底において、ある洞察されていない一面性を意味していないだろうか。おそらく私たち人間が知りえまた認識できるものとは、もともとすでに覆い隠しなさのなかに立ち、開けのなかに己を提示しており、つまり閉じられた大地の胎内から抜け出てきて、天の開かれた明るみにその現出を持っているものだけなのではないのか、と。そのときは現れ出てきているかぎりでの事物だけではなく、一般に現出の領野としての現前の全体もまた知りうるものを形成している。しかし存在が露開され覆いを除かれるのは、それが存在の明け開け、つまり天というひとつの世界契機であるかぎりにおいてのことである。天として理解された存在はそれ自身における明るみである。しかしそれでは閉じられた大地の方はどうなのだろうか。それはたかだか明け開けに対する「限界」としてのみ知られるのだろうか。大地は結局のところおよそまったく知りえないものなのだろうか。大地についての真理は存在しないのか。閉じられかつ閉じるという大地の本質を考えるとき、私たちはまさに思想にとっては通徹不可能である存在についての思想を思考しなければならないのではないのか。すなわち、存在をまさしく決して明るみに出しえない暗闇として思考しなければならないのではないのか。しかしもし存在が、相互に拮抗し和解することのないその対立契機において思考され把握されるべきだとするならば、人間は存在の真理に対して一体どのような立場をとることになるだろうか。存在の「光」と「闇」、あるいは「エーテル」と「母なる大地」をめぐる根源的な知のうちに人間は立っていないだろうか。つまり、私たちが死や無、また愛の底知れなさのことを知るようにして、人間は闇の側面を知ってはいないだろうか。人間は存在と親縁関係にある。おそらく結局のところ人間は、対立をうちに抱えこみながらもその離反を持ち堪えている世界全体に対して、すなわち天と大地の悲劇的な遊動に対して親縁関係にある。もしもそのとおりだとすれば、思考の賢明さはただ明け開けへと純粋に参入すること Einstand にばかりではなく、同様にまた大地の闇へと浸り入ること Einlassen にも基づいていなければならなくなり、そしてそれはヘラクレイトスの言う《PALINTROPOS HARMONIE》、つまり「対立的調和結合」〔断片五十一番〕をめぐる知になることであろう。

第14章　事物－思考から世界－思考への移行における哲学／存在と世界、否定性と真理

もしも哲学が今日自らの歴史的な本質を把握しているのであれば、ある決定的な移行の時刻にあることを自覚するであろう。その際に問題になるのは、哲学が特定の可能性を汲みつくして、それを終末まで思考し抜いてしまったということではない。つまり理論的関心を新しい探求領野へと向け変えたり、従来おろそかにされてきた事象領域や「現象」に注目したりすることが生じてこなければならない、ということではない。それはまた方法論的な変革の問いでもない。時代を貫く長い道程で諸問題は幾度もその現実的有意味さを失ってきたし、さまざまな困難が仮象の問題であることが証明され、そして解決されてきた。しかし哲学の生はいつも新たな課題を設定してきたし、また思考する精神は宗教や政治から湧き上がってくる力強い衝動を貫き通そうと試みてきた。しかしなににもまして、哲学から生み出されるや直ちにそれぞれの独自の道を歩むこととなった「諸学問」が、その進歩によって哲学的反省に息つくひまを与えなかった。しかしこうしたあらゆる「要求」にさらされながらも、哲学はその根本的な思考スタイルの統一性を保持してきた。哲学は変わることなく存在者をその存在において考察する営みであり続けてきたし、事物を思考しつつ規定する営みであり続けてきた。事物とは有限な－存在

者のことであるが、しかし西洋哲学が事物‐思考であるのは、ただ単に有限な‐存在者についての範疇的構造の分析論としてばかりではなく、決定的にはまた無‐限なもの das Un-Endliche についてのその概念においてそうなのである。ここでこの否定的な表現形式は、《テイオン》〔神的なもの〕、すなわち絶対的なものへ向けて思考する際のまさしく出発点となるところのものを表に出している。その際事物とは単に生命なき現存物（たとえば生物と対置されるような）のことではない。石ころしかり、家々や木々、また動物たちや人間たちや神々に至るまで、あらゆる自立的な存在者が事物なのである。事物は事物存在〔事物であること〕へ向けて解釈される。ここでは存在が存在者を「条件づけるもの＝事物たらしめるもの das Bedingende」として評定されるかぎりで、事物は哲学的に理解されていることになる。理解は存在論のスタイルを持っている。事物の存在論的な解明はいくつもの段階と変化を通り抜けていく。つまり事物とは、多くの性質の担い手として「根底に横たわっている」もの、諸状態の変化のうちで恒常的であり続けるもの、多様なる「描出」において「本質」として己を外化するものである。つまり事物は《ヒュポケイメノン HYPOKEIMENON》〔根底に横たわっているもの〕であり、《ヒュポメノン HYPOMENON》〔根底で変わらずにあるもの〕であり、そして《ウーシア》〔本質〕である。事物は実体である。しかし実体の実体性とは《ノエートン NOETON》〔思考されるもの〕、つまり思考にとってのみ聴取可能なものであって、感官には聴取不可能なものである。有限な‐存在者における根底に横たわるということ、根底にとどまり続けるということ、そして自立存在しているということ、これら有限な‐存在者の持っている存在体制は、見られることも聞かれることも味わわれることもできない。この存在体制は、ある事物が見られたり聞かれたりするときには、いつもすでにあらかじめ思考されているものである。事物の事物性は精神的本質を持つものであり、つまりそれ自体からして「概念」なのである。事物存在論的な思考がたどる歴史的道程は次第に度合いを高めながら、事物そのものの理性的本性と、それを概念把握する人間の思考とを一緒に考えようとする試みへと向かっていく。そうして最終的には、自我－的で表象的な概念把握の作用は、もはや事物の「外側」に放っておかれるのではなく、事物の内側に刻み込まれつつ思考される。事物は自我的に表象し自我的に意欲する中心になっていく。古代的にそれ自体で理性的な仕方で存在する実体から、近代的に理性的であることを自覚する主体＝主観への全質変化 Transsubstantiation が生起する。こうした変化の大きな諸段階をなすものとしては、デカルトの実体概念、ライプニッツのモナド、カントにおける主観と対象との超越論的な制約連関、そして最後はドイツ観念論による、観念的なものと実在的なものの絶対的同一性の形而上学における有限な事物の解消がある。しかし哲学が今日思考すべき課題とは、ドイツ観念論を超えてさらに事物存在論を発展させることではない。つまり実体のさらなる全質変化を目指すことではない。こうした観点に立ってみるならば、「現象学運動」による試み、つまり事物への新たな無媒介的な関係を獲得して、事物を思弁的に考察するのでなく単純に予断なく先入観を持たず記述しようという試みは、間違ったやり方なのである。思弁的思想のなしてきた仕事は、あたかもそれが起こらなかったかのように脇に退けてしまえるものではない。他方で現象学の真の意義は、「事象そのものへ！」という綱領的な呼びかけが求める新たな即物性や素朴性とはまったく別のところにある。志向的分析においてフッサールが示した限りない精緻さが本来的に意味しているものが、なおも思弁によって追いつき我がものとされねばならないのである。

私たちの時代において哲学はルビコン川の岸辺に立っている。哲学がこの川を渡るとき、すなわち哲学が、何世紀もの長きにわたり思考を事物に縛り付けてきた思考軌道から脱出しようと試みるとき、哲学は自らの歴史的な時刻を把握するのである。いまや事物存在論から宇宙論へと移行すべき時が来たのである。そしてそれは、時間そのものをより根源的に思考すべき時が来たということである。時間を単に事物を位置づけるシステムとして、つまり継起と同時存在の秩序の関係構造として理解するのではなく、むしろ、あらゆる事物に時をゆだね、間をとらせ、急き立てる支配力として、――出来事を引き起してはそれを撤回し、パルカ〔運命の女神の名〕の遊戯をたわむれて、あらゆる持続するものに〈ここにあること〉を保証しもすればそれを奪い取りもし、生命の糸を紡いではまたそれを断ち切る――そのような支配力として理解すべき時が来たのである。時間は保証しかつ拒絶するその根源的な威力において思考されねばならない。そして空間もまた同様である。空間が、すでにそこへ入れられた eingeräumt 事物に即していわばともに与えられているときには、つまり空間が位置や配置の接合構造、事物の間隔を測る座標系を意味しているときには、空間は真正で根源的な仕方では見て取られていない。あらゆる存在者に居場所を与えると同時にそれを制約しもする、そうした接合するもの das Fügende として空間は把握されなければならない。事物－思考から世界－思考へと移行しつつある哲学にとって、空間と時間は中心的な問題となっていく。そしてもしここで、なおもどこかに神的なものが立ち現れてくる余地があるとしたら、そうしたものはもはや空間と時間の彼岸にある無世界的な「永遠なもの」を住まいとしているのではなく、つまりもはや感性的世界の彼岸にある理念の国を住まいとしているのではなく、むしろそれは空間を与え時間をゆだねる支配力そのものとして思考されねばならないかもしれない。

しかし事物に固着した形而上学から宇宙論へと向かう哲学の変化は、形而上学的な地平が持っている制限を単純に解除することとして遂行されるわけではない。なるほどあらゆる事物は、常に世界の包括的な全体の方から出会われるのだし、経験する人間と経験される事物との出会いそれ自身もまた、確かにすでにこの全体のうちに保持されている。世界全体はあらゆる対象を包括するのみならず、つねにすでにまたあらゆる出会いをも包括している。世界は対象としての事物のもとに外部的にあるのでもなければ、表象する自我のもとに内部的にあるのでもない。世界をめぐる知は、主観‐客観‐関係をめぐるすべての知に先んじている。しかし、体験され何らか暗黙に知られている「全体」が、あらゆる事物的‐対象的な所与にこのように先行することに対しことさらに注意が払われることで、「世界」がいわば事物の周辺現象として受け取られてしまうことがある。そしてまさしくそれこそは、形而上学の内部での世界問題の通常の評定の仕方なのである。そこでは世界は決して対象的に〈与えられたもの das Gegebene〉ではないが、しかしそれにもかかわらず、表象されるべき全体として〈課されているもの das Aufgegebene〉である。これにより世界概念はある特有な弁証法的な構造を持つことになる。世界とは事物の非事物的全体である、事物の全体は非‐事物を形成する。カントの宇宙論的理念におけるアンチノミー問題はこの逆説によって統制を受けている。世界問題の設定とその解決は、非事物的な事物全体という謎によって統率され導かれている。しかしこうした形而上学的な事物思考の視線のうちで生じてくる世界問題の弁証法は、世界概念の真正な弁証法ではない。なぜならその真正な弁証法とは、世界が事物の範疇にはあくまで解消不可能であるということに基づくのではなく、世界そのものの内的な抗争のうちに、天と大地との根源的闘争のうちに基づくからである。存在論は事物を事物存在から把握し、ところがまたその事物存在を存在というより普遍的な概念から把握する。すなわち存在論は事物から出発しながら、何か「存在」一般といったようなもののアプリオリな理解へと追い戻される。こうして存在論はますます普遍的なものへ、漠然として空虚なものへと退却していくように見える。存在論は抽象性という見かけを伴うようになり、存在論が事物から遠ざかって〈条件づける働き＝事物たらしめる働き die Bedingungen〉を遡及的に把握するようになればなるほど、その抽象性はますます増大していく。

そうなると存在一般の概念はついにはまったくの空虚なものになる。そもそもこの概念がどんな「意味」を持つだろうか。それはなおも名指しうる意味を持っているのだろうか。むしろその「内容」は私たちのあらゆる把握作用を逃れて、無規定で霧のようなものになってしまうのではないだろうか。そこでは私たちはタンタロスのような状況にあるのではあるまいか。私たちが見たり聞いたり摑んだりする事物、私たちの飢えをしずめ渇きをいやす事物、大地が恵んでくれるパンや天が授けてくれる水、それらは真なるものでも本来的なものでもないと哲学は私たちに教える。それらは存在する、しかしそれらは事物存在に基づいて存在している。そしてこの事物存在がまた、端的な普遍的な存在に基づいて「存在する」。私たちが思考しつつパンや水を捉えようとするとき、私たちはそれらから追い戻される。存在者から存在者の存在者性へ、そして存在者性から存在そのものへと。思考しているとき、私たちは決してパンや水を味わうことはない。しかしこれはおそらく誤った仮象にすぎない。おそらく思弁的なものの空虚という見かけが現れてくるのは、ひとえにただ私たちが最も普遍的な存在概念のいわゆる空虚さのうちに、いまだ世界そのものを見出すことができないからであろう。存在そのものを語る語り口はつねに学問的なままであり、いつも概念的区別立ての遂行困難な作業に結びつけられたままである。しかし世界とは無媒介的な生の概念である。その概念はつねに体験された意味内実を持っている。世界とは何ぴとにとってもある意味では最も具体的なものである。世界のうちではすべての個別の具体的事物は同体であり、一緒に存在しており、取り集められている。私たちは自分自身を世界のうちで知るのだし、また他の一切の事物をも世界のうちで知るのである。世界とはあらゆる場所の場所であり、あらゆる時間の時間である。世界を語る際に私たちが何を思い描いているかを言うことは難しいことだが、それだけ私たちはつねに世界について無媒介的にそして生き生きと知っているのである。世界概念は、それが具体的な生そのもののうちに無媒介的に現前しているという点において、普遍的な存在概念に対して明確な利点を持っている。世界はまた「抽象的なもの」という見かけを帯びることもない。とはいえ、人間的現存在が無媒介的に世界に開かれているということから、世界を思考するには存在の普遍的概念を思考するよりも思弁的能力を必要としない、という結論を引き出すことは間違いであろう。むしろ逆である。普遍的な存在概念はある統一性を目指して投企されている。すなわち存在とは、あらゆる多なる存在者に帰属し、そのうちに現前し、そしてあらゆる多なるものから自身を自らへと取り集める、そうした一なるものなのである。しかし他方で世界とは天と大地の根源的な反目である。したがって普遍的な存在概念のぼんやりした空虚さの見かけを回避するために、存在そのものの代わりに今度は世界と言い始めたとしても、それではまだ何も得られていないのである。そのように表現方法を変更しても、存在論はいまだ真に宇宙論であるわけではない。むしろ肝心なのは世界を存在の地平として思考することであり、すなわち他方では存在を大地と天、空間と時間という対立関係に向けて投企して、存在の類比的統一をあくまで事物の〈間の領域〉に住みついたものとして認識することが大切である。「存在」が根源的に「世界」であるとき、つまり世界として支配しているとき、存在はその本質において決して和合的な―一なるものなのではなく、まさしく反目的なものなのである。存在が「一なるもの」として現出しうるのは、ただ存在が事物の存在として見出されるかぎりのことでしかない。存在を一性に向け、かつ一性より出発して解釈する態度は、哲学の伝統を広く支配している。それは事物そのものが一なるものとして思考される場面、あらゆる《オン》〔存在〕がそれとして《ヘン》〔一〕である場面、同一律もしくは〔禁則として言うならば〕矛盾律が存在者一般の存在論的な根本構造を言い表している場面においてのみ妥当することではない。存在一般もまた「一なるもの」の根本規定の下に移ることになる。

古代ではこの存在解釈はプロティノスの形而上学においてその頂点に達している。しかし存在の根源的な時－空 Zeit-Raum である世界についての予感が明け染めてくるところでは、一元論的な存在解釈は問題含みとなってくる。存在はそれ自身のうちに矛盾を含むものとなる。存在の思考はどうしても弁証法的になっていかねばならないが、それは単に無－限なものがここで有限な手段によって捉えられるという理由からではなく、むしろ無限なもの自身がそれ自身のうちで自らに矛盾しており、そして世界を思考することが世界を貫き支配するその矛盾 Widerspruch を復唱 Nachsprechen することを意味するからなのである。すでに述べたように、その際にはとりわけ否定性が別様に、すなわち、よりすげなくより和解しがたいさまで受け取られねばならない。すなわち否定性は、それがまさに現実的かつ作用的に現実的なものを貫き支配している様子そのままに引き受けられねばならないのである。

否定性についてはさまざまな意味で語られうる。否定性とは否定的なものの本質である。その否定的なものはすぐにまた何らかの現象として規定されうるし、あるいはその存在様態においてより根本的に特徴づけられうる。たとえば私たちは言うだろう。「罪」や「悪」や「死」は否定的なものであるが、他方で「徳」や「善」や「生」は肯定的なものである、と。そのとき否定的なものとは善い側面の悪しき反対側面のことである。しかしより根本的にはおそらく私たちは次のように言うだろう。否定的なものとして並べ立てられる現象がまさしく「否定的」である理由は、それらが存在を否定する作用であり、奪い取ることであり、欠損の様態であるからだ、と。そうした現象すべてにおいて無的なものが作動しており、それは無すなわち絶対的に否定的なものに与っている。否定的なものは否定作用と関連し、この否定作用は無と関連する。それはちょうど他方で肯定的なもの das Positive が定立作用（《positio》）と関連し、この定立作用が存在と関連するのと同じである。定立作用により定立されたものが「存在」である。なるほど、有限な事物はすべて互いに絶えざる矛盾のうちにあるが、それでもその各々がそれだけで受け取られる。あるものが定立されてあるところ、つまりあるものが自己主張しつつ自らを定立しているところでは、他のものが押し退けられ、圧倒され、追い払われ、抑圧されている。ある有限な存在者の「定立＝肯定 Positio」は、同時に他のものの「否定 Negatio」である。しかし事物の定立＝肯定はそれ自体として見るとまた、すでに同時にその同じ事物の否定なのである。事物が存在して自らの定在を主張するが、そのように主張してもやはりその定在を決して保持することはできない。不十分かつ非本来的なあり方で存在するという代償を払った上で事物は存在しているのである。事物は己を蝕む否定的なものをつねにすでに自らの定在のなかに迎え入れてしまっている。事物はまさしく有限な存在の矛盾として存在している。事物は存在する、だがそれはたかだか一時的なことである。事物は存在する、ただしそれは諸限界のうちでのことにすぎない。事物は制限され狭められた仕方で存在する。事物がこのいまに存在するかぎりで、その事物はすでに己のいまだ存在しなかった時間をあとにしており、己がもはや存在していないであろう時間を前にしている。そして事物が〈ここ〉—に存在するということ、場所的に限界づけられた存在のこうしたごく貧弱な定立＝肯定は、〈ここ〉にこのように固定されていることとして、同時にすでにしてあらゆる〈あそこ〉からの自分自身の絶えざる否定なのである。有限な事物の存在におけるこうした定立＝肯定と否定の融合を、ヘーゲルは深くかつ見事なやり方で見て取り、思弁的に発展させたのであった。ヘーゲルにとって有限なものはすべて、それによって有限な存在が定立されるというまさにそのかぎりで、すでにして否定的なものである。引き剝がされたもの、すなわち生の全体から突出して己の自立に執着している個別化された存在者は、まさにその自立をあがなうのに全体的—生命からの離脱という対価を支払っていることで、すでにして否定的なものであるわけだが、それにもかかわらずこの否定的なものが、自らを誤って肯定的なものと理解している。だからこそヘーゲルにとっては、こうした有限な事物の定立＝肯定を哲学の思考において廃棄することこそが肝要なのである。哲学は否定の否定、すなわち有限な定立＝肯定の否定を思考し、そうすることではじめて真の定立＝肯定を無限な生の定立作用として遂行するものだからである。

ヘーゲルは存在を原則的には定立作用から解釈したと言ってよいかもしれない。しかヘーゲルは定立作用を、有限なもののうちに固定されるものとしてではなく、有限なものを定立すると同時に廃棄するものとして捉えている。ヘーゲルによって「生」として規定される絶対的存在は、有限な事物の定立を遂行する一方で、また同時にそれの無化をもなし遂げる。制限を課してはまた同時にその制限を廃棄するという仕方で、絶対的存在は定立する。ヘーゲルによって根源的に思考された「否定性」とは、全一的な生によって遂行される形態形成と形態解消という意味での、有限なものの有限性のことである。確かに絶対的な生は、もとよりそれに宿っている威力として否定的なものの威力をうちに抱えている。だからといって絶対的な生それ自体が自身とひとつではないというのではない。無限なものはただ有限なものとの対立に、ほかならぬその無限なもの自身が生み出し、また同時にその無限なものが破壊することになるような、有限なものとの対立に置かれているだけである。有限化とは否定的な威力であり、ヘーゲルの考えによれば、それは存在のうちで無化するその仕事を行っている。絶対的精神の生のうちで地上の世界の諸形態が到来しては過ぎ去っていくさまは、あたかも地面を過ぎ行く雲の影のようである。星々が昇ってきては掻き消えていく。天体がその時をまわらせて春と冬とが交替する。しかし人間の諸文化、つまり歴史的世界の諸形態もまた形成されては解体していくのである。なぜなら有限なものはすべて、それが存在するというかぎりで、すでに破壊と没落を己のうちに担っているからである。

「有限な事物の存在そのものが、移ろいゆくことの萌芽を己の自己内存在として持つことである。事物の誕生のときは、それら事物の死のときである」。(63) しかしヘーゲルは押し隠した仕方で、あからさまにそう認めることもなく、存在のさらに深い存在の否定性のことを考えている。それは単に無限なものと有限なものとの関係における否定性ではなく、無限なものそれ自身における否定性であるわけだが、ヘーゲルがそうした否定性を考えるのは、和解されざる即自存在と対自存在が、天と大地の闘争として把握されねばならないときになのである。世界の闘争そのものは根源的に否定的なものである。ここに至っては、最終的な「定立＝肯定」の立場を確保して、そこで絶対的な観点を獲得することなどできない相談である。大地に基づいて思考される場合には天は否定的なものである。というのも大地は〔天を〕否認するものだからである。そして天に基づいて思考される場合には大地が否定的である。開けや自らのうちで明け開くものや明るみをなすものは、閉じられてあるものや覆い隠されてあるものを否認するのである。要するに、存在の明け開けは存在の覆い隠しと闘いの状態にあるのである。

しかし世界開放的本質を持つ人間が、思考しつつこの闘争を経験するときには、彼は地盤などどこにも見出せないような、つまり「《不動の基礎 fundamentum inconcussum》」などどこにも見出せないような否定性のなかに引き込まれている。人間による存在の思考は必然的に二義的になる。人間はただ大地にのみ帰属するのでもなければ、また天にのみ帰属するのでもない。人間は両者のあいだに存在しつつ、しかし世界のそれら両威力の闘争に開かれ、またさらされている。人間とは際立った〈間〉‐本質的存在者である。人間はあらゆる事物とは違って、ただ間に存在しているだけではない。人間は天と大地の間に存在して、それらの闘いをともに闘い、それらの戯れをともに‐戯れている mit-spielen。人間は仲介者 Mittler であり、思考しつつ深淵に到達し、同じくまた照明された明るみに到達し、こうして己を貫通しているものに対して態度をとるのである。存在と人間の根本関係が問題として経験され、問題として克服されるべきというのであれば、人間の仲介者性が明示的に主題化されなければならない。アリストテレスは、自然本性からして最も開示的なものに対して、人間の魂の《ヌース》が関係するあり方を（『形而上学』第二巻第一章、993 b11）、日の光に対して夜行性の鳥の目が関係するあり方になぞらえている。その際アリストテレスがその疑いえない立脚地盤としているのは、《PHANEROTATON PANTON》〔すべてのうちで最も明らかなもの〕、つまり最も開示的なもの、真理それ自体から発する明るみが、世界全体のうちには存在しているのだという根本理解である。つまりこの全体〔としての真理〕にではなく、私たちの無能力な思考の目の方にこそ、私たちが梟やその他の夜行性動物に似ている理由、つまり私たちが光を本性とするものの輝きに目を眩ませられており、若干の翳り、薄暗がり、緩和された光を必要とする理由があるというわけである。しかしなおもおそらく真剣に問うてしかるべき問いが残っている。私たちが神々のように永遠の輝きのうちにではなく、薄暗がりに住みなじんでいるのは、ひたすらただ人間の力不足のゆえなのであろうか。それともそれは、光と闇、存在の隠れなさと隠蔽性のどちらにも与るという人間の仲介者性に基づいているのだろうか。おそらく女神アテーナーの梟とは、ただ単に人間の精神の虚弱さや脆弱さを告示するというよりももっと深い意味において、哲学の象徴であり、有限なる人間知の象徴なのである。人間にとって可能な真理とは、すでに自体的に開示され覆いが除かれてあるものについての知でしかないのだろうか。事物が人間に提示されてあるところ、事物が大地の母胎から抜け出てきて、光のなかで綾なし輝きながら人間を取り巻いているところ、要するに存在の明け開け、もしくは人間がすでにすみかとしている世界の明るみ、そうしたなかへと、人間は哲学の思考においていわばあらためて明示的に立ち入るにすぎないのであろうか。

私たちを取り囲んでいる多様な存在者は、私たちと一緒になって現前している。それらは私たちの傍らにあり、そして私たちが事物の傍らにある。こうした〈傍らに‐ある Bei-Stand〉というあり方、多くの個別化された存在者のすべてを包括する現前のうちで、ともに存在するというあり方は、やはり明らかに根源的現象なのである。私たちがこの現前へと帰属するのは、私たちが取り扱い関心の対象としている事物、つまり諸々の器具や人間同胞、市街地の家々とそれらを取り囲む森や山がそうであるのと同様である。そうした現前には目印となるいかなる標点も備わっていない。現前は単純に私たちを中心とする周囲にあるのではない。つまり私たちが世界の臍であるのではない。家や庭、草原や森、さらには大空の雲や太陽や月がそうであるように、私たち自身もまたその現前のなかに帰属している。なるほど、有限な存在者というあり方で存在しているすべてを包み込み囲い込むこの現前を、私たちの側から分節しようと試みることはできよう。現前する事物を私たちの身体からの隔たりに応じて同定し、〈私たちにとっての〉近接の領域と、その背後でますます遠ざかっていく環境世界の領域とを区切ることはできよう。しかしそうしたのでは私たちは、事物とともに私たち自身が属しているこの謎めいた現前を捉えることはないのである。人間は思い上がって自分が中心点や標点であるという妄想に陥ることがありうる。そして遠近法的な人間‐環境世界を整えようとするかもしれない。事物は自分のもとにあり、自分が立っているそこにあり、自分を目標に取り集められている、事物は自分のためにこそ到来し立ち現れてきた、などと空想するかもしれない。つまり人間は自らをして空間と時間の座標系のゼロ点に任ずるかもしれない。しかしもし誠実に考えるならば、人間が事物のもとにあるあり方が、事物が人間のもとにあるあり方に劣らず謎めいたままであることを、人間は繰り返し認めざるをえないのである。ある基準点に基づいた分析が行われるところでは、包括的現前はもはや決して純粋には思考されることがない。なぜならその場合は何かしらひとつの現前者が幅をきかせて、共－現前者をただそうしたもののために存在するものへとおとしめようとするからである。しかし事物はイスラエルのためにつくられているのではないし、およそ人間のためにつくられているのではない。人間は植物や動物と同様に、生み育てる大いなるもの das große Wachstum の「被造物」なのである。人間を際立たせる特徴とは、あらゆる存在者が彼の足置き台になるというところにあるわけではない。人間は度を越した傲慢さから、自らを地球の主人の地位に、自然力の技術的な支配者の地位に高めようとすることもありえよう。しかしそのときは人間はまた、事物が示している目立たない静かな友愛の情を、現前の開けのなかで現存の歩みをともにするようなすべてのものを結びつけている共感の絆を、避けようもなく喪失していくのである。

しかし人間が本質的に実存するかぎりでは、つまり詩作し思考するかぎりでは、ただ現前のうちで、現前者のもとで生きているわけではない。人間はまさに現前一般の謎を経験できるからこそ、それをある不思議な仕方で「超えて思考する」ことができるし、またそうしなければならないのである。人間の真理とはそれ自体明暗相半ばする薄明かりめいたものであり、つまり存在の昼と夜をめぐる知である。こうした視点に立った場合には、真理の問題はある先鋭化を獲得し、かくして不条理にまで増幅されていくように見える。知りうるものとしてすでに提示されているもの、もしくは知解可能な本性をいわば携え持っているもの、つまり、すでに光のうちに立っているもの、それどころかそれ自身がまさに光であるようなもの、このようなものの知のみが問題とされているわけではない。それに加えてなお、知りうるというあり方から引き退いていくものを目指す知、すなわち不－可思議 das Un-Denkbare なものを思考しようとする思考が問題になる。要するに存在の明け開けと存在の覆い隠しの闘争が、根源的思考にとっての思考に値するものとなるべきなのである。しかしこれはまた、「信仰と知」という古来の神学者的‐区別が、宇宙論的哲学のうちに変化した姿で回帰してくるということではない。信仰に場所をあけるべく知を制限しなければならない、というのではない。むしろ次のような知の区別を習い覚えねばならないのである。一方で知とは、明るみへとすでに立ち現れ到来しているもの、開けに自身を提示し、開けを自らの現出の場としているものを確証する知であり、要するに現前するものについての知である。他方の知とは、間接的で迂回的でありながらも、まさにその迂回路を把握している知であって、まさにこの後者の知のうちでこそ思考は、それ自体からして思想には通徹不可能にとどまるものへと関係するのである。ここではこれはただのテーゼでしかない。しかしこのテーゼによって、まずなによりも真理の問題構制における周辺問題に気づかされるはずである。つまり、私たちが現に知りまた知ることができるのは、元来すでに可知性と明け開けへと目標を定められているようなものだけなのだ、という「自明性」が問いに付されるはずなのである。「真理」という表現を私たちは多義的に使用する。私たちは明示性の程度もさまざまな多様な真理の了解のうちで生きている。私たちは互いに語り合ってはそのときに応じて「真理」を言う。あるいは私たちは学問に従事して「真理」を収集する。あるいは私たちが歪んだ人間的状況や人間同胞との不透明な関係にあるとき、私たちは〈真にはin der Wahrheit〉実存していない。こうして言説のまことらしさとしての真理、研究の成果としての真理、実存のあり方としての真理が区別可能になる。しかし私たちはまた別な意味合いで、ある事実関係（2×2＝4のような）に対して「真理」という語を使うし、さらに別の意味合いでも、たとえばヘーゲルの場合に見たように、本来的な現実性（真実の愛）を言い表すものとしてもそれを使う。ところでいまや真理とは何かと人は明示的に問うことができる。しかしこの問いに循環を嗅ぎ付けるピラトのような懐疑主義の都会風を気取ったのでは駄目である。私たちが真理と名づけるのは、まずは言明の持つある一定の性質、つまりその言明が実際の事態と一致しているという性質のことである。しかし言明することにおける整合性 Stimmigkeit は、明らかに存在者への認識的ふるまいがあらかじめすでに「適合 stimmen している」ときにはじめて与えられる。言明はそうしたふるまいを表現にもたらす。しかしその認識的なふるまいは人間的現存在の存在様態なのである。したがって規定されたものや個別なものの認識は、現存在が理解しつつすでに存在者に対して開かれているときにのみ、つまり現存在が「真理のうちに in der Wahrheit」あるときにのみ可能になるのであり、また現存在がなすさまざまな発見がすでに存在者の先行的認知の内部を動いているとき、つまり現存在が、そもそも事物とは何であり、性質とは何であり、生物とは、植物や動物一般などとは一体何であるのかを前もって洞察しているときにのみ可能になるのである。言いかえれば発見的なふるまいは、存在者に関するその領野についての、そしてまたそもそもその範疇的構造についてのアプリオリな先行了解に基づいているのである。個別的なものをめぐる存在者的な真理 die ontische Wahrheit は、存在者の存在体制に関する存在論的な真理 die ontologische Wahrheit に基づいている。そして確かにこの存在論的真理とは、現存在が経験に先立って「前もって」持っている何かではあるけれども、しかし確固とした不動の所有物としてではなく、むしろ「投企」として持っているものである。しかしこのような投企もまたそれはそれで、存在者がそれ自身に即して持っているところの隠れなさに基づいている。かくして真理とは、より根源的な意味においては、認識する人間も認識される物事も等しく包摂する現前の開けのうちに諸事物が立ち出てあること、すなわち諸事物が現出することなのである。しかし存在者の隠れなさそのものは、存在一般が自らを露開してあってこそ、つまり存在一般が自らを「明け開いて」あってこそ可能である。そしてこの明け開けは、端的にただ単に生起するのではなく、人間にその際送り届けられるという仕方で生起するのである。これまで列挙されたすべての真理概念に基礎を与えているという意味での真理が、存在の明け開けであるというわけである。ハイデガーにより展開された真理問題の段階的構成について私たちはごく手短に輪郭を示してきた。命題－真理よりも発見的なふるまいの真理の方がより根源的であり、さらにこれよりも、存在者のもとで理解しつつ存在するという実存論的真理の方がより根源的である。そしてこれよりもさらに根源的なのが存在者の隠れなさであり、これは存在の真理に基づいている。そしてこの存在の真理は、思想家の思考の歴史的な歩みのなかで次第に明らかになっていく運命 Schicksal の「摂理＝送り届け Schickung」として生起する。しかしハイデガーにとって存在の真理とは、存在についての究極的で最も根源的な真理なのではなく、それ以上もはやその背後にさかのぼって問うことのできないような、根源的現象としての明け開けそのものなのである。だからこそハイデガーは次のように言うことができる。（こうした彼の思考の最終段階においては）真理が存在者もしくは存在の性質なのではなく、むしろ「逆に」（開けにおける現前者の現前として思考された）存在こそが「真理の性質」なのだ、と。私が思うに、ここがプラトン的な光の形而上学が至り着いた最先端である。そのとき存在者の存在は、あらゆる事物を自身へと取り集め包括する現前の光の威力の「保全 Wahr」の働きから、すなわちそうした〈見守り Hut〉の働きから思考される。つまり「天」の世界契機から思考されている。しかし仮にこうした事態が今一度疑わしくなりうるようならば、すなわち天と対等な世界契機である存在の覆い隠しが思考に課されているならば、存在と光の根本関係、つまり存在と真理存在の根本関係もまた最終的には「より翳ったさまで」、「より薄明りな状態で」私たちに現れ出てこなければならない。ことに存在の《アレーテイア ALETHEIA》〔真理・隠れなさ〕が、存在そのものに住み着いた《レーテー LETHE》〔忘却・隠蔽性〕と「闘争的に」関係づけられたままであるときにはなおさらである。

しかしいまや否定性と真理とが、あらためて二義的なものの明暗相半ばする状態になっていくのだとすれば、そうした事態はまさに存在論的経験の構造契機をなす根本の諸概念にとってこそ生起している。――このことを私たちはヘーゲルから学んできたのである。

（註）宇宙論的経験は、自らの弁証法を展開していくべきその手法においてすでに、自らがこれからはじめて思考していくべきまさに当の世界の二義性によって混乱させられている。このような経験の象徴がニーチェの場合には迷宮である。

第15章　別の出口／世界経験としての存在経験／事物、エレメント、世界／エレメント的なもの、通徹不可能性という世界性格

現代の思考が新たな存在経験という問題に直面するのは、精神史的な諸理由によるのではない。確かに私たちの時代はいくつかの意味において「問題的」である。キリスト教がその外的な支配と内的な拘束力の点で疑わしいものとなってしまい、いまではキリスト教は真正なキリスト者の小さな信者集団のもとにおいて、地獄の門は決してキリスト教を屈服させることはないだろうという絶望的な希望によって生きながらえている、というだけの話ではない。宗教一般、つまり人間的現存在の存在者の全体に対する根本関係性が消えつつあり、代わりに世俗性が蔓延してきている。そしてこの世俗性の最も恐るべき特質は、それがすでに「自明なもの」と思われている点である。私たちの時代の無宗教性の特徴をなすのは、迷信に対する「啓蒙」の精神的な闘いではなく、むしろ絶対的な無関心である。〔今日〕人は聖なるものを欠いたままに生き、そして死んでいくのである。そして芸術もまたもはや私たちの現存在の本質的な中心をなしてはいない。芸術が代表たる性格を単に外面的に喪失し、大聖堂や諸侯の宮廷やサロンから追い出され、「社会」という周辺領域へさまよい出ることになった、というだけではない。もはや芸術は普遍的な必然性として経験されることはないのである。そして学問もまた同じである。学問

は前世紀においてはいまだ真理への無条件の奉仕者たる情熱によって支えられ、高い使命感に満ちあふれていたものであるが、それがいまや自分自身を大幅に相対化してしまい、私たちにとってはどこまでも到達不能でしかない現実と人間が闘うべく案出したひとつの道具だと自己解釈するに至ったのである。こうした自己解釈のうちで、学問の持つ技術としての根本的本質が白日のもとに引き出されている。私たちの時代は聖なるものも美なるものも真なるものもなしでやっていく。それが今日の「大地の主人」の姿である。そのことを嘆くのは意味のないことである。なぜならこうした終末の時代をもたらすということについては、結局のところは宗教そのもの、芸術そのもの、学問そのものに原因があるのかもしれないからである。おそらくそこにはヨーロッパの宗教、芸術、学問の端緒における、別言すれば、その形而上学的根本姿勢における根本的な狭隘さが、遅ればせの、だが不可避的なひとつの帰結を伴ってあらわになってきているのである。こうした精神史的な諸要因の根底に間接的に存在している存在経験は、西洋形而上学のそれと同じものである。すなわちその存在経験とは、あらゆる存在者をはじめて存在へともたらしまたそこから奪い去るものに対して、すなわち世界に対して特有に閉ざされているような、存在者についての根本経験なのである。形而上学的な存在の問いの狭隘さを洞察し、それに伴ってその存在の問いの世界忘却を洞察することのみが、新しい存在経験を問うための真実で真性の動因となりうる。しかしそうした洞察は、私たちがあらためて持ち出してきて従来の哲学を批判するための覚束ない基礎として利用するような思いつきの類ではない。形而上学はヘーゲル哲学という形式において、いわば自らその洞察を我がものとするのである。ヘーゲル哲学では形而上学的思考の世界内在性格が「限界」に達する。私たちがすることはただ、思考の歴史の歩みにおいて何がそこに生起したのかを「理解する」ことなのである。私たちが求めている新しい存在経験とは、「事物」がそれであるところのものが新たに立ち現れてくること、たとえば実体としての古代的な規定や「主体＝主観」としての近代的な規定を超えて、事物がそうでありまたそうでありうるところのものが新たに立ち現れてくることではない。なるほど私たちもまた事物の本質を「経験する」途上にあるわけだが、しかしそれは事物に向けた視線のうちでそうなのではなく、〈条件づけている＝事物たらしめている bedingend〉世界から出発してそうしているのである。求められている存在経験とは世界の経験である。そしてこの根源的な世界経験の上に存在の新たな解釈は基礎づけられねばならない。その新たな解釈は、世界の時間と空間および世界の〈存在させる seinlassend〉運動のなかに存在の意味を見出すのであり、そのような基礎から出発して、事物に縛りつけられた形而上学の伝統との対決を引き受けるわけである。これはひとつのプログラムである。しかし単にある哲学的な教育方針を定めたそれではなく、思考する精神による先行投企である。それも、その思考する精神がいま何をなすべき時代であるかを感じ取っているかぎりで、ヘーゲルにならっていえば、「世界精神が時代に対して進めという命令」(64)を与えたことに対して、その思考する精神がなおもとらわれなく聞く耳を持っているかぎりでのことである。それにしても一体どのように存在経験は世界経験として作動させられるべきであろうか。またどのようにしてそれは可能であろうか。そもそも世界経験の構造とはいかなるものであろうか。ここでは何も外面的な意味で「方法」や手続きが問われているのではない。

ともかくもまず「方法論」の視点のもとで考察されるべきだというのならば、存在論的な経験とはさながら確固とした方法的体裁を持たないような方法であり、あらかじめ定められこれこれと確証された軌道によらないような思考の進展である。自然科学的研究の方法は、その対象となる領域の数学的な規定可能性を先行的に投企するところに成り立つものである。こうした根本前提のもとで、たとえば物理学は、自らが扱う対象の最も思いがけない経験がそこでなされるようなある次元を自らに創り出す。しかし思いがけないことどもは、もはや決して思いがけないことなどない枠組み、つまり数学的構造のなかに保持されているのである。問われることのない「枠組み」というこうした契機をヘーゲルは、最も徹底した方法だと自ら思い込んでいるある哲学的方法のもとで、すなわち懐疑の方法のもとでまさしく証示して見せる。およそ人に立ち現れてくるかぎりのあらゆるもの、たとえそれが感覚が私たちに示してくれる事物であろうと、(数、図形といった)純粋思考の対象であろうと、あるいは私たちの固有の内面性、私たちの体験的生であろうと、ともかくありとあらゆるものを疑おうとする粗暴な決意性は、明らかに思考の最も極端な可能性である。ともかくそうした見かけは持っている。このような懐疑主義が思考して歩き回ったところにはもはや草一本生えてこない。懐疑主義にとっては、単なる感性的事物から神に至るまであらゆる存在者が疑わしいものである。それは至るところに抹消線を引く。自分の目の前にやってくるもの、存在するという要求をもって立ち現れてくるもの、そうした一切のものを懐疑主義は線を引いて抹消する。しかし懐疑主義はそもそも「抹消線を引く」ことができるために、つまりそもそも自らの否定する精神の優越性を証明できるために、定立＝肯定に出くわすのをいつも待ち構えていなければならない。懐疑主義者が独断論者に結びつけられているのは、ちょうど影がその影を投げかける事物に結びつけられているようなものである。もっぱら否定をこととするこのような懐疑は、ねじ曲げられた独断主義にすぎない。こうした懐疑は、存在者と称されるものの存在要求を否定するが、存在了解そのものを運動させるわけではない。この懐疑は、存在すると自称するものは何ものでもないのだと言うばかりで、自身がそこで用いる基準がそもそも何であるかについては何事も知らせはしない。このような似非－徹底的な懐疑はある固定した枠組みの内部にとどまり、存在者の不可知性というドグマに基づいていて、その一方で存在と真であることとの関係そのものを、思考による吟味の主題にすることはないのである。あらゆる存在者を疑う懐疑は、存在の観点ではいまだとうてい真実の懐疑ではない。つまりあらゆる存在者を疑う懐疑は、存在の諸思想のある問われざる地盤に立脚しており、それら存在の諸思想を操作して否定的な結論に至り着くのではあるが、しかしその存在の諸思想そのものを決して自らあえて深く考察しようとはしない。存在者的 ontisch にはあれほど徹底された懐疑も、存在論的には素朴なのである。ヘーゲルはそうした懐疑と区別して、「存在論的経験」を〈自己完遂する懐疑主義〉と名づけている。なぜなら懐疑主義は存在の諸思想（この存在の諸思想によって思考される存在者ではなく）を問いに付すことによってはじめて、ひとつの哲学的可能性としてありうるものになるからである。そのとき懐疑とは思考する精神の注意深い－心構えのできた監視の働きのことであり、つまりは、ふだんいつもそのうちに自らが立っている存在の諸思想をいったん手放して吟味するときに思考する精神がなす経験を、この精神自身が注視する働きなのである。認識の道がその内部を走るような確定された軌道というものはいまや存在しない。なぜなら軌道－形成的な存在の諸思想こそがまさに問題的になっているからである。その内部で思いがけないことどもが生じてくるような「枠組み」などはもはや存在しない。むしろそのような枠組みの喪失こそが思いがけないことの筆頭なのである。だから仮にもしもある新しい基礎が提示されるべきだとしても、その基礎の新たな没落がこれまた予期しえない思いがけないことになるのであり、しかもそれはその様式の点においてもまた予期しえないものなのである。存在論的経験が方法として特徴づけられるべきだとしたら、それは方法なしという方法であり、渡し板も手すりもない思考の道程である。それは存在の迷宮への通路なのである。

私たちが問題設定の着手点とする「アリアドネの糸」は、存在論的経験の本性についてのヘーゲルの根本的省察が私たちに手渡してくれるものである。存在論的吟味とは基礎的な存在の諸思想を互いに比較することであり、それらの「相応関係」を思考する試みである。ヘーゲルは即自存在と対自存在の対立、および本質と現象の対立から出発する。それらは端的に中心的な存在論的根本概念であり、何かしらそうしたものの一種というのではない。すでに述べてきたとおり、ヘーゲルにとってはこれらの両対立において古代と近代の存在解釈が凝縮していたのである。ヘーゲルにとって対自存在は知の現象と密接に連関しており、ある意味では即自存在も同様である。それというのも、即自存在は確かに知のうちで知られるべきものだからである。しかしそのことにより即自存在がほかならぬその即自の特質において否定されるかぎりで、知は一体いかにして即自を捉えるべきなのか、また、即自は知に捉えられながらもいかにして自らを保持するべきなのか、という問いが起こってくる。即自存在と対自存在の緊張関係のうちで、ヘーゲルは存在と真であること（《ens》と《verum》）の問題を考えている。存在者はその存在において、つまり自立的で自体に根拠づけられたその存在において、いかにして真理へ、つまり知られるというあり方で開示されることへと関係するのか。ヘーゲルはこの開示のための場は、さしあたりは人間の意識であり、次いでそれを通り抜けたところの「絶対的精神」だとしている。しかし私たちはここからもっと根本的な問いを取り出すのではないだろうか。そもそも存在はいかに明け開けと関係するのか、と。

おそらく明け開けを第一に存在者が〈知られてあることGewußtsein〉として思考する必然性はないだろう。おそらく知られてあることの方こそまさに、存在者の立ち現れと自己露開のより根源的な様態に基づいている。事物についての人間の知、人間的理性による事物の聴取はおそらく、聴取する人間と知られる事物がともにそのなかに立っている明け開けをすでに前提にしている。ヘーゲルが使うもうひとつの対立〔本質と現象の対立〕は、先の対立〔即自存在と対自存在の対立〕にある仕方で対置されている。ヘーゲルはここでは、人間からではなく、存在者そのものから思考しようと試みる。存在者は本質として自己のうちに存立し、そして現出し、自己を外化し、自己を描出する。あらゆる存在者は本質であり現象である。しかしどのようにしてであろうか。これら二つの契機は何らかただ並列的もしくは継起的なあり方をしているのだろうか。現象が本質を塞ぎたてるのだろうか、それとも現象のうちにまさに本質が出現するのだろうか。「本質は現象しなければならない」、とヘーゲルの『大論理学』では言われる。(65) つまり現象とは、本質がその背後に身を隠す単なるファサードではなく、むしろ本質が自己‐から‐外へ出ていくことなのである。そして本質 Wesen が現象しつつ現成 wesen しなければならないのは、本質が究極的には力であるからである。ヘーゲルの本質の存在論は、プラトン‐アリストテレス的な《ウーシア》〔本質〕の存在論を取り戻そうというあらゆる試みをしているにもかかわらず、「《vis》」、つまり〈力〉としてのモナドというライプニッツ的な解釈によって決定的に規定されている。もっともそのライプニッツ的な解釈が、それがそれでまたアリストテレス的な思想の補習を意味しているのではあるが。本質が本質的に力であるならば、本質には力の外化が属している。外化され、活動にもたらされ、解き放たれた力のみが、作用する現実的な力である。かくしてヘーゲルは、実体を本質として思考するとき、その実体を自分自身のうちにとどまっている事物、じっとしていてただ外部からのみ突き動かされ運動にもたらされうる事物としてではなく、自分自身を突き動かす「生」として思考するわけである。存在者の存在は恒常的でじっとしているというその様態から抜け出して、「生」、運動、過程、必然的に自らを外化するべき「作用的な力」という根本的な特質を獲得する。しかしこうした思考の転換が起こるからといって、それによって本質が、自己のうちへと閉じられた恒常のものという一切の特徴を喪失するようになるわけではない。むしろ、自分自身に基づく実体という克服され粉砕されたはずの概念が、隠された形で相変わらずなおもそこに現存しているのである。実ることのなかったヘーゲル形而上学の諸動機がここに横たわっている。そしてこれらが将来の徹底解明の時を待っているのである。しかしヘーゲルの本質の概念は、自己のうちにとどまることと自己の外に出ることという「本質」の弁証法的な緊張関係のみを目指していたわけではなく、それよりはるかに優勢なある存在論的視点に導かれていたのである。本質と現象の対立は、まずもって存在の序列の差異である。本質はその現象よりも「より存在する seiender」。つまり現象はより劣った存在を持つ。現象がいかに本質に相応するかという吟味の問いが問題とするのは、本質がたとえばその全範囲から見てどの程度現象のうちに描出されているか、ということよりもむしろ、派生的でむなしく欠如的な現象の存在が、より本来的でより強くてより健全な本質の存在にどこまで相応するのか、すなわち、前者は後者に参与することによって一体どれくらい、そしてどの程度になおも分け前に与るのか、ということなのである。根本的に定式化すればこうなる。つまり本質と現象の相応関係とは、最も存在する存在者（《アガトン AGATHON》〔善〕）と最も劣位の存在者（《カコン KAKON》〔悪〕）とのあいだの、プラトン的に言えば、《オントス・オン ONTOS ON》〔存在のなかの存在〕と《メー・オン ME ON》〔非存在〕とのあいだにある段階領域での存在の序列の問題なのである。存在論的吟味を通過してゆくヘーゲルの歩みは「和解」のうちに終わるが、そこでは《存在 ens》は全面的に《真であること verum》に、《メー・オン》は全面的に《オントス・オン》へと止揚されている。そしてこれはヘーゲルの次のような暗黙の根本理解によってのみ可能となるのである。すなわち、存在はそれ自体で光の性格を持っており、したがって存在が自己を我がものとしていく歴史のうちで、光の性格を持った存在の明け開けが生起する、——非本来的‐存在者とは本来的‐存在者の一時的な「形態」にすぎないのであり、それというのもあらゆる有限なものは、さまざまな形態を形成しては同様にそれを再び解体していく無限な生が自己を有限化したものでしかないから、というわけである。ということは、絶対的な立場から見た場合には本質と現象の区別、より存在の劣った存在者とより存在の優った存在者の区別はもはや存在しないわけである。なぜならこうした区別はいまや、精神の創造的な生のプロセスのうちに回収されているからである。すべては善である。有限なものが絶対的な生の一時的な形態であるという透明性を手に入れてしまったときには、《omne ens est bonum》〔すべての存在者は善きものである〕、つまりすべての有限なものは善なのである。こうしてヘーゲルは、神によって創造されたものであるかぎりのすべてを善とみなすキリスト教的‐スコラ的思想を思弁的なものへと変奏し直している。世界の事物が世界の外にある造物主によって創造されるという啓示宗教に属する教えに立ち返るわけではないが、それでも無限な生の側から有限なものの被定立性を見る観点に、つまり《神による創造 creatum a deo》の観点ではなくても、《絶対的なものによる定立 positum ab absoluto》の観点にヘーゲルは立つわけである。ヘーゲルは存在論の領野において和解の調和を実現させているのだが、それは彼が自ら裂き開いた即自存在と対自存在のあいだの矛盾、本質と現象のあいだの矛盾を、それを相対化することによって閉じてしまうからである。存在者の存在にはそれ自体に光の性格があり、本質は現出しなければならないのである。しかしヘーゲルの形而上学に対して勇気が欠如しているという嫌疑をかけることはできない。ヘーゲルの形而上学は暗く見極めがたい結末を前にしてしり込みなどしなかった。人は心理学的研究による暴きたてをもってヘーゲルのようにかくも厳格で純粋な精神に決して立ち向かうことはできない。ヘーゲルは、宇宙の閉じられてある力は認識の勇気に抵抗することはできないし、宇宙は認識を楽しませるために己を差し出さなくてはならない、[66]という信念を抱いて生きていたのである。ヘーゲルにとって最も根源的な現実性、つまりすべての現実的なもののなかに作動しているものは、ロゴス、すなわち存在の光そのものだったのである。

ヘーゲルの根本の信念、それはまた西洋の光の形而上学を主導する動機でもあるのだが、それが私たちにとっては疑わしいものになってしまっている。それはある特定の具体的な「実存諸経験」からしてそうだというのではなく（というのも、実存諸経験はそれぞれの個別的偶然性にあってほとんど意味がないのだから）、むしろ私たちがニーチェ以来ある別の存在経験の訪れのうちに立っているからである。その別の存在経験は、明け開けをたかだか存在の昼の側面として、つまり、長らく抑圧され忘却されてきた存在の夜の側面と根源的に合わせて思考されなくてはならない存在の昼の側面としてのみ把握し、こうしてはじめて私たちを、支配する世界の矛盾的な全体のなかに立たせるのである。世界－経験の弁証法は、否定性と真理とがいまやますます二義的になったことによって先鋭化されている。私たちはヘーゲルとは別の出口 Ausgang を持っている。ヘーゲルは即自と対自という存在性格を、あらゆる存在者が存在する際の世界浸透的なあり方として捉えている。しかし私たちは即自を大地の閉鎖性として、また対自を天の明け開けとして思考するよう試みなくてはならず、またそのときに、思考しつつそれら世界契機の矛盾を耐え抜くよう試みなくてはならない。しかしこれは言うは易く、為すは難きことである。私たちは一体そもそもどのようにして、またどこで天や大地のようなものを経験するというのだろうか。どのようにして、またどこでそれらに出くわすというのだろうか。私たちはそれらを実際に目の前に引っぱり出し、それらに直接出会って、それらの矛盾を感知することができるというのだろうか。私たちは神話的想起を実体化するという危険に陥ってはいないだろうか。天と大地はどこにも与えられてはいない。なるほど私たちは地面の上に立ち、そのとき私たちの周囲を天の空気と光が流れるが、その私たちと同様に他の事物もまた天と大地のあいだに存在する。しかし私たちはどこに立っているのだろうか。建物の内部のここのこの床の上にである。そしてこの建物はまたフライブルクの街の土地の上に、この街はシュヴァルツヴァルトの麓に、シュヴァルツヴァルトは地殻の上に立っている。いわば次々とただより大きな事物が問題にされていくだけである。惑星としての地球が太陽系のうちにあり、太陽系がまた銀河系のうちにあり、とさらに続けることができる。つまり私たちの探索好きな思考は、あらゆる事物がそこから発現してくるところの非 - 事物的な全体のようなものなどどこにも見出すことはないのである。同様に私たちを取り巻いている開けもまた、ちょうど魚が水中で生き、モグラが地中で生きているように、私たちがそのうちに生きているところのまさに空気や光といった特定の媒質なのである。開けはその〔媒質としての〕密度こそ違うが、その他の点では私たちがその上をあちこち動きまわっている土壌と何ら区別されるところはない。事物だけが与えられている。至るところ事物だけが存在し、どこにも世界はない。このような見方は、それが自分自身の情報を意のままにできると仮定するならばまったく正当である。それはいわばあるまったく規定ずみの存在解釈を意のままに操っている。つまり当の見方を導き、事物だけがそもそも出会いうるということを生じさせるような存在解釈を、それは意のままに操っているのである。場合によっては人はおそらくなおもまだ、ただ端的に事物と名づけられるものと諸エレメントとのあいだに、ある種の相対的な区別を認める心積もりがあるのかもしれない。

おそらく人は言うだろう。事物とは特定の形態と特定の外観を持った限界づけられた統一態のことだと。そうした事物は通常、多くの数え切れない実例のうちに与えられる。そのとき相似の外観を持つ多数の事物が、ひとつのクラス、ひとつの領域、ひとつの類縁関係を形成する。そうした類縁関係に基づいて事物は、類概念や種概念で取りまとめられ、ある統一的な名称を割り当てられる。事物とはたとえば木、家、人間、動物、用具などであるが、そうしたものはすべて多くの契機から成り立っており、たとえば物体的なものや霊魂的なものや精神的なものから、あるいは質料的事物に付帯する精神的な特質から成り立っている。ひとつの犂は単なる鉄片ではなく、特殊に成形された鉄片であり、この形のうちに自らの有意味性をなす目的を自らに担っており、まさにそれを成形する人間の意味規定的でかつ意味付与的な活動性をさかのぼって指示しており、とさらに続く。しかしあらゆる事物は究極のところは諸エレメントに属しており、諸エレメントから何らかの仕方で引き剝がされながらも、それでもなお諸エレメントに浸っている。事物とは、断片となったエレメントであり、エレメントからの断片化である。とはいえ決して完全に解き離されているわけではない。私たちが事物をその個体的な個別性において、型押しされた外観において見るのか、それとも事物をエレメント的な質料が規定されて束の間ひとまとまりになったものとみなすのかは、いわばものの見方次第なのである。四大エレメント、すなわち土、水、空気、火（あるいは光）は一切を貫き支配している。それらは現象的世界を統御している。あらゆる土的なもの、堅固なものは共属している。たとえそれが山嶺のどっしりと重量感あるものであろうと、大聖堂の宙高くそびえる塔の上で揺れている十字の花飾りであろうと。またすべての水は大いなる水へと帰属する。海や河川や雨、さらには生き物の血管を流れる血であろうと、それらすべては湿ったエレメントの一部である。

確かに諸エレメントはさまざまな事物形態のうちに現れてくるのだが、そのものとしてもなお固有の形態、固有の外観を持っている。いわばエレメントの外観は事物のそれとは別の次元にある。私たちは出くわす事物へ向ける通常のまなざしを、その事物に即しかつそのうちで出会うエレメントの方へと切り替えることができる。私たちは自身の環境世界の照明を落とし、本来的にただエレメントだけを見るようにすることができる。もっともそれは尋常ではない切り替えである。なるほど私たちはたいていは、事物へと関心を引きつけて縛り付ける無数の糸に絡み取られて生きているため、エレメント的なものの純粋な輝き、つまり土的なものや、水的なものや、空気的なものや、光的なものにほとんどまったく目を開くことがない。時に私たちは芸術家の感傷主義とか、あるいはまた科学理論の即物的な冷静さといったあり方で、エレメントに近づくことがある。特に問題となるのは、ギリシア人の自然哲学において思弁の着手点が、《HAPLA SOMATA》〔単純なる諸身体〕——すなわち諸エレメントの単純体——へ向けた視線のうちで選び取られたのはどのようにしてであったか、そして、それにもかかわらず、事物の存在論としての存在論がその後に指導的立場を引き継ぐことができたのはどのようにしてであったか、ということである。私たちの自然科学的思考にとって、古代のエレメントの教説は稚拙なものである。しかしその価値を私たちの物理的ないし化学的理論の「前段階」たる性格のうちに求めてしかるべきかどうかがまさに問われねばならない。通常私たちはエレメントに注目しないし、穀物を与える土地や、耕地を潤す泉や、かまどの燃焼をもたらす火を畏れ敬うことから遠く離れてしまっている。私たちが天気を気象学的に捉え算定するようになってすでに久しい。もはや私たちはデーメーテールのことやゼウスの稲光のことを畏怖することはない。私たちは学問的に世界を脱魔術化してしまい、生の媒体として出会われていたエレメントの数多性は原子量の複雑な体系へと解体してしまった。私たちはある種の仕方で事物とエレメントとのあいだの現象的な区別を平均化してしまったのである。もちろん、こうしたことはすべてがそれなりに道理のあることであり、ロマン的に慨嘆されるには及ばない。しかし、事物とエレメントのこうした平均化によって、世界のあり方の少なくともひとつを告知していた現象が消滅させられたのではないかというのは、実際的な問題としてあるのである。

エレメントに対して人間的現存在が理解的に開かれてあることは、ある一定の指示の特質を備えている。ちょうどエレメントがあらゆる事物に現前しつつも、それと一体に落ち合うことがないように、世界もまたすべての世界内部的な存在者に現前しつつ、決してそれと端的に一体にはならない。そして事物がいわばその境界づけられた所与性の持つ押し付けがましさのなかで、自らがそれから成り立っているところの境界線を持たないエレメントを塞いでしまうのとちょうど同じように、事物は世界を塞ぐのである。とはいえこの比較はぎこちないし、だとすればそのぎこちなさを与えている点に注意を払うことがぜひとも必要である。それというのも、事物とエレメントは根本的には世界のうちにあるものだからである。世界そのものが世界内部的なものでもって自らを偽装し引き退いていくというあり様は、それ自体すでに世界内部で起こるような関係、すなわち事物とエレメントのあいだの関係によってはあくまで不適切でかつ間接的な形でしか告知されえない。したがって、あらゆる事物がそこより成り立っている大地の上に私たちは立ち、また天の開けのうちで私たちは動きまわっている、と私たちが述べたとき、それは現象的なものの観点から語られていたのである。思想において思考されねばならないような大地とは、私たちの足下にある硬い表土、たとえば畑や牧場ではないし、岩や陸地でもない。それはそもそも存在者ではなく、つまり事物でもエレメントでもなく、むしろ閉鎖性という存在の威力なのであり、現象的な大地は、せいぜいこの存在の威力の象徴でしかありえないのである。閉ざされたものを思考することは困難である。なぜならそこでは、思考に対する存在の通徹不可能性がまさに思考されねばならないからである。しかしこれは単純な仕方で任意に提起されるような単なる要求であってはならない。存在の通徹不可能性は経験として私たちに生い育ってくるのでなければならない。通徹不可能なものは、まずはその通徹不可能性において私たちに押し迫ってくるのでなければならない。これは、いかなる侵入も己から拒むような理解しえないものへと私たちの理解が投げ返されるときに起こる。なるほど人間の把捉能力を凌駕した理解不可能な事物や出来事は数多く存在するかもしれないが、しかし想定されているのはそうしたものではない。人間的認識の偶然的な限界ではなく、その本質的な限界が問題なのである。端的に理解不可能なこととは、存在者がそもそも与えられているという事実である。事物ならばそれを引き起こした他の事物へとさかのぼることで、出来事ならばそれを引き起こした他の出来事を通して、私たちは「説明する」ことができる。しかし存在者がそもそも与えられているという根源的事実は通徹不可能である。この根源的事実は概念把握的思考のあらゆる侵入を拒絶する。創造する神へと存在者を差し戻すことで一切の事物を貫く説明と見通しが得られたのだ、と人は主張するかもしれない。しかしそれはただ単に問題を先送りしただけである。その場合存在の通徹不可能性は、神あるいはデミウルゴス〔世界制作者〕のそれとして示されているのである。もし人が、私たちがさしあたり通徹不可能性と名づけるものを、ただ存在者の事実性として、〈何であるか Wassein〉と対立する〈現実にあること Wirklichsein〉として、「《本質存在 essentia》」と区別された「《事実存在 existentia》」としてのみ捉えようとするならば、それは誤解というものであろう。むしろ本質 Was と事実 Daß とに分岐するような存在者がそもそも存在するということこそがまさに根源的事実である。通徹不可能なものとは、普遍的な理性的本質が現実化するという非合理のことではなく、存在者の事実 - 存在や本質 - 存在や真理存在がそもそも与えられているという事実こそがまさにそれである。いわゆる非合理なものは、合理的なものよりも——私たちの考える意味で——より通徹不可能だというわけではないのである。このことは、通徹不可能性という世界性格が理性的なものと非理性的なものという通常の区別の先回りをしているということを意味する。根源的 - 事実として理解するならば、理性的なもの、思考、明け開けですら通徹不可能である。ここに想定された世界性格は個別の事物に即したのでは決して感知可能とはならない。私たちがすべての事物の全体を思考しようとするときに、それははじめて私たちに迫ってくる。個別のものは何かしら次々と他の個別のものによって「説明」されうるし、またそこから理解されうるのであり、全体そのものになってはじめて理解不可能なのである。ここでさらなる誤解を退けておかねばならない。人は次のように考えたくなることがあるかもしれない。いわゆる「自然事物」だけがその事実性において概念把握不可能である。つまり自然事物は、それらを支配している法則に従って探求することはできても、その法則の根拠に従って尋ねることはできない。一方歴史の国においては、人間が自分で原因であるのだから、そこにはより高度な了解性が備わっている。要するに自然は概念把握不可能だが、歴史は人間の自由に由来する以上概念把握可能なのだ、と。この自然と歴史の区別についてもまた、存在の通徹不可能性という世界性格が先回りしている。結局私たちが最も警戒しなければならない誤解は、通徹不可能性をあたかも普遍的な存在の特質としてそのつど現前する事物に認めるところに生じる。それというのも、その場合世界契機がいわば事物の性質へと歪曲されてしまうからである。すべての存在者は通徹不可能性という媒体のなかに立っているが、しかしこの通徹不可能性は事物に即してあるのではない。むしろ通徹不可能性の方がすべての事物を包括しつつ保持しているのである。したがって通徹不可能性ということで考えられているのは、単純な現前存在の契機や単なる存立の契機ではない。ヘーゲルの即自存在という概念が持つ疑わしい点は、この概念が、より根源的には「大地」という世界契機であるものを、存在者の普遍的な存在の特質として受け取っているということである。事物やエレメントは存在している。事物が滞留することと過ぎ去ることとの区別は途方もなく大きい。草木と同様に枯れしなびていくはかない人間と、何千年かけて風化する岩塊とのあいだにはとてつもない差異がある。

ところがまた事物と万有のエレメントとのあいだの差異はさらに大きい。しかし事物とエレメントのあらゆる変化は、大地の閉鎖する威力のうちにあくまでとめおかれたままなのである。私たちはそうした大地の威力を、いかなる事物に即しても、またいかなるエレメントに即しても見出すことはない。しかしそれは非現在的ながらもあまねく現在しているものなのである。表象的な思考は、そのつどの個別的なものを包括的な全体よりつかみ出して、それを出会いへともたらすのであるが、あらゆる出会いやあらゆる対象性に先立っているもの、すなわち全体としての存在における声もない静かな閉鎖性を聴取することはできない。表象的な思考が受けとめるのは、ただ自身に対面して立てられるものだけであり、それは大地の閉鎖し所蔵する純粋な支配を、つまり、つねに近くにありながらしかし把捉不可能性において自ら引き退いているものを、決して聴取しない。

おそらく時にはそうしたものの予感が私たちに降りかかることがあるだろう。私たちが景色を眺めやるときに、ただ牧草地の斜面や、農夫の家や、空に浮かぶ雲を見ているわけではない。ただ草むらの甲虫や、上空を舞う鷹を見ているのではない。むしろあらゆる事物の背後に、あるいはよりふさわしい言い方をするならば、あらゆる事物のうちに私たちは大いなる牧羊神パンのあまねく現在する近さを感じとっているのである。

第16章

現存在の世界忘却／形而上学から宇宙論への変化／事物、エレメント、世界／大地／大地と天

ただ木だけを前にするとき、私たちはもはや森を見ていない——ただ事物にだけ向かい合うとき、私たちはもはや世界を見ていない。〔しかし〕人間的現存在の世界忘却とは、もとから「世界に開かれてある」ことを本質にするものに固有の根本可能性なのである。世界忘却とは人間的本質の転倒である。それというのも、人間は万有のうちに住まうものであり、人間とは全体を我が家とする存在者だからである。人間は「《宇宙論的存在者 ens cosmologicum》」である。人間の本性については決して孤立化させて問うことはできない。自由と存在了解と世界開放性は不可分な全体を形成している。いかなる人間学的な規定も、もしもそれが人間への問いを存在への問いや世界への問いから切り離そうとするものならば、いかにも不十分なものとなる。しかし存在了解と世界開放性は二つの異なった契機なのではない。世界は存在の地平である。存在は世界として現成 welten する、もしくは世界のみが「存在する」。こうした言い方は、私たちを捕縛している思考伝統にとってはひたすら奇異に響く。なぜならその思考伝統は、視線を事物へと向かわせることにおいて、存在了解をいわば「世界盲目的」につくり上げようとしてきたからである。世界という問題は、最高位の存在者、《TIMIOTATON ON》〔最も価値のある存在者〕、つま

り「絶対的なもの」を問うことへと縮みこんでしまった。イオニアの「自然学」は本質的には宇宙論、すなわち存在者の全体の思考であったのだが、アリストテレスにおいて形而上学 Metaphysik が自然学 Physik に対して優位を獲得する。そのとき形而上学の枠組みのなかで、「世界」はついに「《特殊形而上学 metaphysica specialis》」内部のひとつの特殊問題として現れ出ることになる。こうしてカントの場合に至っては、世界の謎は彼の哲学の営みの本来的な「十字架」をなし、その力と根源性の深みにおいて経験されるとはいえ、それにもかかわらず、あらゆる事物にとっての、与えられたのではない ungegeben が「課されている aufgegeben」全体性の枠組みを問うという、適切ならざる軌道へと押しやられてしまうのである。いまや思想作業の長い歴史のなかで育成されてきた事物－存在論の狭隘さを「克服する」べき時なのだとすれば、それは新しい「理論」を性急に打ち立てることや、思考様式の革命を声音も新たに宣言することなどを意味しない。形而上学から宇宙論への変化は、——それが将来の思考の課題であると仮定するならば——まずなによりも私たちの現存在の変化を要求する。私たちが習い覚えねばならないのは、根源的なものの近みへと注意を払うこと、殺到してくる事物の背後に、事物を〈条件づけるもの＝事物たらしめるもの das Bedingende〉、つまり「天」と「大地」という存在の威力を感じ取り、予感することなのである。こうした物言いは私たちに耳障りに響く。私たちは疑い深くなっており、「根源的なもの」が対象－表象的な概念把握の手を逃れ退いていく、などとどこかで主張されようものならば、ただちにロマン主義と熱狂のにおいを嗅ぎつける。さらに私たちの世界盲目性は、表象の「対象」として証示されるものだけが存在を許される、と執拗に指令を与えることで「良心の安らぎ」さえ手に入れる。しかしそうした指令の正当性はまったく不分明なままである。その際に存在と存在者の対象存在との連関、すなわち「対象 Gegenstand」と対象がそこから生じる方域 Gegend との連関は、問題としてはまったく把握されていない。「対象」だけが公認されて「存在する」のだとすれば、つまり事物だけが存在するのだすれば、存在そのものでさえ存在しないことになる。そのときは存在 SEIN を探求しようとすることもまた、結局のところ単にロマン主義だということになるわけである。もっとも人間の「世界盲目性」には次のような注目すべき奇妙な点がある。つまり人間の世界盲目性は決して全面的なものではなく、決して世界に対する完全な閉鎖性ではないということである。私たちが理論的態度をとって、存在するあらゆるものに対して対象的所与性という形式での一貫した証示可能性を要求するときでさえ、薄暗く不明瞭でぼんやりとしたやり方ではあるが、私たちはなおも世界について知っているのである。世界忘却性とは、世界に根本的に開かれてあることを本質とするもののそれである。事物にのめりこむあまり、事物をあらゆる存在に対する唯一の基準に祭り上げるということも、つねに事物を超えた高みにある者のみが、あるいは、より包括的でより概括的である者の方から事物へと戻るよう指示されている者のみがよくなしうることなのである。世界忘却はまさにその離反の鋭さにおいて、相変わらず世界を証しているわけである。私たちは「与えられているもの」の方を向く。そこにある現実的なものや、眼前に横たわり現前しているものの方を向く。私たちは実在的なもの、見たり摑んだりできるもの、味わい飲食できるものをよりどころにする。私たちはしっかりと手ごたえのある事物をよりどころにする。私たちはそうしたものから出発して、またそうしたものへと返っていくのであり、これは学問的理論の場合でも同じことである。この場合でも私たちの最初で最後の言葉は、〈与えられているもの das Gegebene〉である。存在者は与えられてあり、また与えられているものだけが「存在している」。ここで所与性ということが明らかに意味していることは、存在者が単純に存在しているということ、存在者はそのあるところのままに、またそのあり様のままに存在しているということである。存在者がそこに横たわり出来しているというこのことが、思考が関わりうる最終的なところである。事物が「与えられている Es gibt」。このような所与性の背後にまでさかのぼって思考しようというのは無意味であるように思われる。与えられているものの事実性は飛び越えられない。少なくとも人はそのように言う。そしてまたそう言わざるをえなくなるのは、人間が「世界盲目的に」ただ事物にだけ開かれている場合において、すなわち、人間が与えられているものから与えるものへとさかのぼって、つまり私たちが「それが与える es gibt〔存在している〕」と言うときに何らかの仕方で輝き出てくる、かの不分明な「それ Es」へとさかのぼって理解することができない場合においてなのである。あらゆる事物を「与えられる」〈それ Es〉とは世界のことである。しかし世界そのものは自らの与える作用において「与えられる」ことはない。したがって世界における与える作用は、確定されて出来事として表象の対象になることは断じてありえず、ましてや算定的で計量的な解釈の主題になることはありえない。世界はその与える作用においては、与えられている自然事物が存在するようには存在しない。つまり石ころや木や動物や人間のようには存在しない。仮に私たちが与えられているすべてのものを探求し尽くし、発見のあらゆる道筋をすみずみまでたずね歩き、あらゆる事物を裏返したりばらばらにしたりしたとしても、私たちはそうした軌道上で世界に遭遇することは決してないだろうし、あたかも巧みに隠されてきた対象であるかのように、世界を光の下に引きずり出すことには決してならないだろう。事物に縛りつけられた思考にとって世界は無に等しい。このことは否定されない。しかしそこから私たちは、対象ないし与えられてあるものとして実在しないものはまさに端的にむなしいものだ、という教訓を引き出さなくてはならないのだろうか。むしろ私たちは、「存在している」ことと「対象」とをこのように根本的に等置する場合には、存在論的前提には何が挿入されているのかをまずもって吟味しなければならないのではないか。事物はかくも端的に与えられているのだろうか。つまり事物が存在するからこそ世界が（事物の全体として）与えられるのだろうか。それとも事物が与えられるのは世界が支配しているからなのだろうか。つまり天と大地の闘争が存在を開くとともに存在を閉じており、そしてその露開と覆い隠しの闘争のうちに、存在する事物がその脆くて有限な定在を持つからなのだろうか。これらの問いは、たかだかテーゼでしかありえないような答えを与えることで片づいたことにするわけにはいかない。大切なのはむしろ、問いをその問題性に関してさらにいっそう目覚めさせてやること、その問いの押し寄せてくる勢いと威力をさらにいっそう経験していくことである。もし私たちの語る少なからぬ部分が命題的に響くとしたら、それは表現のつたなさゆえにそうなっているにすぎない。真に大切なのはあくまで問題を目覚めさせることであり、存在するものとしては事物だけを承認するような、あまりにも確信に満ちた揺るぎなさに揺さぶりをかけることである。

私たちは世界忘却性というあり方において生きている。私たちは押し寄せてくる事物に魅了されており、そうした事物に第一に関心を持って向き合いそして開かれている。私たちはさまざまな関心によって動かされ、あれやこれや殺到する事物に襲いかかられている。私たちの日常的生を駆動しているのは相矛盾する諸関心の渦巻く騒乱状態であり、私たちはそうした諸関心を、どうにかこうにかやっとのことでこなしているのである。私たちがある統一的な関心主題をうまくこなしたとき、私たちがある優勢な目標の規律のもとに自らの生を従わせるとき、要するに私たちが自分が本来的に何を欲しているかを知っているとき、私たちはそうしたことをすでに何か大したことだとみなしている。単なる傾向性や気分や刺激の押し合いへし合いを、私たちが決然と意志の刻印を与えることによって乗り越えるとき、つまり私たちが自由に基づいて自分自身を規定し、ある長大なる意志を意欲する者となるとき、私たちは自身の生をその手につかんでいると信じているのである。このように意志の刻印を与えることは、それ自身は高邁な気構えかもしれず、それはファウスト的で超人間的な特質を備えているといえるかもしれない。しかしそのように意欲する者も、日常を超え出ようと「意欲する」ことのない小人のそれと同一の、事物への捕縛という世界忘却的な現存在構造に属しているのである。現存在の真正の自由とは、事物を操ったり事物の計画策定をしたりすることではなく、むしろ世界が絶えず人間存在に突きつけてくる「任務」のなかへ踏み入ることなのである。人間がただひたすら事物を向こうにまわして、それを技術的に征服しようとしたり、事物の発する刺激から己を解放しようとしている領域においては、自由はその本質にかなった遊動空間を持つことはない。自由は、事物に依存しないということでも、事物を規定できるということでもない。事物存在論では、人間的自由の本質はあまりにも不十分にしか思考されないのである。

世界を忘却して、人間はただひたすら存在者のもとで、つまり存在者の見渡しえない多様性と充溢のもとで存在している。人間が目を向けるところ、そこに事物がある。人間がつかみかかり、手探りし、味わうところ、そこに人間は「対象」と出会う。そして人間が思案するところですら、人間はつねにいつもただ事物、対象、存在者だけを見出すのである。すでに語ったように、こうした場面で諸エレメントには、より深く隠されたものへの暗示として何かしら受け取られるべきある固有な非事物的特質が備わっている。あらゆる個別的事物は単純なるエレメントのうちにいわば埋め込まれている。かくしてある視線の転換によって——一度試せばすぐに気づくようにそれは決してたやすいことではないのだが——、ともかくそうした転換によって私たちは、輪郭のうちに型押しされ断片化されてしまった個別的事物に代わってエレメントに出会うことになる。私たちは地面のエレメント的な持続性や、流れる水の流動する生動性を経験し、空気からなる風や息、火の輝きや光を経験する。なるほどエレメントは、「断片」、つまり個別的な断片としての特質を備えていない。どのエレメントも根本的にただ一挙に全体でそこにある。あるひとつのエレメントが、そのつど多数の個別化された事物にいわば分かち持たれていると見えるとしても、あるのはただひとつの土、ただひとつの水、ただひとつの空気、ただひとつの火である。エレメントが全体を貫き通すその単純なる統一性において聴取されてあるとき、エレメントははじめてエレメントとして生じる。それぞれのエレメントのこうしたひとつであるという唯一性は、世界なるものへの最も強力な指示を含んでいる。しかしこの四つのエレメントは、ある意味でやはり再び、限界を持たないところの大きな対象なのである。四つのエレメントは、少なくともそれぞれの現象的な所与性において互いに対する境界づけを持っている。古代の自然哲学が出発点にしている諸エレメントの循環なるものはひとつの思弁的な解釈である。火は土とは異なるエレメント的外観を持っており、空気は水とは異なるエレメント的外観を持っている。現象的に言ってそれぞれのエレメントは異なった見え方をしている。しかしこうした外観の相違によって、それぞれのエレメントは他のどのエレメントに対しても境界づけられているのである。なるほど感性的な世界は諸エレメントの混合の多くの形式を示している。しかし全体として見た場合、そこにはやはりある一定の様式が保持されている。下方には土が横たわり、その上に水が載っており、そして両者に覆いかぶさる空気があり、そして上方の天には太陽や星辰の火がある。諸エレメントは一定の対象化を許容している。諸エレメントは私たちの表象が関わる最初の対象ではない。それというのも私たちがまずもって見るのは、家、雲、星、山、人間や動物などだからである。いわゆる存在者ということで私たちはさしあたりたいていは個別的事物のことを理解している。しかし個別的事物の個別性を等閑視することで、私たちはそれらが成り立ってきているところへと注意を向けることができる。いわば私たちはあらゆる個別的事物の世界浸透的な「材料」に目にとめることができるのであり、そしてそのときに私たちはまさしく（純粋に現象のうちにとどまって、それゆえどこまでも自然科学的な理論によらないかぎり）、エレメントを見出すことができるのである。エレメントへの視線はいまだなお表象のひとつの可能性であり、表象的－対象化的な思考のひとつの可能性である。しかしこうしたことは、私たちが「大地」という世界契機として特徴づけたものにはもはや妥当しない。

大地は事物でもエレメントでもない。事物の特質（事実性）でもなければ、そもそも「与えられたもの」でもない。それは知覚されることも、触れられることも、嗅がれることも、味わわれることもない。しかし大地はすべての事物やエレメントよりももっと根源的であり、事物性という存在の特質よりももっと根源的であり、与えられているすべてのものよりももっと根源的である。そもそも事物やエレメントが所与性に至るというのであれば、大地はつねにすでに存在していなければならない。大地とはすべての事物を担い tragen、それに決着をつけて austragen、持ち堪える ertragen ところのものである。大地は出来するあらゆる存在者に先んじている。なぜならあらゆる出来はそもそも大地からの到来としてのみ可能だからである。大地はここにあるのでもあそこにあるのでもない。また「どこでもあらゆる場所に」という意味で至るところにあるわけでもない。むしろ大地は事物一般のすべての場所に、全体としてはじめて場所を与えるものなのである。大地とは閉鎖性という存在の威力である。大地は対象として示されることもできないし、事物として、もしくはエレメントとして表象にもたらされることもできない。しかしそれでもなお大地は無ではない。それは事物やエレメントよりもっと存在している。それは一般に存在するすべてのもののうちに現前している。大地のうちにあらゆるものが所蔵され閉じ込められている。私たちはたとえぼんやりとであろうと、つねに大地のことを知っているが、しかし私たちはそれを決して諸対象の方向に見出すことはない。私たちは大地を決して表象することはできない。大地はおよそ可能的な表象される対象の次元には存していない。しかしまた、たとえばエレメントにおいて個別的事物に属する表象様式が変容されねばならないのと類比的に、ここでも通例の表象様式を変容することが問題となる、というだけの話ではない。現存在の世界忘却においては、大地もまたともに忘却されているのである。しかし世界忘却は決して絶対的ではない。忘却的なものは、現在化する表象という特質を持たない「追想 Andenken」のなかで再び想起されうる。私たちは追想しながら、私たち自身とすべての事物を包括し担っている大地の非対象的な現在に関係していく。しかし追想が、事柄や概念の欠けたところにやってくるただの新しい語となってはならない。追想とは想起する思考 ein gedenkendes Denken のあり方であって、これは表象せず、その関わるものを対向するものとはみなさず、むしろまさにあらゆる与えられたものや現前するものや対象的なものを超えて、与えつつ支配する世界の働きへと思考を向かわせるのである。こうした世界の支配のうちにこそ、現前と対向的存立の領野ははじめて準備されるのである。しかしながら大地の追想とは、現象する事物を飛び越えて「真なる事物」の背後世界へ向かって思考することではない。大地の追想は「超感性的世界」の形而上学とまさに正反対なものである。大地とは、ここなる諸事物を貫通し、地上のもの das Irdische を保持し担いながら、あらゆる事物やエレメントをその懐のうちに取り集め保護するところの存在の威力である。大地とは、感知できるもののうちにこそ証示され外化されるような、秘められたさまで現前する存在である。それは何ら「精神的なもの」でも「彼岸的なもの」でもない。大地はあらゆるここなる事物よりも「ここなる」ものであり、此岸の喜びや此岸の肯定の一切の現象よりも此岸的である。私たちは大地について知ってはいるが、しかしそれを認知しているわけではない。私たちは大地の威力を感じ取りはするが、決してそれをしっかりと見出しているわけではない。私たちはその暴威を経験しはするが、決してそれに「対象」として出会うのではない。大地は地上のものによって覆い隠されている。しかし木々が森を覆うといったごく一般的な意味でそうなのではない。大地には閉鎖する存在の威力そのものとして拒絶的な傾向が備わっている。大地は自らが所蔵し保持し包括している当のものによって自らを覆い隠す。事物、いわゆる存在者が、自らが所蔵されているその当のありかを覆い隠すのである。とはいえその際、大地のこうした覆われてあるあり方には何ら「神秘的」なところはない。そのように聞こえるとすれば、それは私たちがさしあたりは対象化する以外の関係性や交わり合いの可能性を知らないからにすぎない。それは二〇〇〇年を越える事物存在論的な形而上学の遺産なのである。大地は「対象＝対向しているもの Gegenstand」ではない。むしろそれは、聴取するものと聴取されるものとして二重に自身に対向しているようなすべてのものを担う、最も根源的な「基層 Unterstand」なのである。「大地」という根源的に－単純なものを硬直することも作為的になることもなく思考することは、私たちにはもはやとうていできない業である。それというのも、私たちはすでにあまりにも長いあいだある固定された軌道のなかで思考を習い覚えてきたからである。大地は「神秘的概念」（哲学の厳密さから離れた忘我的状態という意味での）であってはならないのだが、それでも古代の秘儀における知恵は、与えかつ奪うものである大地についての包み隠れた知に基づいているのである。デーメーテールとコレーとは、作物の生い茂る耕地と休耕地とをそれぞれの守備範囲として割り当てられた女神たちなのではない。むしろそれぞれの形象を持った本質のうちには、大地における形象なきもの、つまり大地の慈恵と大地による拒絶とが保存されている。私たちは大地から糧を引き出す、つまり大地から一切の生は到来する。そして私たちは死者たちを大地のうちに横たえるのだが、それは一切がそこより生い育ってくる基底と死者がふたたびひとつになることを願ってのことである。要するに大地とは、生あるすべてのものの母胎にして同時に墓場なのであり、そこでは生と死が互いに結びつけられている。バッハオーフェンが示したところでは、大地崇拝的な根源的－宗教はとりわけ母権制に属しているわけだが、事実それら根源的－宗教の祭祀思想においては、すべての事物は大地という母なる胎内により生きかつ活動するとされるのである。

私たちにとって母なるものへ直接的に歩み寄ってゆくことはもはや同様には可能でない。かつて以前にはおそらく象徴化された直観であったものを、私たちは概念として思考しなければならない。私たちはもはや〔エレウシスの〕秘儀の伝授者たち Epopten のように、大いなる母の胎内に直接手を差し込んで、死と生の分かちがたい統一を身震いしつつ感じ取るというわけにはいかないのである。しかしその概念といえども、私たちはただ単純に見出すわけではなく、事物や事象に即してそれを読みとることは決してできない。私たちが大地を概念として思考するとすれば、それは、概念には通徹不可能にとどまる存在の威力として大地を受け取るときである。これは気取ってわざとらしく聞こえるだろうが、しかし実際のところは含蓄のある言い方である。人はいま私たちがまさに循環に陥っていると非難できるのかもしれない。なぜなら、〔大地を存在の威力として受け取るためには〕まずはともかく存在が世界という地平に向けて理解されねばならず、そしてその世界は大地と天の闘争として思考されるべきだからである。どこまでも漠然として空虚で「学問的」にとどまる存在の概念一般から離脱するために、私たちは普遍的な存在概念のうちで覆い隠され－思考されているものとして「世界」を示唆すべく試みてきた。そしていまや大地という世界契機を概念的に（しかもあらゆる象徴的な物言いから離れて）規定しようとする段になって、私たちはその大地を存在の閉鎖性として特徴づけ、かくしてまず最初に存在を世界によって説明し、その後で大地という世界契機を存在のあり方によって説明するというわけである。形式的に考えるならば先の非難は正当である。確かにここには循環がある。しかし問われてしかるべきなのは、こうした循環運動と歩みをともにすることで、まさに哲学的な洞察そのものが育ってくるのではないかということである。その洞察とはすなわち、存在はまさに事物よりももっと根源的な次元に属しており、そして存在はそれ自体決して単純な統一性などではなく、対抗的緊張であり根源的闘争である、ということである。閉鎖性の存在の威力とは、それ自体は中立的である存在に即して、またそれに付随して生起する何かではない。むしろ閉じられてあるということは、存在の根源的な根本様態なのである。存在は己の通徹を拒む。存在は通徹不可能である。存在は単純に存在するのだが、しかしそれは、〈与えられる es gibt〉と私たちが語るところの事物が単純に存在するのとはわけが違う。石ころや木が与えられるように、存在が与えられるわけではない。存在は、それ自身が与えるものであることによって与えられている。存在しているあらゆる事物を〈存在させる Seinlassen〉という様態で、存在は存在する。しかしこの存在させる働きは、単純に起こってくる出来事や事象などではない。むしろ存在させる働きとは、一切を－包括する一なる大地から多なるものが立ち現れてくる、という存在様態で存在するのである。私たちがあらゆる事物の出自、その由来や生まれ、そしてまたその没落の行き着く先を実際に思考するとき、私たちは大地を思考しているのである。そのときまた、私たちがその大地のことを、保存するもの、守護し所蔵するものとして思考するならば、つまり、むき出しにされたすべての事物をつねになおも自らの純粋な包括する働きのうちに引きとどめ、実際には決して全面的に突き放したりしないものとして思考するならば、私たちは大地をより本来的に、そしてより真実に思考していることになる。存在者のすべての歩みと変化にとって、大地とは逃れえないものである。何ものも大地から逃れ去ることはない。大地に由来するあらゆるものは、大地へと返らねばならない。しかしそれに限らず、大地から解き放たれて一時的に大地から自由になったかに見えるあらゆるものがまた大地に属している。大地からの自由などありえないのである。さい果ての星雲のなかにどこまでも見捨てられている星にしても、つねになおも大地の胎内に埋め込まれ所蔵されている。そして最も孤独な人間もまた大地の保護の下で守られている。大地の本質とは所蔵することである。大地が所蔵するものとして全体的に支配し、世界として現成している以上、すべての事物やエレメントは大地の保蔵性のうちに立っているのである。大地とは端的に必然的なものであるが、すべての事物は存在しないこともありうる。事物がまさに存在して、かく存在して、いま存在するということは、他の諸事物に基づいて考えられた場合には、確かにそれ相当の十分なる根拠を持っているわけである。しかし他の諸事物も当のその事物と同様にただ「条件づけられている＝事物たらしめられている bedingt」のであり、結局のところ「偶然的」なのである。しかしすべての個別化された事物の偶然性は、存在者の特質ではなく存在の特質であるようなある必然性によって担われている。ギリシア人たちはそれを《モイラ MOIRA》〔運命〕として、また《アナンケー ANANKE》〔必然〕として捉えていた。大地とは根源的なる《必然的なもの ANANKAION》である。大地の存在は、諸法則の支配にそれ自身が再び服するような偶然的事実という特質を持っていない。私たちが当惑しながら述べたように、大地とは、法則に則って規定された存在者と偶然的な存在者との差異をはじめて可能にする、根源的－事実である。根源的事実とは〈無制約に＝事物化されずに unbedingt〉必然的なものなのである。私たちが思考しつつ大地に関して堅持しておかなければならないものとして、とりわけ二つの契機がある。大地は自らを閉ざす存在として現成する。大地は己から概念を拒絶する。大地は理解されることも、説明されることも、洞察されることもない。大地は必然性という特質を伴った根源的事実の重さのうちに存在する。存在者がそもそも存在するという事実は、大地に基づいている。しかし大地そのものがさらにどこかに基づくということはない。大地とはあらゆる〈どこ〉にとっての空間、現実的なものと可能的なもののすべてにとっての遊動空間である。大地はあらゆる通徹に対して自らを閉ざしており、それは解明不可能かつ洞察不可能なものである。大地の非対象的な現前化に面しては、あらゆる思考はその終局に達する。大地のこうした現前化は、回転する星辰、陸地や海、人間たちや神々を貫き振動させている。しかし大地は決して存在する事物の総体ではない。事物であれエレメントであれ、有限なものはすべて大地に「生み育てられたもの Gewächs」であり、しかし大地それ自身は、通徹不可能性に自らを閉ざすところの〈生み育てるもの Wachstum〉である。ヘラクレイトスいわく、《PHYSIS KRYPTESTHAI PHILEI》〔ピュシスは隠れることを好む〕、つまり、生み育てるものは自らを覆い隠すことを好むのである（断片一二三番）。しかしながら、大地における覆い隠しつつ自ら引き退く作用はただひとつの契機にすぎない。同じく大地は、すべての事物の所蔵としても現成し、それらの事物を逃れようもなく自らのもとに保持している。どこであろうと人間が大地に従って－思考しているところでは、彼は大地の保護する本質をもまた経験している。そのとき彼は現に存在するものごとに対して、それが恐ろしく戦慄すべき諸特徴を持つ場合でさえもある窮極的な親しさを感じ取り、全体のうちで寛ぎを覚えるようになって、風強く危険に満ちたこの世界が、それでも永遠の故郷に違いないことを把握するのである。古い大地信仰において秘儀の知恵であったものが、後に（形而上学の終末の時代に）哲学と詩作の根本気分として言葉にもたらされるに至った。時に合理主義的な装いにおいてでさえ、フォイエルバッハによるキリスト教およびヘーゲル哲学に対する批判においてそれは噴出してくる。より強烈にはヘルダーリンの後期詩作において、そしてプラトン主義に対するニーチェの闘いにおける情熱的な激しさにおいて、そしてまたおそらく最も純粋な声を持つものとしては、リルケの作品においてそれは噴出してくる。『ツァラトゥストラ』ではこう言われる。「大地に対して罪を犯すこと、そして探求しえないものの臓腑を大地の意味よりも高く尊重することは、いまやもっとも恐るべき所業である」。(67) そしてリルケの第九悲歌では次のように歌われている。「愛しいあなた、大地よ。私は欲する。信じてもらいたい。私をあなたの味方につけるのに、もはやあなたの幾度もの春は要らない。一度の、ああ、ただ一度の春ですらすでにこの血には多すぎる。人知れず、ただ遠くから私はあなたに向かって決意している。あなたはつねに正しかった。そして親しみ深い死こそは、あなたの聖なる思いつきなのである」。(68) しかし高揚した気分で朗誦したからといって、私たちはいまだこれらの詩人や思想家の気分を手に入れているわけではない。ここには大きな危険が待ち受けている。決定的な危険は、繁茂増殖する異教信仰でもなければ、神話学を語るおしゃべりでもなく、また大衆‐水準に身の丈を合わせた「血と土」のイデオロギーですらなく、むしろ、形而上学の伝統に反対する単なる反‐動 Re-aktion となることである。そうした反動的な身構えは、伝承されてきた光の形而上学と断絶して、存在をもっと根源的なやり方で思考しようとするまさにそのときに、闇や混沌、血の暗黒の力や大地の暴威などを奉じる反形而上学を投企するという誤りにあまりにもたやすく陥るのである。問題は、観念論的形而上学によって抑圧されてきた題材を復権させることでもなければ、まして観念論をただ「ひっくり返す」ことであろうはずもない。むしろ思考が今日直面している決定的な問題とは、なによりも事物との関わりに置かれた形而上学の持つ狭隘さを克服することであって、存在を最初から事物の存在者性と受け取ってしまわず、大地と天という二つの世界契機の対立遊動としてより根源的に受け取ることなのである。

しかし大地の閉鎖し‐所蔵する威力は単独で現成するわけではない。大地があるかぎり、大地はすでに天の世界契機との闘争のうちにある。光の形而上学はこうした思考の境域に身を置きながら、しかしその境域をそれに即して十分根源的に捉えることができない。したがって光の形而上学はただ単純に用済みにされてしまってはならず、それが運動しているまさにその境域のなかでより本質的に思考されなければならないのである。厳密に言えば、天をより根源的に把捉するということを私たちが話題にするのは間違いである。天は大地と同じく把捉できる faßlich ものではない。しかし大地と天が把捉不可能 unfaßlich なのは（あるいは少なくとも把捉が難しいのは）、それらが自発的にいかなる「枠 Fassung」も持っていないからである。枠ということで私たちはいま、有限な事物の（そしてある意味ではさらにエレメントの）輪郭を持った規定性のことを理解している。有限な事物は「把捉されている＝枠を与えられている gefaßt」。すなわちそれはその形態、外観、見え様、型を持っている。有限な事物がある確固とした外観へ型押しされて存立するかぎりで、その事物は名前を持ち、種や類に帰属し、それとして名指されもしまた把握されもする。そのとき事物は知解可能性を備え持っている。把捉され、名や類種に従って配置され、確固とした型のうちに存立しているものとしては、存在者は「明け開かれている」。それは光のうちに立っている。すべての有限な事物は、それが規定されているときにはいつも――たとえ自らの規定を何らかの仕方で変化させることがあったとしても――光の開けのうちに取り集められている。それらは光のうちへさらけ出されている。かくしてこの明け開けの開所において、事物はある通徹可能性を持つこととなり、この通徹可能性が、事物を語り思考することにおいて現実化されるのである。しかし事物はこうした通徹可能性や知解可能性をいわば単純にその身に備え持っているわけではない。それらは、通常諸性質が事物に帰属するようにして事物に帰属するのではない。むしろ事物を明け開き照明している光は、事物に付属する何かではない。光は事物に付属するのではなく、事物こそが光のうちにあるのである。光とは、事物に外観や規定性や限界や型を貸し与えるような威力である。光は型押しをするものなのである。しかし型押しするものそれ自身はいかなる型押しも受けない。枠を与えるものはいかなる枠も持っていない。光とは、それ自身が再びある輪郭のうちに立つことになるような開けのことではない。いかなる輪郭も光のうちに存在するのである。光が限界を持たず、限界づけられることがないのはまさに、光があらゆる事物にとって限界づけをおこなうものだからである。光は存在者を境界づける。光は存在者を露開しそれをさらけ出す。光はいわば基底から一断片をもぎ取り、それをある輪郭のうちに打刻する。光はそれを覆い隠しから外に引き出して、開かれて無防備にさらけ出されたところに据える。あたかも太陽が昇るとともに、包み隠す夜のヴェールが脱落して、諸事物がいまやそれぞれの瞭然たる見え様のなかへと、それぞれを互いに分かつ確たる輪郭線のなかへと入っていくのと同様に、明け開けの本質とはそもそも、境界線を引いて鋭い切り目を入れ、分離して互いに区別し、そしてその分離されたものを、分節化された全体のうちで一体に接合するところにあるのである。しかし事物の上に落ちかかってくる明るみそのもの、そのうちで事物がそれぞれの境界と輪郭線を持つことになる明るみそのものは、それ自体境界を持つことはない。明るみとは、すべての境界がそのうちで成り立っている開けのことである。しかし太陽のもたらす感性的な光、いわゆる日の光は、天として考えられるべきもの、つまり存在の光の威力にとって、たかだか役立たずな比喩であるにすぎない。どこであろうと何か存在者が開示され覆いを取られているところでは、その存在者はすでに存在の明け開けのうちに立っている。〔存在者の〕露開はそれ以外のところではおよそ一切生起しえない。何であれ大地の闇の母胎から立ち上がり外に現れ出てくるものは、天の明るみのなかへとそびえ立つのでなければならず、天のなかで外観の型押しを受けるのでなければならない。大地が閉鎖し－所蔵しつつ支配するのだとすれば、天は露開し－さらけ出しながら支配する。したがって天は大地の純粋な対立項なのである。ただし私たちははっきり心得ておかねばならないが、天とは太陽の明るみというあの周知の現象ではない。天はむしろ、開けや開く作用のもっと根源的な威力なのであり、太陽 *Helios* とはたかだかその象徴でありうるにすぎない。大地に対する宇宙論的な対立概念としての天はいかなる存在者でもない。むしろ天はまさに、存在がそれ自体において明け開きつつ支配する基本的なあり方のことであり、存在が事物を細切れにする、つまり基底からもぎ離してきて、個別化された現実存在の開けのなかへ据えるという基本的なあり方のことなのである。この場合もちろん他の事物と一緒にそうされるわけだが、しかしそれでも天という見渡しえず限りのない鐘の下でそれはなされるのである。存在の光の威力としてのこの天は、太陽の光ではなく、また人間理性でもなく、おそらくは両者をはじめて可能にする何ものかなのである。それは存在者の全体を貫き支配する《ロゴス》であり《ヌース》である。この点に関してはなおもいくらか語るべきことが残っている。しかし天と大地についてのあらゆる語りは、結局のところどこまでも間接的なままにとどまり、通行不可能なもののなかへの歩みを示唆するだけにとどまるのである。

第17章　宇宙論的根本概念／レーテー、アレーテイア、ピュシス

私たちは自らの精神的活動全体がそれに抵抗し逆らうようなある根本的な省察を試みよう。すなわち私たちは、《RHIZOMATA PANTON》〔万物の根〕、あらゆる存在者の根、すなわち大地と天へとさかのぼって思考すべく試みよう。こうした試みに伴う困難は、たとえば辺境に隠されている何ものかを挙示しなければならないとか、ある精妙な方法によった複雑な装置をしつらえて、いわば稀な「現象」を罠にかけて捕えなければならない、といったことではない。ある事物が知の把握作用から逃れていく様態などはここではまったく問題ではない。事物の根はそれ自身は事物ではない。なるほど私たちはつねに大地と天の本質的な近みにおいて生き、活動し、存在している。私たちは絶えずそれらの威力を経験しており、それらは私たちの現存在を根底から揺さぶっている。しかしながら、あらゆる事物よりももっと根源的に私たちを根底から規定し貫いている当のものがまさに、概念による把握の手が届かないものであるように思われるのである。それは本質的ならざるもの、霧のようなもの、把捉しえないもののなかへとぼやけていってしまう。このぼやけた無規定性といったものを前に私たちの悟性的な思考はしり込みをし、確とした輪郭と型押しされた形態を備え持った存在者の方に依拠することになる。そのとき私

たちは自分たちの周囲にある諸事物をこそ真の現前者だと受け取ってしまう。そのとき事物は私たちに対し世界をさえぎる。つまり事物は、あらゆるものを担い根拠づける大地と、あらゆるものを－明け開かせる天とを私たちに対してさえぎる。こうして私たちは、与えられてある事物よりももっと原初的に現前しているものを見過ごしてしまうのであり、つまり事物がそこからしてはじめてその存立へと到来するような、与えるものの次元を見過ごしてしまうわけである。しかしながら、このようにして事物に依存して、事物の虜となり、事物に取り憑かれていながらも、私たちはなおも変わらず〈把捉しえないもの＝枠づけられないもの das Unfaßliche〉によって襲いかかられている。大地を耐え抜き、天の光のなかでその輪郭を持つような、そうした存在者に私たちは出会っているのである。ここには私たちの精神のある奇妙な倒錯が支配している。すなわち私たちには、間接的なものが第一のものとして、第一のものが間接的なものとして現出する。つまり事物が第一のものとして現出し、大地と天は、すべての事物の集まった全体的状況のようなものとして現出するのである。こうした倒錯は単に、事物存在論の何千年にもわたる伝統によって固定され硬直化された人間精神の態度、といったものではない。それはある意味では、そもそもが私たちの有限な理性の構造なのである。なるほど「《宇宙論的存在者 ens cosmologicum》」である人間は〈途方もないもの das Ungeheuere〉の思想を、つまり存在の無限性についての、それも存在の覆い隠しと存在の明け開けという二重の無限性についての暗い知を己のうちに住まわせている。しかし有限な理性のうちに「あたかも火が鉄のなかに打ち込まれるようにして打ち込まれる」、万有についてのこの思想は、まさに人間が存在者を理解する手掛かりであり通路でありながら、しかしたいていの場合人間がそれを明示的に理解することはまずないものなのである。

有限な理解が自分の成り立つための場所 Worin と手がかり Womit にそもそもともかくも注意を向け

ようとするならば、有限な理解にとってそれは概念把握不可能で把捉不可能なものとして現出する。存在する事物がそのうちではじめて出来しうるところの、天と大地の対抗遊動の支配は、人間にとって根源的に－現在的なものでありながら、しかし人間はこの根源的現在に決して気づくことはない。人間は、派生的で〈条件づけられたもの＝事物たらしめられたもの das Bedingte〉であるものを、それがあたかも根源的なものであるかのように受け取り、そしてその際に真に根源的なもののことは忘却している。そうした人間たちについて、ヘラクレイトスの断片三四番はすでに次のように述べている。「彼らはそれを聴き取ったとしても、それを理解していない。つまり彼らはさながら耳の聞こえない者のようである。現前しながら不在であるという格言は、彼らのそうしたさまを証言しているのである」。大地と天へさかのぼって思考することは、人間の精神の倒錯を克服する試み、つまり倒錯を反転させる試みとしてのみ可能である。しかしそれは、障害となるものを単純に片づけ取り除くこととして可能になるわけではない。私たちは自分をひっくり返し、まるでつくり変えて、大地と天への直接的で無媒介な関係を自らに与えることなどできはしない。そもそもここで試みることができるのは、私たちが自分の精神の倒錯への洞察を獲得するということだけなのである。ただ木にばかり向かい合っているときに、私たちは森を見ていない。ベンチ、壁、窓、雲、家、人間にばかり向かい合うとき、私たちは「大地」を見ていない。つまりこれら列挙されたすべての事物のうちに現前し、これらすべての事物を包括し、これらすべての事物を所蔵するところの、そうした閉鎖性の存在の威力のことを私たちは見てはいない。私たちにはもはや最古の神々のことなど知るよしもない。私たちにとって大地は単なる岩石や重力場などといったものに解消されてしまった。地上の事物は、それらを担っている存在の威力への透明さを失ってしまった。私たちは表面的なものにどこまでもとらわれたままである。ところが大地は、現象的－表面的な事物に対する事物的な背景をなすものなのではない。大地とは端的に根拠づけるもの、根拠を－与えるものなのである。比喩でもって言うならば、ちょうど土壌が、そこからもぎ取られたあらゆる個別的事物を担っており、つまりは一切のものを貫くエレメントであるように、またちょうど土壌へと浸入するいかなる試みも、そこから新たな断片をもぎ取ることはできても、決してそれを汲み尽くしたりはできないように、純粋な存在の威力として考えられる大地もまた、そこにあらゆるものが基づいているところの、汲み尽くしえない深淵 Abgrund なのである。ぼんやりとではあるが、私たちはつねにこの大地の深淵的な根拠づけの働き das abgründige Gründen のことを知っている。しかし私たちはそれを理解しているわけではなく、それは私たちのもとをすり抜けて、無規定なものの霧のなかへと逃れていく。大地の深淵的な根拠づけの働きは、現実的な事物の現実存在〔現実的であること〕が理解不可能である点に、つまり、存在者がそもそも与えられているという通徹不可能な根源的事実のうちに告知されている。だからといってそれは、個別的事物であれ事物の総体であれ、ともかくそれらの「事実存在 Existentia」の非合理性とひとつに落ち合うわけではない。すべての事物は「大地」をさかのぼって指示している。あらゆる個別的なものは偶然的であるが、しかし、すべての事物がそこより立ち上がってきて、またそこへと沈み戻っていくところの母なる胎内、この存在の暗闇は端的に必然的なものであり、《アナンケー》の国なのである。それは至るところに現成しているが、しかし個別化された現実的なものとしてはどこにも見出されえない。大地は万有の全体を貫通しているが、しかしそれは決して個別化された事物から組み立てられるものではない。大地の統一性は事物のあらゆる多数性の先回りをしている。大地のうちではあらゆるものがひとつであり、大地とは多様な存在者にとっての一本の根である。すべての事物はひとつの大地に基づいている。一切が大地から成り立っているが、しかし大地は決して事物から成り立っているのではない。大地とは思考の及ぶ以前の一なるものであって、そこから多数の特殊化した存在者が立ち現れてくるが、しかしそこから決して逃げ去ることはない。つまり存在者がそこから決して逃げおおせることがないもの、それが大地なのである。大地とは根源的に－一なる深淵であり、それは自らが根拠づけているものの多数性によって分裂させられたり引き裂かれたりすることはない。むしろ大地は安らいつつ己に即して堪えており、またそうしてはじめて個別化のための空間を与えている。大地とは一切のものを－持ち堪える母である。大地の持ち堪える力は、その汲み尽くしがたさと通徹不可能性のうちに宿っている。存在するすべての事物は汲み尽くすことができる。つまり、事物における存在するという力、己の有限な存在を保持する力は限界づけられている。引き裂かれればばらばらにされた個別事物の様態で存続するものは、まさに存在することで自らの存在を消費している。個別事物は自己を主張するかぎり、自らを消耗していく。こうした事態は生物のみならず山嶺や海や星にも妥当する。しかし過ぎ去りいくものや消え去りいくすべてのもののうちに現前する大地は、過ぎ去りはしない。事物は到来しそして過ぎ去っていくが、しかし大地はすべての変化のなかで変化しないものであり続け、すべての交替のなかで恒常的なものであり続け、すべての運動のなかで静かで落ち着いた安らいであり続ける。しかもその上、大地は通徹不可能なのである。これは私たちの人間精神にとっての把握不可能性ということだけを言っているのではない。つまり大地が「根拠」へさかのぼっていく思考にとっては解明不可能であるというだけの話ではない。大地は、開かれ一般に対して己を閉ざすものであればこそ、あらゆる根拠の根源的根拠＝基底 Urgrund なのである。大地はいわば、あらゆる開放性の境界を画しており、それはちょうど地面が、天の光のうちで輝きいでながらも、その際にまさに通徹不可能で不透明なものとして己を示すようなものである。地面の上には開かれた広がりがあり、そこで個別事物は形態や外観を持っている。つまり地面の上には光の国が浮かんでいるが、しかし地面そのものは、その光の国の下層を、つまり透明なものにとっての不透明なる根拠をなしている。なるほど地面はまさしくこうした自らの不透明性において、それ自身やはり明るみと開けのうちにともに立ち現れてくるが、しかし同時にそれは明るみの絶対的な境界として経験される。地面の不透明性とは、地面が己を提示するための、つまり地面が透明なもののうちで端的に不透明なものとして現出するためのやり方なのである。しかし地面や太陽の光はただの存在者的なモデル、存在者をもって存在へと示唆すべき、したがって私たちがあくまで類推としてしか受け取ることを許されない、ただの比喩にすぎない。地面と太陽の光とは、互いに接して境界づけられた二つの圏域 Sphäre のことである。閉じられたものは下方にあり、開かれたものは上方にあり、それらはそれぞれ明るい昼の上界と永遠の夜の下界として、一緒になって感性的世界の《天球 SPHAIROS》を形づくっている。

しかし私たちが大地と天を宇宙論的に思考するときは、それぞれそれを何かしらそれ自体いまだ事物的であるような半球 Hemisphäre として評定することはできない。私たちはそれらをより純粋に、より厳密に捉えなければならない。つまり存在の覆い隠しと存在の明け開けという根本的な威力として思考しなければならない。しかしこれらは、隣り合わせに置かれた二つの事物に似て、並びあって存立して互いを限界づけ合っているというのではない。存在の覆い隠しとしての大地は、世界のある側面でも、世界の領域でも、地域といったものでもなくて、むしろ全体が全体としてあるあり方なのである。大地の概念でもって思考されるべきなのは、世界を貫き支配している存在の《レーテー》であり、同様に天の概念でもって思考されるべきは、世界を貫き支配する《ア・レーテイア A-LETHEIA》である。《レーテー》と《アレーテイア》、つまり存在そのものの隠蔽性と隠れなさは、月の照らされた面と照らされていない面のように互いに並びあって存立したり、互いに並びあって現れるのではなく、それらは天と大地の根源的闘争として、天と大地の対抗遊動として、互いに貫入し合い、また互いに作用し合っているのである。私たちはすでに隠れなさを開けと名づけたのであった。それによって表現にもたらされるべきことは、真理はいまや断じて人間の認識作用やふるまいの方から第一に見て取られるべきでなく、言ってみれば存在者そのものから見て取られるべきだということである。事物が私たちに発見されうるのは、事物そのものがそれ自身からして開けに到来してしまっているときにのみ、つまり事物がある一定の輪郭のうちに、また枠の接合構造のうちに入り込んでしまっているときにのみなのである。通常私たちはそのことを「自明なこと」として前提している。つまり存在者が認識可能であるのは、ただそれがあらかじめすでに存在者として存在するときだけなのだ、というわけである。確かにこれは〈わかりきったこと Binsenwahrheit〉である。しかし〈わかりきったこと〉どもがまさにそのように見えるのはおそらく、私たちが日常の思慮を欠いた惰性のうちに固執しているあいだのみなのである。諸真理 Wahrheiten がイグサ Binsen として繁茂するところは沼地と決まっている。それならば事物が現出する領野全体はどこにあるというのだろうか。そう、天と大地のあいだである。事物はまず天的‐大地的な世界遊動のこの〈間〉の空間とこの〈間〉‐時間へと入り込まねばならず、そのときはじめて事物は、認識する本質を持つものによってそのなかで見出されかつ発見されうる。事物が開けのなかに、つまり〈間の領域〉の明け開かれた広がりのなかに歩み入るということが、見出す天分を与えられたある生あるものの側によって〔事物が〕知られる、という一切の出来事のための前提、その存在にかなった前提なのである。存在者は、もしそれが有限な事物というあり方で存在するときには、何らかの仕方で大地の所蔵しつつ閉鎖する働きからもぎ取られていなければならず、まさに個別化されたものとして、型押しする天の光によって露開されかつさらけ出されていなければならない。その際その存在者は確かに、決して大地の保護のもとを全面的に離脱するのではないが、しかしそれはまた、天の透明な明るみのうちで全面的に解消されてしまうのでもない。ところで《アレーテイア》、すなわち隠れなさとは単に開けへと立ち上がり現れいでているかぎりでの事物が持つ存在性格などではない。むしろそれはより根源的には、まさにその「開け」そのものである。開けは、開示された事物によって形成されるのでもなければ、事物の総体から組み立てられるのでもない。むしろ開けは、存在の開放性として、開けへと到来するすべての存在者に先立っている。比喩で言うならば、それはあたかも明るみの光の空間が、その明るみのなかに立って照らされている事物に先立っているようなものである。事物に即した明るさよりもっと根源的なのが、それ自身に即した明るさである。

しかし存在と明け開けについては、その関係をいかに考えるべきだろうか。存在はいわばまずはじめにそれ自身において暗いものであり、そしてあとから「明け開かれる」のであろうか。それとも存在ははじめはまず明るく透明であり、それから不可知性にまで濁らされるのだろうか。《アレーテイア》、つまり開放性は、存在そのものとどのように関わるのであろうか。そもそも人はこうした粗雑な形で問うてもよいのだろうか。もし同様な粗雑な答えを期待しているなら、それに対する答えは確かに否である。しかしあくまで問題への示唆を求めるものであるならば、そのような問い方も許されるだろう。私たちを主導している、また私たちによく知られた明け開けについての理解は、私たちが、照明されている事物との関わりにおいて光に対して何の産出的な力の所属も認めていないという事態によって規定されている。私たちは言う、光はただ明るみをもたらし、それでもってあらかじめすでに暗闇において存立していたものを可視的にするだけなのだ、と。光は現実的に事物を個別化したり、限界づけたり、区別したり、分離したりはせず、すでに分離され区別されていた諸事物を、それぞれが分離され個別化されているさまで私たちが「見る」ようにさせてくれるにすぎない、というわけである。そのときは、光が形成するのは開けの開放性ではなく、すでに先立って存立していた開けのなかの明るみにすぎないということになる。光についてのこうした理解のうちを動いているあいだは、私たちは決して「明け開け」の根本的に哲学的な意味を理解することはない。明け開けの哲学的な意味とは、存在する事物のすでに存立している多様性を、認識する聴取にとって可視的なものにするだけの明るませる作用のことではない。それはむしろまずもって存在者の個体化を可能にするための空間を形成することであり、個別化された存在者をその有限な本質の接合構造のなかへと打ち込むところの型押しの一撃のことである。存在が己を明け開くのは、存在がそれ自身のうちで空間と時間を開き放つことによってであり、まさにその空間と時間においてこそ、個別的な諸事物は開けにおいて現れ出るわけである。私たちは日常的に、立ち現れてくる空間という意味での明け開けについても語る。たとえば森の明け開け Waldlichtung について語る。内に閉じられた森の暗がりが開き、森の空き地を開放して、それのうちで、またそれに接することで閉じられた森の暗がりがいわば現出する。森の明け開けは、森が終わるところではなく、むしろまさに森の一部である。しかしその明け開けにおいては森そのものが現出するのである。森は自身の暗がりがそこにおいて、またそれに接して現れ出るような開けをつくり出しており、同時にまた、森の全体がそれに基づいて組み立てられるような、そうした開けをつくり出している。暗がり全体の区分構造は、森をつくり上げている各々の幹のなかに示されている。私たちがこうした比喩を無理に推し進めたりせず、存在者的領域から宇宙論的次元へと思考を転換するならば、「明け開け」の概念について次のことが理解されてくるだろう。すなわち明け開けは覆い隠しという根拠の上に安らっており、つまり明け開けは存在の自身への自己関係としてあるということが。大地としては、存在は全体として自身に閉じこもり安らっているのだが、しかし天としては、存在は自身において開かれている。とはいえ互いに無関係な契機に分裂しているということではない。逆である。存在は自身への純粋な関係の無限な多様態であり、自分自身にとって透明となった純粋な光なのである。

存在のこの透明性のことをギリシア人たちは《ヌース》と名づけた。これによって考えられているのは、いわばある途方もない人間、ある人格であるところの「世界精神」ではない。いずれにせよ人格性は非人格的なものより上位の範疇ではない。ギリシア人にとって《ヌース》、すなわち世界理性とは、《ト・テイオン》、つまり神的なものである。それは無論《アナンケー》〔必然〕と闘争的なつながりを持ちながら世界を主導し、存在する事物の一切の変化を主導しているにもかかわらず、やはり人格的な神なのではない。むしろそれは存在の光の威力である。存在はそれ自身において明るみ、光にあふれ、透明になって、全体としては諸構造や精神的な諸本質性からなる多様性へと注ぎ出てしまっているのと同時に、統一的な分節化された接合構造のうちに取り集められてもいる。自らを区切りつつ取り集めることが、〈選り取り集めること・読み取ること Lesen〉であり、つまり《レゲイン LEGEIN》である。すなわち、《ヌース》において、かつ《ヌース》として支配しているところの存在による、自身への自己関係こそが《ロゴス LOGOS》なのである。もっともそれはやはり、古代的な意味での世界-《ロゴス》なのであり、人間はそれを哲学の思考を営みながら、文字の綴りをたどりながら習い覚えるわけである。ここでかろうじて暗示された構造をもっと深く了解するには、ギリシア人たちの《ヌース》と《ロゴス》の可能性の根拠として、存在そのものの時間を暴きだすことが是非とも必要になろう。《ヌース》と《ロゴス》はある覆い隠された時間的脱自 temporale Ekstatik に基づいている。古代哲学がこの脱自をもはや自身で考察することができなかったのは、おそらくその時間的脱自がまさに古代哲学の思考がたどる軌道であったからである。存在の明け開けとして受け取られた《アレーテイア》は、ときおり出来してくる出来事ではないし、ましてや何百万年もの自然史の時空のうちに、人間がついに認識する動物として現れるときにのみ出来する出来事ではない。それは人間によってあるのでも、唯一人間のためにだけあるのでもない。しかしこのように人間への関係を退けるからといって、自らを明け開く存在と存在を理解する人間との本質的な関係などおよそ存在しない、などということが言われているのではない。おそらくは人間そのものがまったく素朴に「明け開く威力」ないしルシファー Lucifer〔光をもたらす者〕とはもはや見えなくなったときに、そもそもはじめてそうした関係は根源的に把捉され思考されうるのである。《アレーテイア》とは、それ自身のうちで分節化され接合された透明なものとしての存在そのものであり、この存在はそれ自身のうちに諸構造の無限な豊かさを担いつつ、またそれを必然的に展開し解き放っていくのである。要するにそれは（古代的な意味での）《ヌース》と《ロゴス》としての存在のことなのである。しかし存在はその純粋な自己関係性の構造的な豊かさを、あたかも生起する接合構造として、つまり、その存立態においていずれは把握されるであろう構造として持っているわけではない。存在の諸構造は運動のうちにあり、いわば（ヘーゲルの表現を使うとすれば）「流動的」なのである。そしてそれら諸構造はこうした流動性において、型押しされ存在している事物を貫いて流れている。存在者に付帯する世界‐ロゴス的なものとは、取り外し可能な固定した接合構造のことではない。それは、光による型押しを受けて限界と輪郭のうちに囲まれている事物よりももっと厳密に把捉可能なものである法則の全体のことではない。世界‐ロゴス的なものは、ほとんど把捉不可能なもの、「把捉‐困難なもの」という性格をいつでも持っている。なぜならそれこそは〈把捉しているもの＝枠を与えるもの

das Fassende〉であって、限界づけるものだからである。自分自身がまさにそこに開かれた天の明るみに帰属することになる、《ロゴス》のこうした光の本性を、ヘーゲルほど根源的に見て取った思想家はほとんどひとりもいなかった。弁証法的運動を持つヘーゲルの『大論理学』は、このような洞察の最もめざましい証言なのである。すべての有限なものは存在の明け開けという世界の明るみのうちに立っている。この太陽の輝きから身を守るすべはない。有限に存在する一切のものは、そのうちにさらされており、個別化されており、特殊化されており、つまり対自的となって、割り当てられた型のなかに押し込められている。光によって露開されるということは、同時に個別化の運命へとさらされることでもある。開けへと出てくるものは、没落へと定められたものの印を、すなわち過ぎ去りいくものという烙印を受け取ることになる。焦がすような光を前にしては、つまり、あらゆる事物を個体化の曝露へとゆだね、それによってはやくも死へと引き渡すところのその光の暴威を前にしては、逃走することも身を隠すことも決してありえない。だからして、人間にとってもまたそうした回避は可能ではなく、たとえ人間が激情に駆られて大いなる母の胸のなかに飛び込むとしてもそうである。この大いなる母が最後には必ずまた人間を再び引き取ることになる、――ただし死において。そしてこの大いなる母は、個体化の根底が生の感情によって先回りされ、私たちが自分を一本の血の流れのなかのさざ波でしかないものとして理解するようになるかぎりでは、生においてもまた人間を捕まえていることになる。しかしながら全面的な所蔵は人間には決して可能ではない。人間は実存しているかぎりでは、太陽の下に最もさらされた存在者であり、人間はただ有限であるばかりでなく、自身の有限性について知っているのである。だから、たとえ人間が深淵的な大地の闇に根を下ろして、そこからしてすべての脅威や危険をものともせず、存在への深い信頼によって支えられているとしても、大地はやはり有限で - 個別なものをそのものとして明け開けから全面的に引き戻し保護することはできないのである。それはちょうどニオベが自分の子供たちを、輝けるアポロンの放つ矢から守ってやることができないようなものである。《TO ME DYNON POTE POS AN TIS LATHOI》、「決して没落しないものを前にして、人はどうしていつまでも身を隠したままでいることができようか」（ヘラクレイトス、断片一六番）。存在の明け開けとは、夜との不断の交替においてある、太陽がもたらす昼のようなものではない。存在の明け開けは存在の夜と同時に存在する。大地と天は、共有する闘争のなかに一緒に存在する。明け開けが生起するあいだ覆い隠しも持続する。

覆い隠しと明け開けの全体、その対立的な遊動の全体を私たちは《ピュシス PHYSIS》と名づける。この語は最初期のギリシアの思想家たちの思考を支配している。さしあたりこの語は成長 Wachstum を意味する。成長すること、生成すること、生育すること、これらは生あるものというあり方の存在者が存在する様態である。植物、動物、人間は成長する。そしてそれらはそれぞれ他の植物、他の動物、他の人間に由来して成長する。生あるものは無数の形態において生み出され、誕生する。生あるもののすべての成長と生成において作動しているのは、生あるものの「自然＝本性 Natur」であり、その本質であり、その固有なあり方である。したがって一般に《ピュシス》という表現は、ものの本質や本性、つまり存在者の生動的に－活動している威力といったものをもまた意味している。しかし初期のギリシア人たちはその表現でもってただひたすら（最広義の）生物学的なものの存在様態を言い表すのではなく、またあれこれの事物の「本質」を言い表すのでもなく、むしろ存在者がその活動と生動的な本質のうちにある全体を言い表している。《ピュシス》とはある特定の事物に生起する何かではなく、むしろあらゆる事物一般がひとつの《ピュシス》に、世界のひとつの支配に属しているのである。しかしその際には、たとえ不明瞭にではあっても、生あるものの成長を見るまなざしが先導役を引き受けている。《ピュシス》は開けへの立ち上がり、光の国への生い育ちという主要な意味を獲得する。ちょうどすべての誕生が何といっても開かれた世界の明るみへ歩み入ること、所定の形態の上方世界へと歩み入ることであるように、またちょうど植物はすべて大地の暗い根底から育ちいでてきて太陽の光を浴びるように、ギリシア人たちにとって《ピュシス》は第一には開けへのこのような立ち上がりとして考えられており、すなわち存在の明け開けとして着想されているのである。もっともこの明け開けが暗い根底の上に載っているということ、しかもその根底は明け開けに現出しはするが、しかしその現出において自らをまさしく閉ざすものであるということを、ギリシア人たちは十分意識しているし、そうしたことが彼らの思考する精神の途方もない緊張感をつくり出している。しかし彼らはいわば思考しつつ明け開けの存在傾向のなかを一緒に進んでいく。根底の閉ざす働きが彼らによって思考によって反復される。〔その彼らの思考によれば〕根底は混沌とした無秩序にして無節度であり、巨人的なエレメント的暴力の脅威であり、それらに対抗して節度と形式の世界が闘い取られねばならないのである。もっともそれはヴィンケルマンとゲーテがギリシアを語る際の例の牧歌的雰囲気のなかにおいてではなく、冥府の神々に対するオリンポスの宗教の勝利としてであり、〔光と闇の〕二面性を持ったヘラクレイトスに対するプラトン的な光の形而上学の勝利としてなのである。ギリシア人たちはただ有限であるだけのものにとらわれることはない。彼らの哲学においては、その哲学がすでに事物の存在論になってしまっている場合でも、つねになおも無限なものが思考されている。しかしそれは光ないし天の無限性として、つまりその輝きのうちに有限な事物が輝き出る、そうしたものの無限性として思考されている。あくまで《アレーテイア》が、思想家たちの思考の始まる優遇される次元であり続けている。彼らは存在の明け開けの途方もない生起を考察し、その際精神の最高度の鋭さと注意深さをもって、そうした明け開けが覆い隠しとの闘争のなかで生起することを知っているのだが、しかし彼らはその覆い隠しに対して一緒に闘い、〔おそらくヘラクレイトス一人を除いて〕覆い隠しを自ら肯定的に思考することはない。《アレーテイア》とは否定的な語である。欠如を表す接頭辞の〈ア・〉は、明け開けがそこへと向けられているところの、存在の《レーテー》を指示している。しかし〔レーテーという〕肯定的な語の方はおそらくはギリシア的思考の最大の怠慢さを肯定を印づけていて、〔アレーテイアという〕否定的な語はギリシア的な思考の最も情熱的な印づけているのである。将来的にはおそらくは、初期ギリシア人たちの「基礎語」を別様に、より非ギリシア的に思考することが大切になり、つまり深淵的な大地を天と同等の重さで受け取り、存在の覆い隠しを存在の明け開けと同等に根源的に受け取ることが大切になる。それというのも、ヘラクレイトスの断片一五番が言うように、「ハデスとディオニュソスはひとつの同じものである」からである。そしてそのときには、存在の概念や《オン ON》やオントロギー＝存在論 ONTOLOGIE の概念には、憂慮すべき一面性の危険が伴っているという洞察もまた育ってくるであろうと期待されるのである。

存在概念はつねに根源的な一性に向かう傾向がある。しかし存在のうちで純粋に思考されるべきものが天と大地との反目である以上、存在はまさしく根源的に二面的なのである。存在の自同性とは、この反目の彼岸にあるものや、あるいはその反目の和解の何らかの形式なのではない。存在の自同性はただひたすらこの明け開けと覆い隠しとのあいだの、《レーテー》と《アレーテイア》とのあいだの闘争そのものなのである。しかし《オン》の超越論的 transcendental な統一性は、その語を通じてすでにしてその疑わしい由来を告げている。それはある「踏み越え transcendere」において、すなわち有限な事物の上を踏み越していくことにおいて考えられている。かくして存在の統一性や一性は、事物から出発して、事物から離脱していく視線のうちで現れ出るのである。そのとき「存在」は、すべての有限な事物に帰属するが、しかしそのような帰属の事態において現れ出ることのないようなものとして示される。つまり、それ自体無限なものであるようなものとして示される。しかしこの無限性が、有限な事物から離脱することにおいて考えられるとすれば、この無限性の内的な二面性が見られることはおよそありえない。ここに明け開けは存在概念を全体として横奪しうることになる。これは実際にプラトンからヘーゲルに至るまでに生起していることなのである。西洋哲学のこうした一面性は、人が「補完」を試みたところで克服されるものではない。根本の着手点が全体として徹底的に吟味され、未決状態に置かれねばならないのである。つまるところ、私たちはおそらくいずれ、存在を存在する事物から思考するのではなく、逆に有限な個別的事物の方を存在の光と闇の闘いに基づいて思考すべく試みなければならないであろう。個別的事物は根本的には〈間〉―事物であり、つまり天と大地のあいだに存在している。すなわち一方には無限で限界を持たないが、あらゆる限界を意のままにする天があり、他方には無限で無形態であるが、あらゆる形態を生み出すところの大地があって、これら二つの無限なもののあいだで、事物はその危険にさらされた壊れやすい現存を持っているわけである。事物は把捉可能なものの領域である。形而上学がその支配的伝統において把捉可能なものから出発して、存在の把捉不可能性へ向かって思考を練るのに対して、むしろ逆のことが起こらねばならないのではなかろうか。すなわち大地と天の限界なき把捉不可能性から、有限な事物の驚異が思慮されねばならないのではないだろうか。それというのも、事物はある固有な仕方で、自らがそのうちに立っている闘争を反復するものだからである。事物は大地の無限なる覆い隠しを有限な仕方で反復し、同様に天の無限なる明け開けを有限な様式で反復する。これは何を意味するのだろうか。これに関しては私たちはただひとつの示唆を与えうるばかりである。

事物は大地と類比的な仕方でそれ自身のうちに閉じられているが、それでも別様なあり方をしている。すなわち事物は実体として存在する。つまり、たとえそのほかにどのように現れるにしろ、それ自身のうちにとどまり、それ自身のうちに所蔵され覆い隠され続け、ある通徹不可能な核を保持している本質として存在する。根底に最終的に横たわっているものは、決して自身から外へ出ていくことはない。そうしたものは、多くのものを多様な仕方で外に送り出すにしても、自身は内部にとどまり続ける。事物はそれの持つ諸性質によって汲み尽くされはしない。事物はその特徴や表現の総和ではない。それというのも、性質として示され表現されるものは、確かに事物が自己の外へと抜け出てしまうことではあるが、しかし言うなればこれが決してすべてなのではなく、そこにはつねに最後の解消されることのない残余、それ自身ではいかなる性質も示さず、つまり己を手元に引きとめているような、諸性質のある秘められた担い手が残っているのである。結局のところ事物の本質は、どこまでもそれ自身のうちに閉じられているものなのである。事物の《ピュシス》、すなわちその「自然＝本性」は、《ピュシス》全体の閉鎖性を反復する。実体性の構造は結局のところ、もしもそれが存在の根源的な自己閉鎖作用の変容態として、つまり大地の反復として理解される場合には、より深い哲学的重要性を獲得するのである。そしてまさにそれと同じことが明け開けにも妥当する。つまりすべての事物において生起する明け開け、事物の自己描出の過程である明け開けにも妥当する。すべて事物はただ自身のうちに、また自身のもとにあるわけではなく、つねにすでに他の事物へと開かれている。事物は他の事物と境界を接し、他の事物に接触し、他の事物へ働きかけ、諸性質に満ちた姿で他の事物に現れる。いかなる事物も共現存する他の事物に対してすっかり自身を閉ざしてしまってなどはいない。事物はつねに自らを描出し、自分を外化し、現出する。存在を理解している人間に限らず、あらゆる存在者は自身のもとにあるとともに自身の外にあり、閉じられているとともに開かれてあり、覆い隠されているとともに明け開かれてある。有限な存在者に見られるこの覆い隠しと明け開けの、〈あれでもあり－これでもある〉という錯綜した存在論的構造に、ヘーゲルは弁証法的な存在概念的思考の原基を見出し、そしてそれを発展させたのであった。最終的にこの思考は、有限な事物を超えて自らを駆り立て、有限な事物を内的な矛盾につまずかせて粉砕し、そしてそれを精神の絶対的生のうちへと連れ戻さねばならないものだった。ヘーゲルはこうして矛盾を有限なものの内在的な矛盾として解釈したのであったが、矛盾がより深いところでは、無限なるもののそれ自身の内なる最根源的な矛盾であることを、つまり大地と天の矛盾であることを、そしてこの矛盾が有限なもののうちに映し出され、非本来的なあり方でただ反復されているにすぎないということを認識しなかったのである。いかなる事物も実際には、大地の測深不可能な閉鎖性や天の明け開く澄明さを持つことはないが、しかしそれらは天と大地を映し出している。存在者の自立はこの映し出しの働きとして把握されねばならない。あらゆる事物はまた、世界を貫き通る裂け目 Riß によって引き裂かれており、この裂け目によって印づけられている。事物の自立は、もしもそれが実体の閉鎖態としてだけ、もしくは自分自身に関係する主体＝主観の開けと開在態としてだけ受け取られるなら、不十分にしか把捉されていないのである。そして仮に事物が、開かれたものと閉じられたものが一体となったものとして解釈されるとしても、有限なものの存在様態がおよそまったく世界契機の反復として根本的に把握されることがないかぎりでは、やはりまだ不十分な把握にとどまっているのである。

閉じられたものと開かれたものという宇宙論的な根本概念の弁証法的な吟味が、その最初の根本特徴に関してなおも素描されねばならない。

『やさしい青空のなかに……』というかの深い含蓄を持ったヘルダーリンの後期の不思議な詩において、明るむ天は神的なものとして解釈されているが、それはちょうど『ゲルマニア』において、母なる大地があらゆる存在者にとっての神聖な-閉じられた胎内として解釈されているのに対応する。この詩人の詩は、思考にとってなおも将来的な課題となっている。ただしそれは、芸術作品を読み解き解釈することとしてではなく、「根源の近くに住まう」根源的な真理を我がものにすることとしてある課題なのである。

第18章　宇宙論的弁証法としての存在論的経験／天と大地、世界と事物

ふつう私たちが存在者と名づけるもの、つまり私たちが自らの認識の真理を測る際の基準とみなされ、私たちが実践的および理論的な態度の全体において従っているもの、そうしたものは根本においては派生的で、〈条件づけられたもの＝事物たらしめられたもの Bedingtes〉である。事物とはあくまで天と大地の間にある〈間〉の事物である。事物はその実体的な自己内存立を、その事物が「基づいている」ところの所蔵し－閉じる大地から授かり受けており、他方でその特殊な形式を、つまり輪郭づけられた個別性の外観を、露開し－さらけ出す天から授かり受けている。かくして事物とは大地と天の貸し出し品なのである。大地が事物に「材料」を提供するとき、大地はいわば自らの閉鎖性を天の明け開く介入の作用にゆだねるのであり、また天が己の限界なき開放性を事物の「形式」へと制限するとき、天は自らの透き通った明澄さを暗い大地にゆだねているわけである。あらゆる事物を生み出し誕生させるこの天と大地との世界の闘争は、愛による闘争（《PHILIA KAI NEIKOS》）であり、《ウーラノス》と《ガイア》の結婚である。存在者と称されているものが根源的な存立や持続を持つことはない。存在者とは、過ぎ去ることのない永遠の存在の諸威力がつくり出す〈間〉の空間に置かれた過ぎ去りいくものなのである。

しかしまさにその過ぎ去るというあり方にこそ、存在者、すなわち〈間〉‐事物はその固有で本来的な本質を持っている。存在者はまた貸し出し品でもあるのだから、やはりそれは、そこから自身の存在を授かっているまさにその当のものでは決してない。しかし有限な事物は、たとえそれが時間の流れのうちに消え去り流れ去るのだとしても、存在論的に溶けて本質なきものになってしまうわけではない。たとえ派生し〈条件づけられている＝事物たらしめられている〉のだとしても、それらは存在している。死滅し消失していく途上にあるだけだとしても、それらは存立している。事物を絶対化するのが誤りであるのと同様に、事物をいわばむなしいものと解釈し、すべての有限なものを、無限なもののうちへと消え去らせることも誤りである。人間は思考によって神と肩を並べるまでになりうるはずと吹き込んだところで、それが人間にとって役に立つわけではない。実際私たちが無限なものを思考し、また思考しつつ万有のなかへと屹立するのだとしても、自身の現存在の有限性から逃れられるわけではない。むしろ私たちはそうすることで、ある特有な仕方で自らの有限性を自覚する。つまり私たちは、あわれな虫けらであれ取るに足りない野の石ころであれ、すべての事物と同様に私たちをも規定している世界親密性 Weltinnigkeit を経験するのである。ただし区別される点は、私たちはその世界親密性を自覚的に遂行し、それを自身の運命として引き受ける可能性を持っているということである。大地の上で生き太陽の下で生きているあらゆるものは、ふたたび沈みゆかねばならない。有限なものはすべてその勃興に際し、すでに没落によって印づけられている。しかしそうしたものは、自身のこの一時滞在性においてこそ存在し、自身が過ぎ去るそのただなかにこそ存立する。そうしたものは、過ぎ去るというそのあり方を空想的に否定したり、永遠の意味をそれに割り当てることによっては救済されえないし、またそもそも救済される必要もない。有限なものは無‐限ではない、たとえそれが全体としてはただ無限なものによってのみ存在し、つまり存在の覆い隠しと存在の明け開けという無限なる両威力による対立遊動によって〈条件づけられている＝事物たらしめられている〉のだとしても。すべての世界内部的‐存在者は世界の恩寵によって存在している。すべての事物が天と大地の間の〈間〉の空間にある世界の貸し出し品であるという事実は、事物の自‐立を排除するのではなく、むしろそれを含み込んでいる。したがって、存在者が宇宙論的に〈条件づけられている＝事物たらしめられている〉ことも、有限な事物が固有の自立性を備えていることも同じく認識することが肝要なのであり、事物を世界に対する盲目性において絶対化することも、事物を存在の思弁的な全一性のなかで消去しようとすることもあってはならないのである。確かに、時には有限なものにおいて無限なものが立ち現れてくることがありうる。日常的な事物‐連関の皮相な偏見が緩んで、事物に即して〈条件づけるもの＝事物たらしめるもの〉が輝き出ることがありうる。そのとき私たちは、有限なものが象徴になると言うのである。しかし象徴的なものもまた、天と大地を「事物」から切り離している本質的な区別を無に帰するわけではない。象徴においては事物は透明となり、そのとき事物は、〈条件づける＝事物たらしめる〉威力として事物のうちに現前しながらも、その際に決して有限で事物的なあり方をすることがないものへの指針となる。ブドウは自身が根を張っている、引きとどめようとする大地の重力から身を振りほどく。ブドウの木は天の太陽と雨のもとで芽吹き花を咲かせる。穀物は夏の風のうちで成熟する。つまりパンとブドウ酒は大地と天の贈り物なのである。そして人間が集ってパンをちぎりブドウ酒を飲むとき、そこには飢えや渇きから来る不可欠の必需品といったことを超えて、贈り与える大地と祝福する天への追想から来る敬虔な気持ちが生じることがありうる。そのときパンとブドウ酒は、世界の秘儀を伝授する聖餐式ないし祝祭のための象徴となりうる。しかし仮にこの秘儀の伝授者 Epopte が「神のかんばせをじっと」見るとき、つまり彼がパンとブドウ酒を通り抜けた先で、大地と天の近みをあらゆる存在者を存在させる威力として経験するとき、それでも彼のもとから手のなかの有限な一片のパンや、聖杯のなかの有限な飲み物が失われることは決してないのである。事物が仮に象徴によって力ずくで全体のなかへと引きずり出される場合でさえも、事物はなおもその脆弱な存在のうちに自らの存立を保持している。このことはきわめて重大で根本的な意味を持っている。

事物は存在論的にはひとつの「反復」である。それは大地の閉鎖態と、天の開示態を反復する。しかしあくまで反復であるから、それは大地そのものとは別なあり様で閉じられており、天とは別なあり様で開かれている。反復とは単に同じものがもう一度繰り返されることではなく、無限な存在の持つ本質特徴が有限な存在者のうちに反映することなのである。事物を一方とし大地と天を他方とした両者のあいだの相応関係は、廃棄しえない差違性によって特徴づけられている。諸事物はただ根本的な不等性の次元を通り抜けてのみかろうじて相応しうるのである。諸事物はそれぞれの閉鎖されてあることと明け開かれてあることにおいて、つまりそれぞれの実体性と主体性＝主観性において、大地と天の「模像 Abbild」なのである。「模像」を語るときにはまずは類似性のことが指し示されている。つまり模像は原像を反復するのである。模像はある仕方で原像に等しくなる。模像性は類似性の相応関係が生じる程度に応じて成立する。とはいえ模像はそれ自身において原像をさかのぼって指示している。このさかのぼって指示するという特質を模像は自らに担っており、つまりこの特質が根本的に模像の一部をなしている。そしてまさにこのことによって、模像はすでにして原像とは違っているのである。原像はさかのぼり指示するという特質を備えていない。それは他なるものへとさかのぼる関係においてそのあるところのものであるわけではない。原像は自足的である。しかし模像はそうした指示を欠いては決して存在しえない。しかし模像は、自身がそれと等しかるべき原像を指示するということによって、まさに原像と類似していないのである。原像と模像とのあいだの類似性は、独特に限定された類似性である。それは根本的な不等性の空間において保持されている。模像にとっては、不等性は同等性と同じく本質的である。不等性とは、可能的な同等性がたどる軌道のことである。比較＝同等化 Vergleichung する際、つまり同等性を確定する際、私たちは通常は相互－相応しているものばかりを見てしまい、不等性の方はあまりにも自明なこととして無視してしまう。このことは日常的なあり方の同等性関係の場合にすでに当てはまる。たとえば現実の事物とその影とのあいだの同等性関係、つまり水面に映った事物の鏡映などの場合がそれである。そしてそれがさらにいっそう本質的に当てはまるのは、通常の模像関係が全体としてまさに存在の相応関係の模像として受け取られる場合、つまりそれが存在論的な関係を表す存在者的なモデルにされる場合である。事物がその模像と関係するように、たとえば木が池に映った鏡像と、建物がその影と、英雄が彼の記念碑と関係するように、現実の諸事物を〈条件づける＝事物たらしめる〉ものが、これら現実の諸事物そのものと関係する。「条件づけるもの＝事物たらしめるもの das Bedingende」との関係において、現実の諸事物はいわばただの影であり、ただの「形象＝形成されたもの Gebilde」であり、つまり現実の事物はそこからただ存在や外観を授かり受けているだけなのである。現実の諸事物は末流であり、導出されたものであり、単なる派生体である。確かにそれらは〔条件づけるもの＝事物たらしめるものと〕相応するのだが、しかしそこにはかなりの存在の落差がある。この派生体が原像との関係において持つ類似性や同等性とは、派生体が存在の真正さや根源性において原像と対等になることを決して意味していない。対等化とはつねにより低次の領分においての話である。相応関係においては、根源的なものと導出されたものとの存在論的な対立－関係がすでにともに定立されているのである。

不等なものの同等性というこの事態は、プラトン哲学にその歴史的に最大の表現を見出してきた。そこでは現実の事物は総じて《エイコーン EIKON》〔似像〕として、つまり模像として、しかも、過ぎ去ることのないイデアの過ぎ去りゆく模像として解釈されるに至る。しかし確かに、広く行き渡っているにしても通俗的なプラトニズム解釈というものがあって、そこでは「イデア」そのものが同時にある種の事物として、いわば真なる本来的な事物として、永遠で過ぎ去ることのない事物として受け取られ、そしてそれが、感性的世界におけるむなしく消え去っていくはかない事物に対して原像を分け与える、とされている。このように《エイコーン》と《イデア》との区別が最初から感性的－事物と思想的－事物との区別、つまり《可視的な種類 HORATON GENOS》と《可想的な種類 NOETON GENOS》との区別として着想されているところでは、プラトン哲学の思弁的な深い含意は依然として把握されないままである。プラトンの説いているのは、精神主義の立場に立って感性的なものを退けたり、美しい仮象に有罪評決を下したりすることではなく、むしろ事物一般を存在論的な問いに付すこと、自然的な生が陥っている事物への予断を打ち砕き、そもそも事物を存在せしめているところのものへとさかのぼって思考することなのである。《イデア》や《エイドス》、つまり純粋なる見え様や純粋なる外観は、〈事物を事物たらしめかつ条件づけるもの das Dingende und Bedingende〉として理解される。しかしそうしたものは事物に即してある何かではなく、むしろ事物をはじめてそのものとしてあらしめるものである。プラトンの《エイドス》、プラトンの《イデア》とは、型押しされてある外観ではなく、型押しを与えるところの外観であり、それは事物に「顔」を貸し与える。要するにそれは光の威力であり、その明け開けの作用において事物を型押ししつつ規定するのである。太陽の比喩というのがあって、そこではあらゆるイデアのなかのイデアである《アガトンAGATHON》〔善〕が、その子供〔＝太陽〕を通じて明らかにされる。太陽とは詩的なメタファー、プラトンによる任意な比喩ではなく、極めつきの決定的な比喩である。イデアはその〈条件づける作用＝事物たらしめる作用〉において、〈条件づけられた＝事物たらしめられた〉存在者へと関わるのだが、そのさまはちょうど太陽の光が、その太陽の明るみのなかに外観と滞在の時を持っているすべての事物に関わるのと同じである。プラトンの形而上学において、世界は主として存在の明け開けとして、つまり天として追想されている。他方で大地もまたともかく《コーラCHORA》〔場所〕の、すなわち空間的質料の深淵的なものとしてなおも経験され、『ティマイオス』においてそれは、すべての事物に場所を与えるものとして、すべての形態化を引き受けるものとして、つまり生成の乳母として特徴づけられている。しかし全体として大地は、やはりただ明け開けの限界としてのみ受け取られており、独特の否定的な力点を持つことになっている。

しかしながら、プラトンの光の形而上学が将来的な世界思考によって克服されるべきだとして、それはなにも、ひとつの世界契機〔天〕を主として強調して他の契機〔大地〕を抑圧しようとするプラトンの一面性に対して、ある対抗措置をとることを意味してはいない。むしろそれはプラトンの存在の諸思想の限界確定であるのとまったく同様に、それを正当に評価することでなければならない。事物は天の模像であるが、しかしまた大地の模像でもある。この模像の模像であるあり方は、存在者の次元におけるそれではない。つまりそれは、光のうちで影がその影を投げかける事物に等しくなり、池に鏡映した木が現実の木に等しくなるといったあり方での同等化のことではない。むしろそれは存在論的な模像性である。事物が天や大地に等しくなるのは、事物がその存在において大地の閉鎖性と天の開放性を「反復している」かぎりでのことである。しかしこの「反復性」は根本的にどう解されねばならないだろうか。

事物がその本質のうちに己を押しとどめ、全面的には自らを外に出して現出することがないというかぎりにおいて、事物はそれ自身のうちに閉じられている、と私たちは述べてきた。事物の実体的な核はいかなる外化や描出においても現れ出ることはない。事物はそれ自身のうちにとどまったままである。しかしそれ自身のうちにとどまるというそのあり方は、まさに有限で限界づけられて断片化されてある事物の全体のそれである。その本質核をもって「それ自身のうちにとどまっている」全体としては、事物はまさしく閉じられてはいない。事物は個別的なものとしての閉鎖性を持っているが、しかし事物が個別的なものであるのは、ひとえにそれが全体として大地の根源的な母胎から外に出てきているときだけなのである。事物は、すべてがひとつであって個別化など生じようがない無区別なもののうちへと閉じられるものではない。むしろ事物は個別的なものとして閉じられている。しかし大地は個別的なものではなく、ところが事物はといえばただ大地の根源的な閉鎖作用を非本来的で派生的な仕方で反復するだけなのである。なぜなら事物はすでに個別的なものとしてありつつ、己をそれ自身のうちへと押しとどめるからであり、要するに事物は、開けにおいてこそ己を閉じるからである。そして同様に、事物の開かれた存立態、つまり事物における自己挙示や描出もまた、天の開かれた存立態やその無限なる開放性と等しいあり方をするわけではない。天は何ものも押しとどめたりはしないし、天の開かれたあり方は決して部分的なものではない。しかし確かに事物の開かれたあり方は話が違う。事物はある核を押しとどめながら己を開くのであり、つまり事物は閉じられたものとして、閉鎖性にとどまるものとして己を開くのである。天および大地と〈間〉の事物とのこうした根本関係が、宇宙論的弁証法の全問題構制を規定している。世界‐経験として理解された存在論的経験は、いまやこうした宇宙論的弁証法として始まらなければならない。世界内部的な存在者が原理的に派生したものであるからこそ、事物そのものの存在矛盾をより根源的に思考し、この矛盾自体を存在の明け開けと存在の覆い隠しの宇宙論的矛盾の「模像」として把握することが必要になるわけである。しかしこうした要請のうちに実際のところ何が潜んでいるのかは、それを告示するのも、それを暫定的で予示的な仕方で言い表すのも難しい。ただし要求されるのはほかでもない、事物支配をこととする存在の諸思想を存在論的な吟味にかける際はただ非明示的についでに思考されるだけだったものを、いまや特有に主題化することなのである。

　しかし私たちがなおも変わらず、何らかの仕方で事物への慣れ親しんだ視線によって導かれているあいだにあっては、そのような態度変更もそれほど困難ではない。日常的な経験において事物は、たとえば興味をかきたて目を引くものという特質を伴って私たちと出会う。私たちの注意を縛り拘束するのはまさにそうしたものである。しかし私たちはまた切り替えを行うこともできて、つまり事物において馴染みとなっているところに、あらためてまさしくそのものとして注目することができる。もしくは次のような場合もある。事物は本来的に知覚されるものの核とともに、そして非本来的で二次的な知覚の周辺領域とともに与えられており、そこで私たちは、二次的に-知覚されたものをそのものとしてあらためてその構造に関して探究するという理論的課題を立てることができるのである。それよりもっと困難なのは次の場合である。通常私たちはつねに存在する事物を聴取しているが、しかし存在する事物がこうして存在者であるということにそれとしてとりたてて注目することはない。そうするためには、より根本的でまたはるかに困難をともなう切り替えが必要となる。事物をその存在に向かって、その多様な存在のあり方に向かって呼びかけながら解釈するためには、私たちは何らかの仕方ですでに「存在＝ある」一般についての理解、つまり、何々-である〔本質存在〕、事実-である〔事実存在〕、真理-である〔真理存在〕、などについての理解のうちを動いているのでなければならない。しかしこのように何らかの仕方で使用され理解されている存在や存在様態を、あらためてことさらに主題的に問いかつ解釈するべきだとするならば、ただしその際に事物存在から出発して存在一般を解釈することが禁じられているのだとしたら、そのとき私たちは、見通しえないほどの諸困難に陥ることになる。私たちは見かけ上は存在の問いの導きの糸を見失って、絶望的に迷宮のなかに立ち尽くすことになるであろう。事物から出発して、つまり私たちが直接馴染み親しんでいる有限な‐存在者から出発して、存在論的で遡及的な問いの操作が成り立っているかぎりは、事物からその事物を〈条件づけるもの＝事物たらしめるもの〉たちへと、つまり存在者からその《諸アルケー＝諸根拠 ARCHAI》へと理論的遡及の歩みを進めるうちに、累進的に多くの困難が私たちの前に積み重なってくる。もっともこうした諸困難の累積それ自身を、私たちはいわば見ぬふりをすることはできる。しかしながら、世界があらゆる世界内部的事物よりも先立っており、事物には「〈間〉の事物」と「反復性」という宇宙論的特質が備わっている、ということを私たちがぼんやりと予感し始めている以上は、事物から出発するそうした遡及の歩みは、ある特定の段階においてだけではなく、全体としていまや疑わしいものとなってきており、つまりは事物存在論的な形而上学の思考軌道として「克服」されるべきものとされているのである。ことここに至っては、明らかにあるまったく別の存在の思考が必然的となる。その思考はもはや事物から出発して遡及的に〈条件づけるもの＝事物たらしめるもの〉への上昇を試みるのではなく、むしろ逆にあらゆる事物を純粋に〈条件づける＝事物たらしめる〉世界において、つまり天と大地、およびそれらの矛盾的な闘争において始まり、そこからして事物を理解しようと試みるのである。しかしこれは人間に属する可能性であろうか。私たちは大地と天の根源的な近みに立っており、そのためいわば、すべての事物に先んじて存在の覆い隠しと存在の明け開けを思考できるというのだろうか。それとも私たちには存在者を超えていく労の多い回り道が必要であって、かくして有限なものを〈終わり‐に至るまで‐思考し尽くすことZu-Ende-Denken〉ではじめて、無限なものの息づかいを感ずることになるというのだろうか。

人間はそれ自身においてねじれ転倒した本質を持つものであり、つまり——さながらタンタロスのように——存在者のうちに絡め取られ事物へと没入しながら、同時にそうした没入の痛みに苦しんでいる、世界を本質とするものなのである。「存在」への私たちの焼けるような飢えや渇きを、事物がしずめてくれることはない。たとえそれが大地の果実や天の水であったとしても、もし私たちが聖餐式における パンやブドウ酒のようにそれらを食べたり飲んだりするのでないのならば、つまりそれらを贈与者が贈ってくれた贈り物として経験するのでないのならば、同じことであろう。おのが欲望や衝動のままに追い求めたところで、それらは拒絶し、私たちを満たしてくれることはない。私たちがこの地球を人間の計画的な処置にゆだねているときにはまさしくそうなるのである。大地の技術的な支配者こそは、この時代のタンタロスの子孫である。

宇宙論的弁証法は自らの端緒を純粋な仕方で求めなければならない。つまり、なによりもまず矛盾の諸次元を明確に分別しなければならないのであって、従来の形而上学においてそうであったように、それらを互いに入り混じらせるのであってはならない。宇宙論的弁証論は二つの基礎的な区分に基づいている。ひとつは天と大地とのあいだの区分、つまり世界契機の根源的闘争である存在の「昼」と「夜」の区分であり、そしてもうひとつは世界と事物とのあいだの区別づけである。この両方の区別は無関係に互いに並び立っているのではなく、まだただひたすら思考するものに対してだけ成り立っているというのでもない。逆にこれらの区別はひとつの意味の全体を、すなわち宇宙論的に把握された存在問題の意味の全体を形成している。ただしこの宇宙論的に把握された存在問題は、伝統的な形而上学における通常の存在問題とは別の形態を持っている。原理的批判の観点から次のように言える。無限な存在をめぐる思考が、その出発点を有限な事物の矛盾的存在に求める場合は、「矛盾」はいわばただ有限性の矛盾としてのみ現出する。そして有限なものが無限なものへと引き取られ、無限なもののなかで解消されてしまっているときには、そうした矛盾は解決され克服されたものとみなされるのである。しかしこれでは、無限なものの本性も有限なものの本性も同じく見誤られてしまう。有限なものの有限性とは、本質的な概念をめぐるより深い思考を前にして立ち消えてしまうような単なる仮象ではない。また、存在そのものがそれ自身において矛盾なきものであり、私たちが存在をあまりにも有限なやり方で捉えようとするかぎりでそれは矛盾にとりつかれているように見える、という話でもない。違うのである。まさしく存在そのものが天と大地による世界の対立遊動にほかならず、つまり最も根源的な対立による闘いであり反目なのである。そして有限なものは、たとえそれが閉鎖する大地と明け開く天の模像なのだとしても、たとえそれが存在に関しては単なる反復性にすぎないのだとしても、ともかく有限なものはその脆く弱々しいあり方でもって存在していいるのである。有限なものとは、その有限性の見かけをいつの日か我が身から脱ぎ捨て、そして哲学の思考を通じて絶対的なものの力と栄光のもとへと参入するような非現実的な幻なのではない。有限なものはその有限性において確固として保持されねばならず、思考しつつ耐え抜かれなければならない。私たちは光のなかで舞う蚊や、風雨にさらされ風化していく山嶺や、それぞれの軌道を突き進む天体の場合と何ら違わずに、人間という自身に割り当てられた束の間の存在に甘んじなければならない。つまり私たちは、大地と天の遊動のうちで自身もまた遊動すべく定め置かれてあり、ひいては、一切を与え一切を引き取るところの贈与する根拠に再び帰着することになるということに甘んじなければならない。有限なものの運命は過酷である。ことに自身の有限性を知るという本質を持つものにとってはそうである。彼はたとえどこへ向かって歩もうと、いつでも死に突き当たってしまう。けれども彼は、すべての有限なものが死ぬということを知りつつも、世界が汲み尽くしえないということもまた知っており、まさにこの世界の汲み尽くしえなさに愛の秘密が明かされている。ところが愛と死はそれぞれ、有限な存在に根拠を、そして永遠の意味を与える秘儀なのである。

さて宇宙論的弁証法の決定的な本質特徴は何であろうか。まずはじめに、そして何にもまして大切なのは、存在そのもののうちで天と大地の対立として支配している無限の矛盾を考え抜くことである。無限の矛盾は、有限なものと無限なものとの矛盾に先立っている。それは原初的に思考されねばならず、逆に事物から出発する歩みのうちではじめて生じてくるというのであってはならない。天と大地はどのように矛盾しあっているのだろうか。それらは全面的に矛盾しあっている。それ以上に完全な矛盾などはおよそ考えられない。明け開けと覆い隠しは事物における二つの側面ではないし、上方世界と下方世界のような世界の二つの領域のことでもない。存在は全体としてそれ自身において開かれていると同時に閉じられている。存在はそれ自身において、あらゆる個別化に先立ってある区別なき根源的な一なるものであるのと同時に、個別化された事物を共通の現前の全体のうちに許容するような、取り集められつつも分散している多である。それは所蔵しつつ閉じるものであると同時に、露開しつつさらけ出すものである。それはあらゆる存在する事物の現前であると同時に、深淵という非現前である。こうした根源的 - 矛盾の本性は思考には捉えがたいものである。アリストテレスは矛盾の本質を、〈同じものに対し同じものが同じ観点から同時に帰属するとともに帰属しないこと〉(69) と捉えている。これの意味するところは、アリストテレスが矛盾の本性を事物に基づいて思考しているということである。事物というものは、このようにあると同時にその反対のあり方もするということはできない。もしそうしたことが主張されようものなら、存在者の被限定性や被規定性は破壊され解体されて、あくまで規定する働きである語りなどは、もはやまったく可能ではなくなる。事物の自同性や同一性は、相矛盾する諸規定が帰属することを排除する。だがしかし事物については正当にも妥当することが、存在にも同様に妥当するだろうか。存在とは事物に類比的な何かなのだろうか。それはそもそも事物をモデルにして思考されるべき何かなのだろうか。存在する事物の自同性とは、明け開き－型押しする天の開けのうちでの自同性であり、担い支える大地の閉鎖態のうちでの自同性である。存在者の自同性は根本的に世界内部的である。しかし事物が本質のうちに自身を保持するとともに、現出のうちに自身を描出するかぎりでは、自同性はすでにして十分な矛盾性をそのうちに備えている。それに対して世界の自同性とは、〔世界内部的な諸事物よりも〕より多くの観点を呈するような存在者が持つ同一性のことではない。つまりそれは、すでに開けのうちにあって、それ自身において閉じられたものとして存立しつつ、それでもなお自身を描出しているものが持つ自同性ではない。世界の同一性は、根底に横たわるものや、そこから立ち現れてくるものの同一性ではなく、むしろ根底と立ち現れの特異な〈同時 Zugleich〉なのである。つまり世界の同一性とは、同一的な諸事物にとっての地盤でありその遊動空間なのである。事物における諸規定が相矛盾する場であるところの「同時」とは、いまという瞬間の自同性のことである。しかし世界について、それが存在の明け開けであると「同時」に覆い隠しであると語ること、そしてその際この「同時」を、時間内部的な現在という意味で受け取ることは根本的転倒である。ここでの〈同時〉はより時間に即して zeithafter 考えられねばならない。つまり世界時間そのものの本質から理解されなければならない。世界の〈自己 Selbst〉とは、事物の〈自己〉のような個別性における一なるものなのではない。世界そのものはまずもってまさに大地と天の反目なのであり、その闘争の空間においてこそまさしくはじめて、個別化された自立的な諸事物は存在できるのである。世界は二重的‐反目的にばらばらになることによって「自己になる selbsten」。世界は現前と非現前、明け開けと覆い隠し、《レーテー》と《アレーテイア》という存在の根源的対立へと分離していくことによって自らをまとめ上げている。世界のこうした根源的な反目的統一は宇宙論的な逆説である。こうした逆説に私たちは通例無理解な態度をとる。「人々は理解しないのだ（とヘラクレイトスは断片五一番に言う）、自らを離反させるものが、いかにしてそれ自らと一致するのかを。それは弓や竪琴においてのように、互いに反対方向を向きながら調和結合しているものなのである」。ヘーゲルは「真なるもの」を、つまり彼が絶対的なものとも名づけるものを三重に規定した。ヘーゲルは有限なものを終わりに至るまで思考し尽くすことで、つまりその固定された規定性を思弁的に廃棄することで絶対的なものに到達する。そのときそうして到達された絶対的なものは、ヘーゲルにとっては無限に持続するものであり、無限に作動するものであり、そして無限に理性的なものである。絶対的なものについての本質的で思弁的な規定のこうした三重性において、存在そのものの平面で「超範疇 Transcendentalien」という問題が出てくる。それはただの存在者の存在の特質としてあるのではなく、類的な一般性をさらに超え出ているものである。ヘーゲルにとって存在そのものは《ヘン》として、つまり無限なる持続において己を保存している一なるものとして思考されている。また《アガトン》として、つまりすべての存在者を存在させる働きである善として思考されている。また《アレーテス ALETHES》〔真であるもの・隠れなきもの〕として、つまりどこまでも徹底的に理性であるかぎりでの真なるもの、つまり覆いを取り除かれたものとして思考されている。絶対的なものについてのヘーゲルの超越論的光学において、形而上学の思考は自らの最後の稜堡のうちへと硬化していくことになる。そこで私はあくまで主観的に偶然的な形でテーゼ風にこう表明しよう——存在をもっぱら世界の地平においてのみ理解するような思考であれば、ヘーゲルによる絶対的なものの諸規定を変更しなければならないのだ、と。存在は世界として理解されるならば、生き生きとして矛盾に満ちたものであり、そこでは明け開けと覆い隠しは勝ち負けなど関係なく闘争している。そこでは分散した諸事物の現前はすべて、分節されざる根源的統一によって先回りされており、つまりそこでは矛盾は、和解や最終的な止揚に到達することはなく、むしろ思考にとってますますよりいっそう思考に値するものとなっていくのである。

古代の悲劇においては、世界を引き裂く諸対立が和解不可能であることについての知が目覚めており、そしてギリシア人たちにおける悲劇的な時代の哲学においては世界の気分が揺曳していた。後に、とは言ってもほとんど一世代より前のことではないが、ニーチェは思考の悲劇的なパトスを告知して、要するにその先人たる範を示したのだった。このパトスを舌足らずにただ宣揚するということが問題なのではない。大切なのは、それを冷静にかつ幻想を抱くことなく、ただし思考の情熱をもってつかみとること、そして世界に支配する存在の本質として「闘い Krieg」を認識すること、ひいては世界の諸契機のあいだの闘いを、つまりそれら世界契機の純粋で無限な矛盾を、人間の有限な思考のなかで耐え抜くことである。「闘いはすべての事物の父であり、すべての事物の王である。それはある者たちを神々にするかと思えば、別のある者たちを人間にする。ある者たちを奴隷にするかと思えば、別のある者たちを自由人にする」、とヘラクレイトスの断片五三番は述べている。世界に即して把握される存在とは、闘いであり、矛盾であり、対立である。すなわち存在はそれ自身において「弁証法的」なのである。したがって弁証法は、人間が編み出した単なる方法、無限なものを有限な概念においてつかみとるための技法なのではない。宇宙論的思考の弁証法は、世界そのものの弁証法的な反目に基づいているのである。

この講義は、そうした弁証法が歩みにもたらされなければならないところにまで、つまり世界思考がそもそもはじめて開始されるべきところにまで私たちを導いてきた。私たちは「存在と人間」の問題の予備解明のなかで身動きのとれないままである。私たちは存在の人間一般への関係を解明してきたのでもなければ、そうした関係から可能となり必然となる「経験」を実際に通過してきたのでもない。私たちはいまだまったく始まりの地点に立っている。そうだとしても何もないというわけではない。自分たちがどこで始めることができるのかを私たちがいまや知っているのだとすれば、私たちの省察は無駄だったわけではない。哲学における最も困難なことは、始まりを教えること、またそれを習い覚えることである。そしてここ始まりには、疑いなく所持していると言える確実性も決して存在していないのである。始めることができるのは、ただ真正なる問題を持っている者のみである。ヘーゲルにとって存在論的経験の始まりは、即自と対自という存在の両思想の内在的な矛盾を通じて与えられる。思考する者がこの矛盾に本来的な仕方でとらわれたのは、彼の思考の対象が矛盾したものとして、したがって見かけ上非理性的なものとして現れていたことによるのではない。結局それは、その調停しえない存在の両思想が、存在を理解している意識の、つまりはまた存在を－思考する者それ自身の独自の定立作用であったことによるのである。意識は、自らが自分自身を誤謬へと導いていることを見抜くことはないように思われる。ヘーゲルの考えでは、思想家は存在に組み込まれている傾向のなかで歩みをともにしつつ自己を我がものにすることを目指す。いわば思想家とは、無限なものが自分自身を意志する際に、まさにその意志を遂行する機関《オルガン》なのである。こうしたヘーゲルの考え方から私たちははるかに離れてしまっている。人間に住みついている存在の諸思想は、人間のものなのか絶対的理性のものなのかに関わりなく、終局のところ決して「定立作用」ではないのであり、「存在」とは「《定立positio》」ではないのである。

ともかく存在の諸思想は《外部からTHYRATHEN》人間のうちに落ちかかってくる。それらはまさしく「天」から舞い降りてくるし、また「大地」から立ち昇ってくる。人間は決して存在傾向の遂行者ではない。人間は自身にとっていまだ全面的には透明になっていない神なのではない。人間はその有限性に縛られており、またそうあり続ける。だからして、思考するかぎりにおいて人間は誤謬から完全に脱し切ることはできない。しかし人間は大地の近みにあり、天の下にある。人間はこうした存在の威力からの要求と呼びかけのうちに立っている。しかしたいていの場合は思想家もまた誤った道をたどっている人間である。思想家は、一切を自分に具合よく整え、自分の都合に合わせてしつらえる技術的な巨人族のように、存在者のなかにどっかりと住みついているわけではない。思想家は、真理の求婚者と称する者たちが自分たちの祭りを祝っている部屋の、その敷居口にたたずむ物乞いなのである。しかし思想家にはおそらく将来いつか、人間存在を世界の緊張構造のうちに新たに基礎づけるという仕事が課されることであろう――現存在の弓を新たに引きしぼり、あたかもオデュッセウスのように、偽りの求婚者たちの喉に向けて唸りをあげる矢を放つという仕事が。

原註

（1） Novalis: Briefe und Werke, (Wasmuth) Berlin 1943, Bd.3, Frgm. 416.〔Novalis, Das Allgemeine Brouillon 1798/99 Frgm.857, in: *Werke, Tagebücher und Briefe Friedrich von Hardenbergs*, hrsg. von H. J. Mähl u. R.Samuel, 3Bde., 1978 Hanser Verlag München, Bd.2 S.675.『ノヴァーリス全集』第二巻、飯田安・今泉文子・柴田陽弘・深田甫・山室静訳、牧神社、一九七七年、断片二六八（七五頁）〕

（2） G. W. F. Hegel: Phänomenologie des Geistes (Hoffmeister), Hamburg ^{6}1952, Vorrede, 19.〔*Phänomenologie des Geistes, Werke in zwanzig Bänden*, hrsg. von Eva Moldenhauer u. Karl Markus Michel, Frankfurt am Main, 1970, S.22f.（以下 Suhrkamp Bd.3 と略記）ヘーゲル全集四『精神現象学』上巻、金子武蔵訳、岩波書店、一九七一年、一六頁〕

（3） F. Hölderlin: SW (Beißner), Stuttgart 1951, Bd.2, 1; 50.〔ヘルダーリン全集第二巻『詩II』手塚富雄・浅井真男訳、河出書房新社、一九六七年、五六頁。「オーデン」と題された一連の詩のなかの「民衆の声」にここで引用された一節がある〕

（4） G. W. F. Hegel: Phänomenologie des Geistes, a. a. O., Vorrede, 12.〔Suhrkamp Bd.3, S.14.『精神現象学』上巻、七頁〕

（5） Ebd., Einleitung, 65.〔Suhrkamp Bd.3, S.70.『精神現象学』上巻、七七頁〕

（6） F. Nietzsche: Werke (Colli/Montinari), III, 2, 369.〔ニーチェ全集（第I期第二巻『反時代的考察――遺された著作（一八七二―七三年）』大河内了義、三光長治、西尾幹二訳、白水社、一九八〇年、四六九頁）〕

（7） G. W. F. Hegel: Einleitung in die Geschichte der Philosophie (Hoffmeister), Hamburg ^{3}1959, Berlin Niederschrift, 61f.〔Suhrkamp Bd.18, S.54f.; G. W. F. Hegel, Vorlesungen über die Geschichte der Philosophie Teil I, *Vorlesungen, Ausgewählte Nachschriften und Manuskripte*, Bd.6, Hamburg, 1994, S.35. ヘーゲル全集一一『哲学史』上巻（改訳）武市建人訳、岩波書店、一九七四年、六七頁以下。ただしこの訳書はグロックナー版全集第二版を底本にしており、該当部分は正確には一致していない〕

(8) G. W. F. Hegel: Phänomenologie des Geistes, a. a. O., Vorrede, 38.〔Suhrkamp Bd.3, S.45f.『精神現象学』上巻、四三頁〕
(9) Ebd., Vorrede, 39.〔Suhrkamp Bd.3, S.46.『精神現象学』上巻、四四頁〕
(10) Vgl., Ebd., Vorrede, 39.〔Suhrkamp Bd.3, S.46.『精神現象学』上巻、四四頁〕
(11) Ebd., Vorrede, 32.〔Suhrkamp Bd.3, S.39.『精神現象学』上巻、三五頁〕
(12) Ebd., Einleitung, 65.〔Suhrkamp Bd.3, S.70.『精神現象学』上巻、七七頁〕
(13) G. W. F. Hegel: Einleitung in die Geschichte der Philosophie (Hoffmeister), Hambrug ^{3}1959, Heidelberger Niederschrift, 4.〔Suhrkamp, Bd.18, S.12.『哲学史』上巻、一八頁〕
(14) G. W. F. Hegel: Differenz des Fichteschen und Schellingschen Systems der Philosophie, Sämtliche Werke, Jubiläumsausg. (Glockner), Stuttgart 1927, Bd.1, 43.〔Suhrkamp Bd.2, S.19.『フィヒテとシェリングの差異』戸田洋樹訳、公論社、一九八〇年、一一頁〕
(15) G. W. F. Hegel: Phänomenologie des Geistes, a. a. O., Einleitung, 66.〔Suhrkamp Bd.3, S.71.『精神現象学』上巻、七九頁〕
(16) Ebd., Vorrede, 54.〔Suhrkamp Bd.3, S.62.『精神現象学』上巻、六五頁〕
(17) Ebd.,〔Suhrkamp Bd.3, S.63.『精神現象学』上巻、六五頁〕
(18) Ebd., Einleitung, 70.〔Suhrkamp Bd.3, S.76.『精神現象学』上巻、八五頁〕
(19) Ebd., Einleitung, 70.〔Suhrkamp Bd.3, S.76.『精神現象学』上巻、八五頁〕
(20) Ebd., Einleitung, 71.〔Suhrkamp Bd.3, S.76.『精神現象学』上巻、八六頁〕
(21) Ebd., Einleitung, 71.〔Suhrkamp Bd.3, S.77.『精神現象学』上巻、八六頁〕
(22) Arist., Met. Z1, 1028a10.〔アリストテレス全集一二『形而上学』出隆訳、岩波書店、一九六八年、二〇四頁〕
(23) G. W. F. Hegel: Phänomenologie des Geistes, a. a. O., Einleitung, 71.〔Suhrkamp Bd.3, S.77.『精神現象学』上巻、八六頁〕
(24) Ebd., Einleitung, 71.〔Suhrkamp Bd.3, S.77.『精神現象学』上巻、八七頁〕
(25) I. Kant: Kritik der reinen Vernunft, Vorrede zur ersten Auflage, A VII.〔カント全集四『純粋理性批判』上巻、有福孝岳訳、岩波書店、二〇〇一年、一五頁〕
(26) F. Nietzsche: Werke (Colli/Montinari), V, 2, 318.〔ニーチェ全集（第I期第一〇巻）『華やぐ智慧——メッシーナ牧歌』氷

上英廣訳、白水社、一九八〇年、三九〇頁〕
(27) G. W. F. Hegel: Phänomenologie des Geistes, a. a. O., Einleitung, 72.〔Suhrkamp Bd.3, S.78.『精神現象学』上巻、八八頁〕
(28) Ebd., Einleitung, 73.〔Suhrkamp Bd.3, S.78.『精神現象学』上巻、八九頁〕
(29) Ebd., Vorrede, 30.〔Suhrkamp Bd.3, S.37.『精神現象学』上巻、三二頁〕
(30) Ebd., Vorrede, 30.〔Suhrkamp Bd.3, S.37.『精神現象学』上巻、三二頁〕
(31) Vgl., Ebd., Einleitung, 67.〔フィンクは原文を若干変更して引用している。Suhrkamp Bd.3, S.72.『精神現象学』上巻、八〇頁〕
(32) Ebd., Einleitung, 73.〔Suhrkamp Bd.3, S.79.『精神現象学』上巻、八九頁〕
(33) Ebd., Einleitung, 73.〔Suhrkamp Bd.3, S.79.『精神現象学』上巻、八九頁〕
(34) Ebd., Vorrede, 30.〔Suhrkamp Bd.3, S.36.『精神現象学』上巻、三一頁〕
(35) Ebd., Einleitung, 74.〔Suhrkamp Bd.3, S.80.『精神現象学』上巻、九〇頁〕
(36) Ebd., Vorrede, 21.〔Suhrkamp Bd.3, S.24.『精神現象学』上巻、十九頁〕
(37) Ebd., Vorrede, 12.〔Suhrkamp Bd.3, S.14.『精神現象学』上巻、七頁〕
(38) Ebd., Einleitung, 74.〔Suhrkamp Bd.3, S.80.『精神現象学』上巻、九一頁〕
(39) Ebd., Einleitung, 74.〔Suhrkamp Bd.3, S.80.『精神現象学』上巻、九一頁〕
(40) Ebd., Einleitung, 74.〔Suhrkamp Bd.3, S.80.『精神現象学』上巻、九一頁〕
(41) Ebd., Einleitung, 75.〔Suhrkamp Bd.3, S.80.『精神現象学』上巻、九一頁〕
(42) Ebd., Einleitung, 75.〔Suhrkamp Bd.3, S.81.『精神現象学』上巻、九一頁以下〕
(43) Ebd., Vorrede, 19.〔Suhrkamp Bd.3, S.23.『精神現象学』上巻、十六頁〕
(44) M. Heidegger: Holzwege, Frankfurt a.M. 1950, 143.〔ハイデッガー全集第五巻『杣径』茅野良男、ハンス・ブロッカルト訳、創文社、一九八八年、一七八頁〕
(45) Ebd., 142.〔『杣径』一七七頁〕
(46) Ebd., 142.〔『杣径』一七七頁〕

(47) Ebd., 122.〔『杣径』一五五頁〕

(48) G. W. F. Hegel: Phänomenologie des Geistes, a. a. O., Vorrede, 19.〔Suhrkamp Bd.3, S.23.『精神現象学』上巻、一六頁〕

(49) M. Heidegger: a. a. O., 170.〔『杣径』二〇八頁〕

(50) Ebd., 166.〔『杣径』二〇三頁〕

(51) Ebd., 170.〔『杣径』二〇九頁〕

(52) Ebd., 171.〔『杣径』二〇九頁〕

(53) Ebd., 118.〔『杣径』一五一頁〕

(54) F. Nietzsche: Werke (Colli/Montinari), VIII, 2, 12; 9 [26].〔ニーチェ全集（第II期第一〇巻）『遺された断想（一八八七年秋―八八年三月）』清水本裕、西江秀三訳、白水社、一九八五年、二七頁〕

(55) R. M. Rilke: SW II, 132.〔Solange du selbstgeworfnes fängst,... リルケ全集第四巻『詩集IV』小松原千里、内藤道雄、塚越敏、小林栄三郎訳、河出書房新社、一九九一年、一六二頁以下〕

(56) G. W. F. Hegel: Wissenschaft der Logik (Lasson), Hamburg 1966, Zweier Teil, 506.〔Suhrkamp Bd.6, S.573. ヘーゲル全集八『大論理学』下巻、武市健人訳、岩波書店、一九六一年、三八五頁〕

(57) Heraklit: Frg.60.〔*Die Fragmente der Vorsokratiker*, griechisch und deutsch von Hermann Diels, Aufl.6 3Bde, Berlin, 1951, Herakleitos B60 (S.164).『ソクラテス以前哲学者断片集』第I分冊、内山勝利編、岩波書店、一九九六年、三二六頁以下〕

(58) F. Hölderlin: SW (Beißner) Stuttgart 1958, Bd.3., 166.〔ヘルダーリン全集第三巻『ヒュペーリオン／エムペドクレス』手塚富雄、浅井真男訳、河出書房新社、一九六九年、一五一頁〕

(59) F. Nietzsche: Also sprach Zarathustra, in: Werke (Colli/Montinari), VI, 1, 282.〔ニーチェ全集（第II期第一巻）『ツァラトゥストラはこう語った』薗田宗人訳、白水社、一九八二年、三三九頁〕

(60) R. M. Rilke: SW I, 689.〔リルケ全集第四巻『詩集IV』「ドゥノイの悲歌」第二悲歌、二九七頁〕

(61) R. M. Rilke: SW II, 132.〔Solange du selbstgeworfnes fängst,... リルケ全集第四巻『詩集IV』一六二頁以下〕

(62) Vgl., I. Kant: Kritik der reinen Vernunft, A 598, B 626.〔カント全集五『純粋理性批判』中巻、有福孝岳訳、岩波書店、二

○○三年、二八七頁〕

(63) G. W. F. Hegel: Wissenschaft der Logik (Lasson), Hamburg 1967, Erster Teil, 117.〔Suhrkamp Bd.5, S.140. ヘーゲル全集六a『大論理学』上巻の一、武市健人訳、岩波書店、一九五六年、一四九頁〕

(64) G. W. F. Hegel: Briefe(Hoffmeister), Hamburg 1953, Bd.2, 85f.〔一八一六年七月五日付、ニュルンベルク発、友人ニートハンマー宛の手紙〕

(65) G. W. F. Hegel: Wissenschaft der Logik (Lasson), Hamburg 1966, Zweier Teil, 101.〔Suhrkamp Bd.6, S.124. ヘーゲル全集七『大論理学』中巻、武市健人訳、岩波書店、一九六〇年、一三七頁〕

(66) Vgl., G. W. F. Hegel: Einleitung in die Geschichte der Philosophie (Hoffmeister), Hamburg ^{3}1959, Heidelberger Niederschrift, 6.〔Suhrkamp Bd.18, S.14. ヘーゲル全集一一『哲学史』上巻、二〇頁〕

(67) F. Nietzsche: Werke (Colli/Montinari), VI, 1, 9.〔ニーチェ全集（第II期第一巻）『ツァラトゥストラはこう語った』薗田宗人訳、白水社、一九八二年、二一頁〕

(68) R. M. Rilke: SW I, 720.〔リルケ全集第四巻『詩集IV』「ドゥノイの悲歌」第九悲歌、三四六頁〕

(69) Arist., Met. Γ1005b20.〔アリストテレス全集一二『形而上学』一〇一頁〕

編者あとがき

ここに示された『存在と人間』のテキストは、オイゲン・フィンク Eugen Fink による一九五〇／五一年の冬学期講義の主要部分である。短縮の作業が（本質的には序論の章に関わるのだが）、印刷に付する予定を視野に入れて、一九七五年の春に至ってもなおオイゲン・フィンク自身の手によって取り組まれていた。編集者たちによるテキストの編集作業はあくまで形式面に関わるものである。つまり本質的には講義の各章内部でテキストを細かく段落に分けるという作業がなされたのである。それというのも、オイゲン・フィンクはできるかぎり正確に時間配分を考慮するという理由から、自身の講義をごくわずかしか、もしくはまったく段落分けしなかったからである。各章の表題は、オイゲン・フィンクが好んだ問題告示ないし方向告示のやり方の意味を汲んで編集者たちが選んだものである。段落分けや各章の表題の選択に関しては、確かにほかの選択肢も考えることができようが、それは、思考の成果を披露するというよりむしろ思考の運動を描出するような、あらゆるテキストの場合に言えることである。

形式的に分節化したり内容告示する際の困難はオイゲン・フィンクの思考のスタイルに起因しており、その決定的な特徴とは、主題を濃縮していく過程のなかでますます強く問題へとのめり込んでいって作業をするという点にある。その問題とは、存在論的な経験を、天と大地、世界と事物の宇宙論的弁証法の思考として提示することである。前進していく思考の運動において、そしてヘーゲルおよび彼の批判者たるハイデガーの存在論的経験をいっそう練磨していくことをもってなされる問題の主題的な濃縮作業は、オイゲン・フィンクを最終的に言語の独自性へと強いていく。もしこのことを定式化して、厳密な概念性から詩的な隠喩への移行とみなしてしまうならば、その言語使用の特異性はほとんど理解されていないことになる。確かに、すでに使い古された言語的連想および形象的連想を度外視するということは、世界へ向けた問いを宇宙論的 ― 弁証法的に展開するにあたって、この書物の共思考者や追思考者に課される最も困難な思考要求のひとつである。しかし思考が原初的なものの次元を獲得する場合には、言語付与のほかの選択肢は実際のところないのである。

ここに示されたテキストを扱いやすい形式で可能なかぎり解き明かしてみせることがこの短いあとがきの課題ではない。オイゲン・フィンクの『存在と人間』に見られる言語と思考様式についてのわずかな示唆は、編集者が直面したと自覚し、また読者をも射抜くであろう要求を分節化することにせいぜい役に立つものである。しかし、『存在と人間』という表題と結びつけて抱かれうる「人間学的な期待」に対して、編集者たちの経験から何がしかを語ることはおそらくなお許されるだろうし、また有用かと思う。この書物において問題とされるのは、「世界における人間の位置」、つまり人間の歴史的 ― 社会的な位置づけではない。重要なのはむしろ、天と大地、つまり明け開けと覆い隠しとしての世界が、いかにして存在者を存在せしめるかということなのである。思考の不確かさゆえに動揺するとはいえ、ともかく人間もまたその存在者の一員である。思考の存在論的経験のうちで、この存在者は自らの概念的な要求の限界に突き当たることになるが、だからといってまたこの要求を放棄することはできない。思考の経験とは世界の対立闘争の経験なのである。

一九七七年三月十日　フライブルク・イム・ブライスガウ

エゴン・シュッツ
フランツ＝アントン・シュヴァルツ

訳者あとがき

本書は Eugen Fink, Sein und Mensch, Vom Wesen der ontologischen Erfahrung, 2te unveränderte Auflage, München 2004. の全訳である。ここでは本書に関連する要点のみを簡単に紹介して「訳者あとがき」に代えたいと思う。

目次をご覧になればおわかりいただけるように、全体は二部構成で、I部が一一章、II部が七章の計一八章からなっている。本書においてフィンクはヘーゲル哲学の、なかでも彼の『精神現象学』の解釈を中心に据え、「存在」と「人間」とを「存在論的経験」概念を介して結びつけつつ、西洋形而上学の根本的な理解を試みている。その内容は単なるヘーゲル解釈にとどまることなく、ハイデガーのヘーゲル批判をさらに批判するなかから、大きく「存在」の哲学へと立ち返り、さらには独自の「宇宙論」を主張するところにまで進んでいく。大まかに言えば、第I部の8章までがヘーゲル論、9と10章がハイデガーのヘーゲル解釈に対する批判、そして11章が第II部への移行の章、第II部が、ヘーゲル哲学の解釈を通した西洋形而上学の存在論的再解釈の試みであり、彼の「宇宙論」の提示部となっている。このように、論の全体を支えているのが独自のヘーゲル哲学解釈である。

ハイデガーがそうであるように、フィンクもヘーゲル哲学を西洋形而上学の最終形態と捉える。ただし、ハイデガーが存在忘却の最終形態だとするのには真っ向から反対している。それというのも、フィンクによれば、ヘーゲルは即自存在と対自存在の相応関係を論じることによって、知と真理の相応関係を論じる近代形而上学の課題ばかりではなく、本質と現象との相応関係を問う古代形而上学の課題をも引き受け、両者の綜合を企てたからである。通常、即自存在とは「事物がそれ自身のうちにあること」(七頁)であり、対自存在とは人間が自分にとって「自己」であるあり方のこと(九頁)と解される。前者は存在ないし実体あるいは本質のこと、後者は意識ないし思考あるいは主体のことと考えられ、一般にヘーゲルの哲学は前者から後者への移行を経て両者の綜合である「即自かつ対自存在」を実現しようとしたとみなされる。たとえば、彼の『精神現象学』は、後者の主体である意識が「経験」を通して自らの本質を自覚し現実化していくプロセスとして構想されたのであって、それゆえに『精神現象学』は「意識の経験の学」とも言われるのだと。西洋の哲学の歴史を「存在忘却」の歴史と見るハイデガーも、その観点から『精神現象学』を解釈し、ヘーゲルを「根本的に近代的に規定された思想家」(本書一七三頁)とみなしている。ところが、フィンクによれば、ハイデガーは、ヘーゲルその人の『精神現象学』「緒論」の論述に惑乱されて、「西洋形而上学における古代と近代という二つの存在論的根本姿勢の見通しがたい絡み合い」を「意味深長なやり方で思考した」ヘーゲルを、「近代形而上学の根本姿勢から解釈し、……ヘーゲルの問題構制の本質的な契機」を逸してしまった(一八〇頁)というのである。

フィンクによれば、ヘーゲルは単に「意識の経験の学」を叙述したのではない。ヘーゲルは「即自存在」、「対自存在」、「自分の外にあること Außersichsein」、そして「自分のもとにあること Beisichsein」という四つの概念に即して、「存在の原-経験」(八〇頁)につき従おうとした、というのである。本書の核心をなすと思われる文章を引いておきたい。フィンクは次のように述べている。「経験するという私たちの運動のように見えるものは、ヘーゲルにとっては、すでにそれ自体が存在それ自身の運動なのであり、この存在が、人間を貫いて人間自身を我がものとしている——すなわち対自的になる Fürsichwerdenという運動を遂行する——からである。言いかえれば、（人間と存在の関係としての）人間の存在論的経験はヘーゲルの場合、即自存在から対自存在へと運動する存在の自己関係のうちにつねにすでに拘束されているのである。ヘーゲルは存在論的経験の生起を存在それ自身の歴史と同一視する。存在の歴史はヘーゲルにとって意識の歴史であり、即自から対自を超えて完成された即かつ対自的な存在へと至る道をたどる、存在の自己統御の歩みであり、これすなわち西洋形而上学の歴史なのである」（九七頁）。ヘーゲル哲学は「存在それ自身の運動の叙述」だったのであり、それゆえ西洋形而上学の歴史は、「即自存在と対自存在の相互観入の歴史」（一九七頁以下）とみなすべきだというのである。

主体性（主観性）を中心に据えた従来のヘーゲル解釈の一面性を鋭く批判するこうしたフィンクの見方は、存在のロゴスを説くヘーゲル哲学の本質を突くものであり、それによって同時に、西洋の哲学的伝統に対する新たな視点を拓くものでもある。確かに、この観点からすれば、ハイデガーのヘーゲル解釈も当然のことながら、ヘーゲル哲学の包括的な形而上学的課題を見落としたものとみなされざるをえなくなる。フィンクはハイデガーも引く、「哲学とは本来郷愁である、すなわち至るところで故郷にいようとする衝動である」というノヴァーリスの断章を挙げ、「哲学は世界‐知であり、思考は故郷としての世界に基づいている」と述べている（四頁）が、この「世界の近さ」こそがフィンクにとって「すべての哲学の源泉」（三二、四頁）なのである。

だからといって、フィンクは西洋形而上学の伝統の復権をとなえようというのではない。彼によれば、その伝統もまた、プラトン以降、「全面的な精神化」への道をたどったのであり、この「世界の近さ」を、すなわち「大地」を「単なる質料に格下げしてしまった」のである（二二〇頁）。第Ⅱ部で大きく主題化される「大地」と「天」、とりわけ「牧羊神パンのあまねく現在する近さ」（二七五頁）の象徴である大地は、フィンクにとって、私たちが故郷として回帰すべき、いやそこから哲学を始めるべき母胎である。彼は大地の「根源性」について次のような思いを記している。「大地はすべての事物やエレメントよりももっと根源的であり、事物性という存在の特質よりももっと根源的であり、与えられているすべてのものよりももっと根源的である。……大地は出来するあらゆる存在者に先んじている。なぜならあらゆる出来はそもそも大地からの到来としてのみ可能だからである。大地はここにあるのでもあそこにあるのでもない。また『どこでもあらゆる場所に』という意味で至るところにあるわけでもない。むしろ大地は事物一般のすべての場所に、全体としてはじめて場所を与えるものなのである。大地とは閉鎖性という存在の威力である」（二八四頁）。フィンクにとって、このような「大地」こそが、ヘーゲルが問いの出発点に据えたあの「即自存在」であり「存在」なのである。ところが、この根源が、思考や概念の発展に伴って次第に私たちに閉ざされたものになってきた。フィンクによれば、たとえば、カントもまた「世界を統制的理念へと格下げすることによって」、範疇という悟性概念において「考えられるものだけを経験の対象」としているのである（二二七頁以下）。

もちろん、西洋の哲学的伝統に強く規定されてきた今日の私たちにとって、ことは決して単純ではない。ヘーゲルでさえも「生をまさに『精神』として第一義的に解釈し、根源的闘争の最終的な『和解』を説くかぎりで、「プラトンの光の形而上学の後継にとどまっている」（二三七頁）のであって、彼を導きとしながらも、私たちは別の道を求めるべきだとフィンクは言う。彼は述べている。「私たちにとって母なるものへ直接的に歩み寄ってゆくことはもはや〔以前と〕同様には可能でない。かつて以前にはおそらく象徴化された直観であったものを、私たちは概念として思考しなければならない。私たちはもはや〔エレウシスの〕秘儀の伝授者たちのように、大いなる母の胎内に直接手を差し込んで、死と生の分かちがたい統一を身震いしつつ感じ取るというわけにはいかないのである」(二八七頁)。フィンクによれば、私たちはただ、「概念には通徹不可能にとどまる存在の威力として大地を受け取るとき」(同前)に「哲学的な洞察そのものが育ってくる」(二八八頁) のを望みうるばかりなのである。とはいえ、大地のこの通徹不可能性、つまり「世界の汲み尽くしえなさ」には実は「愛の秘密が明かされている」のであって、そうである以上は、自らの有限性を自覚する人間にとって、「まずはじめに、そして何にもまして大切なのは、存在そのもののうちで天と大地の対立として支配している無限の矛盾を考え抜くことである」(三二七頁) とフィンクは主張する。

フィンクにそのままならいうるか否かはともかくも、ともすれば上辺の概念だけの議論に終始しがちな今日、哲学の課題を文字通り「大地に足を据えて」考える上で、傾聴すべき貴重な意見であることは確かである。これを踏まえることによって、フィンクが実際に本書で行っているような西洋の古代および近代の形而上学の見直しはもとより、そもそも西洋起源の学問一般の捉え返しも可能になると思われるからである。自らの寄る辺を何に求め、どのようにしてそれを理解して自分のものとすべきかは、「うたかた」の私たちにとって最も大切な関心事であるはずである。

著者のオイゲン・フィンクの名は、わが国ではフッサール現象学の紹介者ないし後継者としてつとに知られているが、その略歴と主な仕事を簡単に紹介しておきたい。一九〇五年にスイスとの国境近くのコンスタンツに生まれ、フライブルク大学に進み、エドムント・フッサールに学び、数年間助手を務め、また一九二八年にフッサールの後任として着任したハイデガーにも学んだ。一九四六年教授資格を取得、一九四八年からフライブルク大学にて哲学と教育学の教授を務め、一九七五年に亡くなった。主な著書

（と邦訳）は次の通りである。

1 Die phänomenologische Philosophie E. Husserls in der gegenwärtigen Kritik(1934)
2 Vom Wesen des Enthusiasmus(1948)
3 Oase des Glücks, Gedanken zur Ontologie des Spiels(1957)（『遊戯の存在論——幸福のオアシス』石原達治訳、せりか書房、一九七一年）
4 Nachdenkliches zur ontologischen Frühgeschichte von Raum-Zeit-Bewegung(1957)
5 Sein, Wahrheit, Welt(1958)
6 Alles und Nichts(1959)
7 Nietzsches Philosophie(1960)（『ニーチェの哲学』吉澤伝三郎訳、ニーチェ全集別巻、理想社、一九六三年）
8 Spiel als Weltsymbol(1960)（『遊び——世界の象徴として』千田義光訳、せりか書房、一九七六年）
9 Metaphysik und der Tod(1969)
10 Heraklit (M. Heidegger - E. Fink)(1970)
11 Metaphysik der Erziehung im Weltverstandnis von Plato und Aristoteles(1970)
12 Epiloge zur Dichtung(1971)
13 Traktat über Gewalt des Menschen(1974)
14 Nähe und Distanz(1976)
15 Hegel, Phänomenologische Interpretationen der „Phänomenologie des Geistes“(1977)（『ヘーゲル：『精神現象学』の現象学的解釈』加藤精司訳、国文社、一九八七年）

16　Sein und Mensch (1977), 2te Auflage (2004)（本書）
17　Grundfragen der systematischen Pädagogik (1978)
18　Grundphänomene des menschlichen Daseins (1979)（『人間存在の根本現象』千田義光訳、晢書房、一九八二年）

ほかにフィンクには現象学関係の論文集もあり、その邦訳（『フッサールの現象学』新田義弘・小池稔訳、以文社、一九八二年）もある。また、現象学に関する邦訳の論文集のいくつかにもフィンクの論文が採用されている。さらに、フッサールの未完の「第六デカルト的省察」の遺稿を、フィンクの遺稿とともに編集した『超越論的方法論の理念』にも邦訳がある（『超越論的方法論の理念――第六デカルト的省察』新田義弘・千田義光訳、岩波書店、一九九五年）。なお14番以降は、本書と同じく、フィンク没後に公刊された論文集や講義録である。

本書との関係で言えば、特に15番の「ヘーゲル論」と18番の「人間論」が、講義の時期も近いということもあって、内容的にもかなり関連している。本書を訳出するに際しては、両訳書を参照させていただいた。ここに、訳者の方々に敬意を表するとともに、お礼を申し述べたい。

翻訳の作業は次のような手順で行った。まず池田が1章から8章までを、信太が9章から18章までをそれぞれ分担して訳出し、二人で訳稿を互いに検討し合って第一稿を作成した。これに私が朱を入れたものを、さらに池田と信太がそれぞれに検討して第二稿を作り上げ、さらにそれに私が朱を入れて出来上がった。共訳の名に恥じないものになったと思う。二人は私のヘーゲル・ゼミ（『精神現象学』をテキストに用いて今年で九年目になる）に当初から熱心に出席して着実にヘーゲル哲学の理解を深め、また哲学的な思索力をつけてきた。信太君はハイデガー哲学を、池田君はカント哲学を主な研究対象としているが、その枠にとらわれることなく思索の幅を広げ深めている。この仕事がその証しのひとつにでもなれればと念じる次第である。

最後になって恐縮だが、法政大学出版局編集代表の平川俊彦氏には、本書の意義をご理解くださり、翻訳出版を快くお引き受けくださったことに心から感謝申し上げる。また編集の実務を担当された秋田公士さんにも、この場を借りてお礼の言葉を申し述べさせていただきたい。

二〇〇六年　十一月　　紅葉散り敷く仙台にて

訳者を代表して　座小田　豊

《叢書・ウニベルシタス　862》
存在と人間
存在論的経験の本質について

2007年4月27日　初版第1刷発行

オイゲン・フィンク
座小田 豊／信太 光郎／池田 準 訳
発行所　財団法人　法政大学出版局
〒102-0073 東京都千代田区九段北3-2-7
電話03(5214)5540 振替00160-6-95814
組版：アベル社　印刷：平文社　製本：鈴木製本所

Printed in Japan

ISBN978-4-588-00862-7

著　者

オイゲン・フィンク（Eugen Fink）

1905年，スイスとの国境に近いコンスタンツに生まれる．フライブルク大学に進み，エドムント・フッサールに学び，数年間助手を務め，また1928年にフッサールの後任として着任したハイデガーにも学んだ．1946年教授資格を取得し，1948年からフライブルク大学で哲学と教育学の教授を務める．1975年没．多数の著書のうち，邦訳されたものに，『遊戯の存在論――幸福のオアシス』（せりか書房），『ニーチェの哲学』（ニーチェ全集別巻，理想社），『遊び――世界の象徴として』（せりか書房），『ヘーゲル：『精神現象学』の現象学的解釈』（国文社），『人間存在の根本現象』（哲書房）がある．

訳　者

座小田 豊（ざこた ゆたか）

1949年，福岡県に生まれる．東北大学大学院文学研究科博士課程単位修得退学．弘前大学教養部，東北大学大学院国際文化研究科などを経て，現在東北大学大学院文学研究科教授．哲学専攻．主な著書：『ヘーゲル』（講談社メチエ，共編著），『ヘーゲル哲学への新視角』（創文社，共著）など．主な訳書（いずれも法政大学出版局刊，共訳）：ハイムゼート『近代哲学の精神』，ヘーゲル『イェーナ体系構想』，シュルツ編『フィヒテ＝シェリング往復書簡』，ガダマー『科学の時代における理性』，ヘンリッヒ『神の存在論的証明』など．

信太 光郎（しだ みつお）

1969年，秋田県に生まれる．東北大学大学院文学研究科博士課程在学中．哲学専攻．主な論文：「力と歴史――〈力学的差異〉の観点によるハイデガー哲学の再解釈の試み」（『倫理学年報』第55集）．

池田 準（いけだ ひとし）

1978年，東京都に生まれる．東北大学大学院文学研究科博士課程在学中．倫理学専攻．主な論文：「理性の事実――『実践理性批判』における道徳法則の意識」（『思索』37号）．